子どものアートセラピー実践ガイド

発達理論と
事例を通して
読み解く

アネット・ショア

高橋依子：監訳
高橋真理子：訳

The Practitioner's Guide
to Child Art Therapy
Fostering Creativity and
Relational Growth

金剛出版

ジークフリート・ベルセルスドルフ（*Siegfried Berthelsdorf*）と
ローリー・パーキン（*Laurie Perkin*）を偲んで

本書はアートセラピーの分野を開拓し，
人生を肯定する有意義な治療法を確立する
先見の明をもっていた2人に捧げる。
2人の努力によって，
後に続く世代のアートセラピストたちの道がひらかれた。

The Practitioner's Guide to Child Art Therapy:
Fostering Creativity and Relational Growth.

Copyright © 2013 by Annette Shore
First published by Routledge,
an imprint of the Taylor & Francis Group,
an Informa Business.
Japanese translation rights arranged with The Marsh Agency Ltd
through Japan UNI Agency, Inc.

序

　子どものころ，美術館で見たアート作品や自分で創った作品は，私にとって深い意味を有していた。私はいつも，女の子や動物やおいしい食べ物の絵を描いていた。学校では月に1回，教室の後ろにあった画架に絵を描いていた。私が描く絵は，落ち着いた様々な色のチュチュを着たバレリーナの絵や，アイスクリームを食べたり，子猫を撫でたりしている女の子の絵であった。アート作品を創ることで喜びを感じ，自分の願いを表現し，生きていることを実感できた。私は家族の中で一番年下であったため，小さく，無力に感じることがよくあった。絵を描くとき，女の子たちをできるだけ大きく描いていたのを覚えているが，それは自分が一番小さいことに対抗しようとしていたのかもしれない。そうすることによって，自分が強く大きい女の子であるように感じ，他の人との関係を理解することもできた。美術の身体性と感覚性が流暢な言語となり，それによって美と葛藤を表現することができた。言葉はとても重要であるが，表現の手段としては十分ではなかった。美術に関する小さい頃の経験が，後に私がアートセラピーの実践，特に子どもにアートセラピーを役立てることへ情熱を抱くことにつながった。本書は，子どものアートセラピーにおける，しばしば非言語的な経験を文章に記したものである。

　アートセラピーにおける私の見解は，創造的かつ対人的な結びつきを通して発達を支えることが，個人と社会の両方を強化するという考えに基づいている。理論的根拠はエリクソンの心理社会的枠組みに影響を受けており，個人と社会の関係性を強調するものである。発達を順調に進める援助を成功させるには，結びつきと支えが必要である。本書の中では，アートセラピーを個人の発達における要求，好み，文化，そして個人の様式に合わせることの複雑さについて詳しく述べる。また，早期の関係性の発達に関する研究と，力動的指向のアートセラピストによる研究が，アートセラピーによる治療における成長を理解し，促すための豊かな基盤となっている。

　子どもを対象とするアートセラピストは，アート・象徴的表現・非言語的状態・理論に基づいた理解の領域を総合的に扱うので，対人関係のグローバリズムを示す

iii

といえる。彼らは子どもの不思議で神秘的な世界と，子どもの行動・感情・表現の意味が概念化された知的に複雑な領域の両方を取り扱う。通常の発達と混乱の程度を理解することによって，発達において，それぞれの子どもに独自の問題を尊重し，現実的な予測を行うことができる。理論的・概念的な枠組みに加え，遊戯的で創造的な取り組みを行うことで，効果的な治療を導くことができ，それぞれの子どもの性質を活かすことができる。

　第Ⅰ部「アートの観点から見た子どもの発達」は第1章と第2章からなる。第1章「子どもの発達における言葉としての絵：理論的根拠」では，子どもの発達とアートの発達に関する理論の歴史的文脈の説明と，一般的な導入を行う。この章ではアートセラピー治療における視覚的な言葉と関係性に関する言葉についての理解を養う。そして，子どもの発達段階や関係性の成長に関する研究に加え，アートの教育者やアートセラピストによる，子どもを対象としたアートセラピーに関する研究についても述べる。

　第2章「子どもの成長を物語るアート作品」では，コミュニケーションと発達を進める対人的な手段としてのアート表現について述べる。子どものアート作品の事例とその分析を通し，心理社会的発達・関係性の発達・自我発達の段階における特徴を明らかにし，発達段階について概観する。アート作品に示された成熟の進行が，子どものアートセラピーのクライエントが何を必要としているかを査定し，それに応えていく基礎となる。よって，この章では，アート表現が成長に伴ってどのように変化していくかについて，描画と理論の観点からみた研究について述べ，通常のストレスと不健全な混乱を区別するツールを提供する。

　第Ⅱ部「アートの観点から見た対人関係の発達」では，表題が示すように，対人関係の発達に焦点をあてる。第3章と第4章からなる。第3章「早期乳幼児期における絵画的言語」においては，乳幼児の発達と子どもの臨床アートセラピーに関して，対人関係について述べる。対象関係論，神経生物学，愛着理論の立場から，パーソナリティの発達について子どものアートセラピーの具体例を用いながら述べる。この章では，早期の発達と関係性の経験がいかに影響を及ぼし続け，それをアートセラピーの過程を通してどのように査定し，扱っていくかに焦点をあてる。子どもにとって，アートセラピーのセッションにおける創造性と視覚的表現が，関係性を修正していく手段となる。

　第4章「早期乳幼児期の人間関係のトラウマに関する絵画的言語」では，早期の関係性におけるトラウマの経験を具体例によって示し，早期の関係性の混乱による

影響について述べる。早期の愛着の障害をもつ子どもの視覚的・創造的な言葉としてのアートを通して，早期の関係性の影響が続くこと，治療の過程，治療の目標について述べる。

第Ⅲ部「レジリエンスと脆弱性に関する絵画的言語」は，第5章「レジリエンス：挑戦に取り組む能力」から始まる。この章では，子どもの発達とアートセラピー治療による介入に関連して，レジリエンスという概念に焦点をあてる。レジリエンスの高い子どもの性質を特定し，治療の過程でレジリエンスの特質を育てていくことについて，事例をもとに述べ，関係的・創造的なアートセラピーのもつ力を示す。（本書のすべての事例において，クライエントの秘密保持のため，個人を特定する情報や資料には変更を加えてある。）

第6章「脆弱性と変動する発達状態」も第Ⅲ部であり，レジリエンスをあまり持たない子どもとアートセラピーに取り組む意義について述べる。この章では脆弱性の高い子どもの描いたアート表現をいくつか示し，どの程度の脆弱性があるか，治療に関連してどのようなことを考えるべきかを述べる。どのように介入するかの基礎として，アートの観察とリスク要因の査定を統合することに焦点をあてる。事例では，器質障害，低い認知機能，精神病，トラウマに関連した障害といった問題を扱う。

第Ⅳ部「子どもと親への合わせ方」は第7章「計画，実践に関すること，安全性」から始まる。この章では効果的な治療を行うための，はじめの枠組みの作成について述べる。具体的には，安全面や受け入れ，計画の作成や物理的・対人的要因についてである。事例では，（子どもとセラピストの両方に関して）不安の軽減，子どもへの注意深い質問，（アート材料と指示を通して）適度の構造を与えること，治療アプローチを個性化することについて述べる。第8章と第9章もこの部に含まれる。

第8章「子どもとの取り組み・査定・情報取得」は第7章に基づき，初期のセッションにおいて子どもをアートセラピーの活動に，どのように取り組ませるかについて述べる。文化的に，また個々に応じてどのような治療が必要とされ，好まれるかを考慮した介入を通して，効果的な査定と課題への取り組みを促す構造について，事例を示しつつ述べる。

第9章「親との取り組み・情報取得」では，初期の査定と，進行中の治療の過程において，親が重要であり，時には問題となることについて述べる。親との関係において，アートセラピーの治療過程と子どもの成長を支える際に，建設的に親の強みを取り入れることに焦点をあてる。事例において，親に何を言うべきかについて，

治療における葛藤について，また，セラピストに対する親の潜在的な影響について述べる。親とアートセラピストとアートの過程の相互関係について，実際の結果も示した具体例を通して考える。

最後の第Ⅴ部「アートに基づく同調：修復の促進」では，実施上のさらに複雑な側面に焦点をあてる。第10章「メンタライゼーション，トラウマ，愛着とアートセラピーのナラティブ」では，対人関係の内省，自己の組織化，相互作用からなる愛着に基づく発達過程であるメンタライゼーションについて説明する。アートセラピーの経験は，特に子どもが，圧倒的な情緒の状態をメンタライズするのに役立つ。事例においては，治療の焦点として，アートセラピーの技法とメンタライゼーションへの理論的志向のアプローチについて述べる。ここでは，愛着の発達の混乱だけでなく，複雑または別個のトラウマに関連した治療アプローチの区別について述べる。事例では，隠しごと，トラウマの転移，信頼の低さといった問題を扱う。この治療アプローチは，関係性における言語的・非言語的経験に注目した，アートに基づくナラティブを取り入れた。メンタライゼーションの機能は，内省に集中できる能力を高め，子どもの反発を軽減することができる。

第11章「頑強さの構築：発達の崩壊の修復」では，子どもに対し長期発達における強さとレジリエンスを構築することに関し，事例を通して説明する。長い事例において，セラピーの段階・セラピーとしてのアート・ジェンダー・文化的要因・セラピストの反応・悲嘆の機能といった，目立ったトピックについて解明する。

最終章の第12章「創造性，包み込み，セラピストの自己の利用」では，治療の終了・象徴的表現・行動の管理・治療の失敗の気づきへの寛容性・アートセラピーの神秘的で魔法のようにみえる側面についての残された疑問などの様々な主題を扱う。セラピストが自己をどのように創造的に用いるべきかについても，それぞれのトピックに組み入れられている。

本書全体は，しばしば人間関係の問題と経済的欠乏によって治療の質が落ちかねない状況において，困惑と混乱を経験している子どもに治療を行うセラピストに対する支援を目的として書かれた。本書の根本的な考えは，困難な状況においても，創造性・アートという言語における流暢さ・自己理解によって，アートセラピストは，クライエントの成長を促進し，自らの臨床実践に意義を見出すという考えである。

謝　辞

　はじめに，本書を著すきっかけを与え，本書の内容を豊かにするだけでなく，創造性・発達・関係性の成長に関する私の理解を大いに促進してくれた，子どものアートセラピーのクライエントとその親に感謝したい。これらの人々と共に，変化と熟達の相互的な経験に参加することができた。また，一緒に働くことのできた私の学生とスーパーバイジーに心から感謝する。彼らのアイデアと臨床実践によって，私のアプローチは大きく形作られた。

　本書の執筆過程において，助言と励ましを与え，優れた編集スキルを発揮してくれたフランシス・カプラン（Frances Kaplan）にも感謝する。クリスティーン・ターナー（Christine Turner）は本書の構成と内容に関して，我慢強く話を聞き，明敏な助言を与えてくれた。メリルハースト大学からの助成が非常に貴重な支援となり，本書を完成させることができた。

　また，本書の執筆の様々な段階において寛大に支援し，理解を示し，専門的知識を提供してくれた以下の友人・家族・同僚にも感謝したい：マリオン・バーンズ（Marion Burns），アン・コール（Ann Cole），エレノア・コェプケ（Eleanor Koepke），レッドモンド・リームズ（Redmond Reams），ジーン・シャーコフ（Jean Shirkoff），リー・エックス・ショア（Lee X Shore），カール・アーバン（Karl Urban），マーク・アーバン（Mark Urban）。そして，このプロジェクトを支援し，専門的知識を提供してくれた出版社ラウトレッジの有能な編集者ジョージ・ジマー（George Zimmar），アンナ・ムーア（Anna Moore），マルタ・モルドバイ（Marta Moldvai）に感謝する。

子どものアートセラピーを
実施する人へ

　アートセラピーによる治療は，困難な状況に直面する時でさえも，成長につながる有意義な機会を与える。しかし，アートの過程・関係性の状態・発達理論の複雑な相互作用を理解していくのは必ずしも容易ではない。本書『子どものアートセラピーを実施する人へ』は，子どもに対するアートセラピーの詳しい用い方に関する，詳細な手引書を求める臨床家にとって非常に役立つであろう。大学院生と専門家の両者にとって，本書には，子どもの創造的な表現を理解し，その理解を治療に向けるために，効果的で人をひきつけるツールを開発する際の方略が多く掲載されている。本書は臨床への関連性と理論的な健全性をもち，アートの発達・アートセラピー・子どもの発達に関する最良の文献を統合している。そして，創造性を養い，関係性を成長させる，アート材料の有する力強い役割を強調する。説得力のある事例と多数のアートの具体例によって，心理社会的理論・神経生物学的理論・愛着理論を説明し，愛着障害・不安・悲しみ・親の葛藤・経済的困窮・薬物依存・子どもの虐待・自閉症スペクトラム障害などへの実践的な応用を紹介する。

目　次

序 iii

謝　辞 vii

子どものアートセラピーを実施する人へ viii

図表目次 xiii

第Ⅰ部　アートの観点から見た子どもの発達

第1章　子どもの発達における言葉としての絵：理論的根拠 3

子どものアート表現：子どもの発達のスナップ写真 4

発達理論の重要性 7

破壊的感覚の表現と発達段階 8

絵画的発達：重要な理論家たち 10

アート表現と成熟 14

子どもの発達に関する心理学理論 14

子ども時代の防衛 18

ツールとしての理論的支持 21

第2章　子どもの成長を物語るアート作品 22

乳児期：希望の感覚の基礎 22

おそろしさとすばらしさの2歳 24

遊戯年齢：3〜6歳 28

児童期中期：7〜9歳 34

思春期前期（児童期後期）の子どもの線画的発達と防衛：9〜12歳 37

適応手段としての防衛 41

まとめ 42

ix

第Ⅱ部 アートの観点から見た対人関係の発達

第3章 早期乳幼児期における絵画的言語 45

発達する脳 46

アートセラピーによる欠陥の修復 47

臨床的取り組みにおける早期の関係性段階の重要性 48

子どものアートセラピーにおける早期の関係性段階 49

進行中の研究：早期の発達とアートセラピーの理論と調査 66

第4章 早期乳幼児期の人間関係のトラウマに関する絵画的言語 68

早期経験の重要性 68

早期の自己：関係性の中の存在 69

早期の愛着における問題と治療 70

愛着についての研究 76

概念的枠組み 77

第Ⅲ部 レジリエンスと脆弱性に関する絵画的言語

第5章 レジリエンス：挑戦に取り組む能力 81

保護要因とリスク要因 81

レジリエンスの育成 83

まとめ 93

第6章 脆弱性と変動する発達状態 94

変化する発達状態 94

混乱の程度，異なる場面，関連する介入 95

リスク要因，アートセラピー，治療目標 109

第Ⅳ部　子どもと親への合わせ方

第7章　計画，実践に関すること，安全性 113

セラピストとクライエントの不安 113

安全性 115

秘密性の保証 117

構造の提供 118

指示の作成 121

質問について 125

アートセラピストの態度 127

まとめ 128

第8章　子どもとの取り組み・査定・情報取得 129

子どもから学ぶ方法 129

焦点づける必要性 130

初期のセッションでの一連のアート作品 131

子どもたちを査定する一般的指針 148

第9章　親との取り組み・情報取得 150

アートセラピーと促進する環境 150

過度の同一視の落とし穴 151

親とセラピストの関係：繊細な領域 151

初期の査定過程における親の関与 152

構造の明確化 153

まとめ 172

第Ⅴ部　アートに基づく同調：修復の促進

第10章　メンタライゼーション，トラウマ，愛着とアートセラピーの ナラティブ 175

発達・セラピー・共同体におけるメンタライゼーション 175

メンタライゼーションと発達する脳 176

アートセラピーのナラティブとメンタライゼーション 178

異なる事例における相対的な目標 200

第11章　頑強さの構築：発達の崩壊の修復 202

頑強さの重要性 202

治療の段階 202

10歳の少年「ロイド」 203

治療過程の概観 217

第12章　創造性，包み込むこと（コンテイン），セラピストの 自己の利用 223

セラピストの関係性の様式 223

アート材料に対する態度 225

関係性に関する他の問題 229

行動の管理を通した包み込み 237

謎，曖昧さ，成長 246

監訳者あとがき 249

文　献 251

索　引 257

図表目次

表

表2.1 　図示的発達の段階 27
表2.2 　防衛：発達順序と定義 28

図

図1.1 　5歳の男の子による恐竜 4
図1.2 　3歳の女の子の自画像 5
図1.3 　8歳の女の子による家族画 6
図1.4 　6歳の男の子による赤ちゃん 8
図1.5 　12歳の男の子による性的な宇宙人
　　　　 9
図1.6 　16歳の男の子による自画像 15
図2.1 　12歳の少年による関係性を示す像
　　　　 23
図2.2 　2歳の男の子による絵 25
図2.3 　3歳の女の子によるなぐりがき
　　　　 25
図2.4 　5歳の男の子による瓶から出てくる
　　　　 精霊 29
図2.5 　4歳の男の子による海賊の地図
　　　　 30
図2.6 　5歳の男の子による擬人化された猫
　　　　 31
図2.7 　5歳の女の子による人間 31
図2.8 　5歳の男の子による想像上の動物
　　　　 32
図2.9 　歩道にチョークで描かれた城
　　　　 33
図2.10 　6歳の女の子による2人の女の子
　　　　 35
図2.11 　9歳の男の子による上から見た野球
　　　　 場 36
図2.12 　8歳の男の子によるエックス線で見
　　　　 たような家 36

図2.13 　10歳の少年が描いたセオドア・ルー
　　　　 ズベルト 38
図2.14 　11歳の少年による「僕のお父さん」
　　　　 40
図2.15 　11歳の少女による女性像 40
図2.16 　レオによる父と息子の交流 41
図3.1 　テディによるアニメの登場人物
　　　　 50
図3.2 　テディによる家族画 51
図3.3 　テディによる動物 52
図3.4 　テディによる吸血鬼 52
図3.5 　テディによる飛行機に変装したライ
　　　　 オン 52
図3.6 　キースの自画像 53
図3.7 　ビデオゲームをしているキース
　　　　 54
図3.8 　学校でのキース 55
図3.9 　キースによるロボットのスーパー
　　　　 ヒーロー 55
図3.10 　キースによる彫像 55
図3.11 　チャーリーが動物を三目並べの囲い
　　　　 に描いた絵 57
図3.12 　ナタリーによる学校へ行く時の気持
　　　　 ち 60
図3.13 　ナタリーによる植民地時代の女の子
　　　　 61
図3.14 　リッチによる山に突進する電車
　　　　 65
図4.1 　ニーナによる雨中人物画 72
図4.2 　ニーナによるかんしゃく 73
図4.3 　クリスによる雨中人物画 75
図5.1 　グレタによる家族画 83
図5.2 　グレタによる火事の家 85

xiii

図5.3 地面の穴に落ちていくお化けとその友だち 88

図5.4 ダフネによる屋根裏のお化け 89

図5.5 ダフネによる絵 91

図5.6 ダフネによるフラミンゴ 92

図5.7 ダフネによる器 92

図6.1 ダイナによるフェンスから落ちた昔の記憶 97

図6.2 ダイナによる継父に叩かれた記憶の絵 97

図6.3 ダイナによる将来の絵 98

図6.4 集団セッションにおいてダイナが描いた絵 102

図6.5 ジェニーによる将来の予想図 102

図6.6 ジェニーによる模様 103

図6.7 ジェニーによる小さい女の子のエイリアン 103

図6.8 ジェニーによる怖いエイリアン 104

図6.9 ジェニーによるセラピストの肖像画 105

図6.10 ジェニーによるポニーに乗っている絵 106

図6.11 メアリーによるセラピストの肖像画 108

図7.1 リタによる「幸福な日々」 116

図7.2 ケニーによる魚の絵 124

図7.3 フィオナによる外れたハート 126

図8.1 ジョッシュによる「エイリアンのボブ」 132

図8.2 ジョッシュによる「キュウリ男」 135

図8.3 ジョッシュによるエイリアンの家族 137

図8.4 ジョッシュによる「ただの男」 138

図8.5 ベリンダによる母親の危険 140

図8.6 ケニーによる木の絵 141

図8.7 ケニーによる「雷の石」と木 142

図8.8 ケニーによる，ちぎれたところのある木 142

図8.9 ケニーによる「カタパルトの木」 142

図8.10 キースによる雨中人物画 146

図8.11 クリッシーによる雨中人物画 147

図8.12 カラによる守れた城 148

図9.1 9歳の男の子による両親の離婚の描写 156

図9.2 9歳の男の子によるライオンと鳥が混ざった生き物 157

図9.3 ブリタニーによる燃えている階段 160

図9.4 フラニーによる怪我をした鳥 162

図9.5 フラニーによる色彩豊かな絵 163

図9.6 フラニーによる守られた熊 164

図9.7 イアンによる特別なカップケーキ 166

図9.8 スティーブンによる赤ちゃんの木 167

図9.9 泳いでいる魚：共同作品 170

図9.10 スティーブンによる魚 171

図10.1 ジェイコブによる継父 179

図10.2 クリスタルによる「悪い男」 181

図10.3 クリスタルによるスクィグルのゲームと物語 184

図10.4 クリスタルによる「かかし」 185

図10.5 アビーによる道 190

図10.6 アビーによるワニのいる沼 191

図10.7 アビーによるクモ 191

図10.8 アビーによる意地悪ないとこ 192

図10.9 アビーによる暗号 193

図10.10 アビーによる2軒の家 194

図10.11 嵐：協働アート作品 196

図10.12 エバによる母猫と子猫 199

図11.1 ロイドによるお化け屋敷 205

図11.2　ロイドによる「変なやつ」の絵
　　　　.. 206
図11.3　ロイドによる不思議な森 208
図11.4　ロイドによる割れたガラス 210
図11.5　ロイドによる「お化けの木」..... 211
図11.6　ロイドによる静かな風景 213
図11.7　ロイドによる「黄金の壺」......... 214
図11.8　ロイドによる終了のイメージ
　　　　.. 215
図11.9　ロイドによる治療目標へ向けた前進
　　　　.. 216
図11.10 ロイドによる「さようなら」..... 217
図12.1　8歳の女の子による箱 227
図12.2　マリーによるハートと十字架 ... 229
図12.3　サバンナによるセラピストの絵
　　　　.. 230

図12.4　サバンナによる放棄された女の子の
　　　　いる家 232
図12.5　サバンナによるつぶされた女の子と
　　　　誕生日の女の子 233
図12.6　サバンナによる花の顔 234
図12.7　リリーによる猫の王女 238
図12.8　イアンによる家族画 241
図12.9　イアンによる大きな紙への落書きと
　　　　なぐりがき 242
図12.10 イアンとの言葉探しゲーム 242
図12.11 イアンによるサイ 243
図12.12 イアンによる嫌われた赤ちゃんの絵
　　　　.. 244
図12.3　イアンによるパペット 245

図表目次　　xv

第I部

アートの観点から見た
子どもの発達

第1章
子どもの発達における言葉としての絵：
理論的根拠

　このような性質の本は「百聞は一見にしかず」ということわざなしに語ることはできない。子どものアートセラピーにおいては絵が主要な言葉となるため，このことわざは特に適切である。子どもの発達における言葉としての絵を理解することは，効果的な子どものアートセラピーを実施するために必要不可欠である。これが多様な個々のクライエントを理解し，引きつける基礎となる。子どもの治療を行うアートセラピストにとって，アートという言葉をよく知ることは，個人的なアート経験と子どものアート作品を通して養われる専門的なツールである。そのような知識によって，子どもの内面世界へアクセスすることができ，子ども時代の各段階における情緒的・対人的・認知的経験を理解することができる。アートセラピストはアートをよく知ることによって，子どものクライエントの長所・葛藤・動機にアクセスし，子どもの様々に異なる経験・環境・文化を理解していくことができる。子どものアートという言葉に関する発達段階について理解することで，アートセラピストは，査定と治療の過程における個々の子どもの複雑性を理解していける。

　本書全体の焦点が子ども時代であることに従い，本章では12歳までの子どもの視覚的なアートを段階的に説明する。発達理論と子どものアートを，年齢に応じた段階に沿って，子どもであるとはどういうことかを再訪するため，比較してある。この経験が，青年前期の子どもの創造的で視覚的な内面世界へ入っていく基礎となる。

　アート作品は子どもの発達を語り，それぞれの子ども独自の見方を反映する。これが，子どものアートが魅力的で喜ばしいものである一つの理由である。アート表現は子どもの発達の普遍的な側面だけでなく，個々の特徴も明らかにする。歩くこと・話すことを学ぶといった，すべての子どもが共通して通る発達段階がある。創造性とアート表現にも，予測できる発達段階がある。創造的な表現と機能への関係性を理解する手段として，発達の普遍的な要素と個別的な要素の両方を学ぶことは，子どもの治療を行うアートセラピストにとっての仕事である。創造的な発達と生物

的な発達の相互作用を理解することで，通常の発達に固有の課題に苦労する子ども，また，混乱を経験する子どもをどのように援助するかについて，様々な選択肢が明らかになる。

子どものアート表現：
子どもの発達のスナップ写真

　子どものアート作品は子どもの知覚・感情・思考・身体的経験について雄弁に語る。アートの性質というのは，個別的な経験・普遍的な経験について，何らかの深く，有意義なことを伝える。アート作品を見る人は，描き手を理解して共感し，より広く，人間であるとは何かについて理解することができる。アート表現は，描き手と鑑賞者の両者にとって，満足ができ，意義深いものである可能性をもっている。

　多くの大人にとって，小さな子どもの気持ちを思い出すのは困難である。思い出すための方法の一つは小さな子どものアートを見ることである。そうすることで，遊び心とくだらない絵を描く楽しさを思い出せるかもしれない。たとえば，図1.1は5歳の男の子によって描かれた想像上の恐竜である。これは，読む，書く，競争することを学ぶ前にある，非常に強い好奇心と想像力をもつ時期を示す。この光景の焦点は大きな陽気な恐竜であり，就学前の子どもの想像的な無邪気さと自己中心的な性質を反映している。きちんとした運動統制がやや欠如していることで，この段

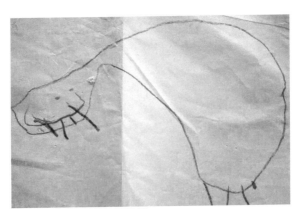

[図1.1　5歳の男の子による恐竜]

［図1.2　3歳の女の子の自画像］

階の子ども特有の，少し不器用だが抑制がなく陽気な性質が表れている。自由に想像し，空想と現実の要素を混ぜることのできる能力は，まだ確固とした現実に根差していない就学前の子どもの経験を示している。経験，成熟過程，そして親からの援助を通し，子どもは現実志向となる能力を発達させていく。遊び心自体は小さな子どもに普遍的な経験であるが，内容と性質に関しては，常に，親と共同体全般から引き出された様々な価値観・規範・関係性のパターンが反映されている（Golomb, 2011）。

　図1.2は3歳の女の子の自画像である。前の例と同様，この絵は，エリック・エリクソン（Erik Erikson, 1950）が遊戯年齢と呼んだ年齢に特徴的な，美的・知覚的な経験に固有の大胆な単純性を反映している。この発達段階では，子どもが人々の集団を描くことはめったになく，通常は孤立した像が描かれる。これは一般的に，孤独や孤立を表現したものではなく，健全な水準の自己中心性によるものである可能性が高い。大きな頭があって胸部をもたない人物像は「おたまじゃくし」の像と呼ばれている（Golomb, 2003）（遊戯年齢については第2章も参照）。

　小学生になると，子どもは人々の集団を描くようになる。2年生・3年生になる頃には，子どもにとって，協調的・競争的なチームワークが生活の一部となっており，それがアートに反映される。年上の子どもが孤立した像を描かなくなるということではないが，対人的に成熟していく中で，子どもの経験・知覚は一般的に，より複雑な関係性を含むようになる。図1.3は8歳の女の子による家族画であり，現実感の

［図1.3　8歳の女の子による家族画］

高まり，きちんとした運動統制，はっきりとしたジェンダー意識，家族・共同体・仲間の中での自己の役割・詳細への高い注意力といった，子ども時代の中期の多くの特徴を示している。また，就学前の子どもには通常見られない，衝動への統制能力と葛藤への忍耐力の高さが見られる。初期のアート表現の特徴は普遍的である傾向があるが，西洋文化の中では，子どもは成熟するに従い，より現実的な描写を行うようになる。多くの非工業的な文化では，アート表現は象徴性と装飾に特徴づけられる。

　これらの例は，アートという言葉がいかに，子どもの発達の基本的な部分を集約するかということを示している。これらの絵を見ると，2〜3年の間に急激に発達が進むことがはっきりとわかる。はじめの2つの例が就学前の遊び心のある純真性を示す一方，3つ目の例は，次に続く学校時代に徐々に発達する，規律と適合の感覚を示している。アート表現は個別の経験と普遍的な経験について多くのことを明らかにするため，個々の子どもを理解して共感する基礎となるだけでなく，子ども全般の経験を理解する基礎ともなる。子どものアート表現の研究によって，通常とは異なる発達を見つけ出すだけでなく，通常の発達を概念化することもできる。換言すると，アートセラピストは，アート作品の中に見られる成熟の失敗の印だけではなく，正常性の印にも関心を抱いている。

発達理論の重要性

　発達理論は人々のサンプルの厳格で体系的な観察に基づいている。それによってセラピストは，人生の様々な段階における人間の一般性を知ることができる。治療を進めるにあたっては，子どもの一般的な性質と独自の性質を理解する客観的な基準として，発達理論を取り入れるべきである。発達理論に基づいて臨床を実施することで，直感や情緒的反応のみに基づいて査定を行う可能性を軽減できる。これは，アートセラピストが追加的なツールとして，直感や情緒的反応を用いてはいけないというわけではない。アートと対人関係への情緒的反応は子どものアートセラピーを行う際に鍵となる要因である。情緒的反応がアートセラピストのツールの一部でないと，治療における関係と過程は意味のないものとなってしまう。同時に，最近の研究と理論を知っておくことで，予想を事実と間違えることを防ぐ，重要な客観性を身につけることができる。

　子どもの発達の体系的な研究は，物理的・認知的・心理社会的・性心理的・道徳的発達といった分野でなされてきた。類似した経験を異なる角度から説明するため，発達理論は互いに重なる。同様に，子どものアート表現は，発達の複数の側面を含んだ，発達段階のスナップ写真を提供する。そのようなスナップ写真は，子どもの発達順序を深く理解するための雄弁な資料となる。ウィニコット（Winnicott, 1971b）は子どものセラピストは「子どもの情緒的発達の理論を骨にしみこませておくべきである」と述べている（p.3）。子どものアートを学ぶことは，その「骨」を豊かにする一つの良い方法である。アート表現は多くの機能領域を統合するため，発達の視点からアートという言葉を理解すると，子どもの発達と子どもである気持ちの両者を理解する近道となる。これは健全な臨床の実施の基礎となるだけでなく，治療過程の重要な構成要素である共感を発達させる基礎ともなる。

　研究と観察を重ねれば重ねるほど，アート表現・話し言葉・行動・知覚はすべて同じように発達していくことが明らかとなる（Lindstrom, 1970）。たとえば，子どもの話し言葉はランダムな音から始まり，次第に単語，そして文へと進んでいく。子どものアート作品も同様の発達をする。すなわち，子ども用の椅子の上でぐちゃぐちゃのバナナを触ることから始まり，紙の上にランダムななぐりがきや印や形を作り，形を組織化し，次第に組織だった詳細な視覚的ナラティブへと進んで行く。機能のすべての領域で，子どもの独自の視点を通し，現実の把握が複雑になっていくにつれ，論理づけ・抽象的思考・矛盾する視点を理解する能力・遠近法や濃淡を

第1章　子どもの発達における言葉としての絵：理論的根拠　　7

絵画的に描く能力が発達していく。

破壊的感覚の表現と発達段階

　怒りや妬みといった潜在的に破壊的な感覚は，人間の通常の経験の一部である。混乱を抱いている就学前の子どもと年上の子どもはよく，そのような感情を調整する能力が損なわれている。怒りと破壊想像を抱くのは通常のことなので，通常の発達を経験する子どものアート作品と病理的な発達をしている子どものアート作品がいくぶん似ていることはよくある。個々の子どもの適応水準を評価する際には，子どもの年齢と共に，そのような表現の程度と質を考慮する必要がある。

　たとえば，図1.4は赤ちゃんがいる場所で時間を過ごしたばかりの6歳の男の子が

［図1.4　6歳の男の子による赤ちゃん］

描いた絵である。彼は，その赤ちゃんが無力にお漏らしをしている状態をどのように知覚したかを描こうとした。これはおそらく，自分は身体機能が統制できていることを強化すると共に，その赤ちゃんの過度の依存性と無力さへの妬みと嫌悪感に折り合いをつけるためであろう。この絵は，赤ちゃんの身体機能の欠如と気持ち悪く見える傾向を誇張しており，ユーモア・強い興味・嫌悪感といった反応が含まれている。小さい子どもにとって，赤ちゃんに対して妬みと嫌悪感をもった反応を示すことは普通であり，発達の達成を確固とするための退行の手段である。

　6歳の子どもは衝動を統制する能力を完全に身につけてはいない。彼らは偶発的に混乱を起こすことがあり，衝動や身体統制がとれなくなることがある。よって，彼らのアートは統制の欠如と統制を回復しようとする意図を反映した主題や様式で描かれることがある。6歳の子どもは大人びて見えたと思ったら，次の瞬間，落ち着きをなくし，泣き出したりわめき出したりする。

　図1.5は問題を抱えた青年前期の子どもが衝動的に描いた絵であり，6歳の男の子

［図1.5　12歳の男の子による性的な宇宙人］

第1章　子どもの発達における言葉としての絵：理論的根拠

が描いた赤ちゃんと，いくつかの共通点があって興味深い。図1.5 を描いた男の子は，子ども時代を通して虐待と不安定さ経験していた。彼の絵は挑発的な性的な宇宙人の絵であり，学校における集団のアートセラピーにおいて描かれた。この男の子は不安定で破壊的であった。彼の行動とアート作品は，より初期の発達段階の性質を反映しているが，強く青年前期に見られる性的・攻撃的な感情による特徴も付け足されている。就学前の子どもが卑猥な性的内容を描く可能性は低い。青年前期の子どもが性的内容を描くことはあるが，注意をひこうとして描かれたこの絵は，敵対的で恐ろしげな性的イメージという，いくつかの気になる特徴を含んでいる。青年前期の子どもは管理の難しい様々な身体的・情緒的挑戦を経験する。虐待を受けている子どもは，子ども時代後期のこういった，混乱を引き起こし，圧倒的すぎる可能性のある感情を管理するのに必要な基礎を築けない危険性がある。この例では，宇宙人を描いた12歳の子どもが，小さい子どものような水準の衝動の統制と感情の制御を示したことがはっきりとわかる。彼は青年前期の発達課題を管理するのに困難を覚え，虐待されたことのストレスによって，制御の低さを経験していた。

　上の例は，通常の発達と混乱した発達に関する複雑な研究の導入となっており，年上の子どもの絵に，より初期の発達の特徴が出現する一つの方法を説明している。この主題に関しては，可能性のあるバリエーションが多数ある。この例の比較において，2つの絵を区別する重要な点は，6歳の子どもは通常，比較的弱い衝動の統制を示すのに対し，年上の子どもは，かなりしっかりとした衝動の統制とより高い水準の抑制を示すことが予期される点である。しかしこの例では，青年前期の男の子のアート表現は，受けてきた虐待と近づく思春期の困難に対する反応として，より早期の行動的・絵画的発達段階の特徴を含んでいる。絵画的・心理的発達段階の理論は，こういった素材を理解するための多くの指針を示している。それぞれの事例は，通常の発達の順序・環境・文化・現在と過去の影響・現在の機能・描画能力を考慮し，別個に扱われるべきである。

絵画的発達：重要な理論家たち

　子どものアートの形式的な性質を評価する研究によって，段階ごとの一般性の理解が促進される。このような研究はアートセラピストにとって，健康的な発達の特徴と，それに対して，発達における知的・情緒的・有機的・生理学的な特徴の手がかりを知るのに役立つ。絵画的発達の研究を通してアートセラピーの分野に多大な

貢献をした理論家が数名いて，そのうちの何人かについて以下で述べる。これらの貢献者にはアート教育・心理学・アートセラピーの分野を代表する人々がいる。

ローウェンフェルド（Lowenfeld）：アート教育者であり研究者

　ローウェンフェルドとブリティン（Lowenfeld & Brittain, 1987）の研究は，多くのアートセラピストによって引用され，信頼されている。アートセラピーの評価の目的にとっては，ローウェンフェルドの提唱した段階は単純すぎるかもしれないが，子どものアートセラピー査定と治療に必要不可欠で幅広く使われる簡潔なツールを提供している。ローウェンフェルド（1987）は子どものアート作品の大量のサンプルを集めて研究を行った。絵画的発達に関する彼の研究は，想像的・精神的な成長のはっきりとした有用な指針であり続けている。ローウェンフェルドはセラピストではなかったが，子どもと青年の多数のアート作品を分類し，組織化・内容・形式・色彩使用・主題的内容・スタイルの観察に基づいて，年齢的特徴を特定した。ローウェンフェルドが分類した段階は，幼児のなぐりがき期から始まり，現実化への進行を強調してある。これらの初期のなぐりがきは次第に，統制がとれた，意図的で現実的なものへとなり，4〜7歳頃の前スキーマ期へと移行していく。前スキーマ期において子どもは，まだ現実的な色彩が用いられていない，しばしば乱雑な初期の表象的な描画に，現実に基づいた意味を与え始める。7〜9歳の子どもに特徴的なスキーマ期には，より秩序立った色彩と形式の表現が見られ，幾何学的な形と，基準線・地平線・人物像といった主題を描くのに用いられるスキーマが見られる。9〜11歳の子どもは（アートに興味があれば），ギャングエイジとも呼ばれる現実性の萌芽期へと進む。この段階では細部と奥行きの描写が増え，スキーマ期に関連付けられる平面的で単純な形への依存が低下する。その後の疑似現実期と決断期は，スタイル・陰影・個人的な表現の巧みな使用が見られる，より現実的で大人のようなアートと結び付けられている。ローウェンフェルドの分類システムは，図示的発達を概念化するために簡潔で広く理解されているツールとして，アートセラピストに役立ってきた。同時に，アートセラピストは，発達段階・子ども時代の障害・視覚的言語などをきちんと理解した上で，このツールを有意義に用いることができる。

　ローウェンフェルド（1987）は質の高いアート教育の必要性を主張し，学校は発達に適切な方法で，個人の創造的な制作を促すアート教育を行うべきだと強調した。彼はアートは学ぶべき何かではなく，学ぶための方法であると述べ，彼の推奨した方法では，アート教育者には（教師に対してはその必要性が強調されることはあま

りないが），発達段階と，それに結び付けられた創造性の水準の詳しい理解が求められた。このアプローチは子どものアートセラピストが用いる基本的な原則と重なる。なぜなら，アートセラピーも，創造的な経験を通して成熟を促そうとするからである。しかしアートセラピストは，ローウェンフェルドのアプローチに臨床的要因の理解を加え，危険な状況にあり，様々な治療を必要とする子どもに焦点を当てる。

ローウェンフェルドのシステムと他のシステムの比較

　良くも悪くも，ローウェンフェルド（1987）の研究はアートセラピストにとって，子どものアート発達を分類する際に「黄金の基準」となった。ローウェンフェルドの研究は，図示的発達を分類する際の，使用しやすい簡略な方法となる段階を示した。どの分類方法についても言えることであるが，ローウェンフェルドの研究は，それぞれの子どもの文脈に合わせ，経験・美的嗜好・努力・興味を理解した上で，探求心をもって適用することで最も役立つ。ゴロム（Golomb, 2003）やコックス（Cox, 2005）は知覚的・認知的・哲学的・美的探索を統合した子どものアート発達の複雑な理論を発展させた。ゴロムの理論は，形式の単純性と子どもによって発明された意味の複雑性の尊重によって特徴づけられる。コックスのアプローチはアートの形式に加え，文化的・歴史的・社会的バリエーションの普遍性を考慮する。これらの複雑なアプローチは，認知発達的な視点と子どものアートの哲学を具現化し，経験・知覚・認知・情緒・美的感受性を示す言葉としての絵の形式の意義を強調する。

　アート発達の複雑で個人的な側面を強調したシステムはローウェンフェルドのシステム（1987）に比べると使いにくい。これらのシステムは個々の子ども・子どもの集団に関する判断や結論を出す際に慎重である必要性とより的確に合致しているが，単純な分類システムとして使うことはできない。コピッツ（Koppitz, 1968）やディレオ（Di Leo, 1977）といった研究者も役に立つ子どものアート発達理論を提唱したが，研究データ量の不足や，通常の発達順序・文化間における発達順序に対しては応用性が限られていることなどの様々な理由により，あまり用いられていない。一方，ケロッグ（Kellogg, 1970）は子どものアートの普遍性についての仮説にマンダラ（円の中の対称的なデザイン）の重要性への考えを取り入れたユング派のアプローチを組み込み，幼い子どもの絵に見られる，特定の形式へと発達する線や印を分類した。

第 I 部　アートの観点から見た子どもの発達

ルービン：アートセラピストで心理学者

　ローウェンフェルド（1987）が図示的発達の段階を研究したのに対し，アートセラピストの先駆者で，強い影響力を持っているジュディス・ルービン（Judith Rubin, 2005）は，絵画的発達の段階を分類した。ローウェンフェルドによって概念化された図示的発達は，（それだけではないが）多くの場合，二次元的なアート作品の観察に適用される。ルービンのシステムは，感覚的経験・知覚・創造的−機能的能力を強調し，二次元的・三次元的なアート作品の両方について，絵画的発達を理解しようとする。ローウェンフェルドのシステムと比べ，ルービンの分析は最終的な産物よりも，過程と経験の部分を強調する傾向にある。ルービンは研究者やアート教育者でなく，アートセラピストであるので，これは納得できる。彼女の研究は，子どものアートセラピーセッションでの洞察的で逸話的な観察と，非臨床的な場面における同様の観察に基づいている。

　ルービン（2005）の9つの絵画的発達の段階は，操作期（1〜2歳），形態作成期（2〜3歳），名づけ期（3〜4歳），表象期（4〜6歳），合併期（6〜9歳），自然化期（9〜12歳），個性化期（12〜18歳）である。発達段階に関する他の理論と同様，子どもが青年へと成長していくにつれ，能力・適応力・複雑性が増加していくのがわかる。ルービンの段階で強調されるのは感覚的・情緒的・精神的・身体的表現の累積的な統合であり，これらは「現実にははっきりとは分離していない。実際それらは常に重なり合い，物事を行う際の可能な方法として現実に使われ続ける」（p.35）。ルービンの言葉は発達のすべての側面に関連している。純粋に直線的な発達はなく，全体的な動きとして，継続的に成熟と統合へ進んでいく。この発展には喪失も伴う。たとえば，子どもはわけのわからない歌を歌いながら，めちゃくちゃなことをする喜びを失うかもしれない。しかし，他の能力を身につけ，粘土を用いて個人的に意味のあるアート作品を作り出すといった経験の中で，感覚的刺激への評価が保持される。成長は連続的に入れ替わる一連の段階からなるのではなく，統合的な過程である。よって，子どものアートセラピストはすべての発達段階を知っておく必要がある。ある段階において，より初期の段階の名残が見られることもあるからである。こういった名残が健康または困難をどの程度示すかは，多くの変数が関係する複雑な問題であるため，それぞれの子どもについて注意深く考慮する必要がある。

アート表現と成熟

　子どもの発達に関するどんな研究においても内在することは，子どもは最低限の運動統制しか持たない状態から，かなりしっかりした運動統制を持つ状態へと進んでいくという事実である。子どもは単純で具体的な思考の経験から，複雑で抽象的な思考の能力へと発達していく。一般的に，子どもの思考と行動が多面化するに従い，純真さと自発性が低下する。彼らの遊び心は次第に，深く考え，計画し，分析する能力に取って代わる。ローウェンフェルドの研究（1987）とルービンの研究（2005）における絵画的発達の分類は共に，アート作品を通して，個々の独自のアイデンティティを表現する能力へつながる，精神的・情緒的な経験の進行を扱っている。アートが究極的にはこれを反映するのは頷ける。青年期の発達における積極的な機能である，アイデンティティの形成は，子ども時代の蓄積である（E. Erikson, 1968）。

　図1.6は16歳の男の子によって描かれた自画像であり，青年期の発達に典型的な，しっかりとした運動統制・アイデンティティの意識，そして内省・概念化する能力が表れている。この繊細な自画像に明らかに見られるように，青年は，より長い注意持続時間，複雑性の理解，計画を立てる能力，そして他者に理解されたいという願望をもつ。ジークムント・フロイト（S. Freud, 1938年訳），アンナ・フロイト（A. Freud, 1939）やエリック・エリクソン（E. Erikson, 1968）といった心理療法の先駆者が，子どもの発達に関する現在の概念を形作った。アートセラピー査定と実践は，その焦点を子どものアートという言葉にするために再形成を行いつつ，これらの基礎に基づき続けている。

子どもの発達に関する心理学理論

性心理的発達

　S. フロイト（1938訳）は子どもの発達を系統立てて分類しようとした先駆者であり，子どもの発達段階を概念化した最初の理論家である。彼は最初の段階を口唇期，続いての段階を肛門期，男根期，エディプス期，潜在期とした。これらの段階においては，生理学的衝動が主要な焦点とされた。しかし，彼による段階の概念化は，発達の経験を眺める象徴的な方法を提供している。発達は，純粋な肉体的衝動と口唇的満足の必要性からなる早期の経験から始まり，自己統制の能力を確立し，自身

第Ⅰ部　アートの観点から見た子どもの発達

［図1.6　16歳の男の子による自画像］

の力を実感し，関係性を発達させ，共同体の一員として参与していく。この過程全体は，欲求充足の追求のみの状態を徐々に脱し，大人の性的関心を身につけ，恋愛関係を経験できる能力へと発展していく。

　S. フロイト（1938訳）の研究は，子どもの系統的な研究に基づいたものではなく，セラピーの過程において行われた臨床的観察に基づいており，これが，最近の児童心理学ではフロイトの用語と概念が広く使われていない主要な理由である。しかし，それらの影響によって，子どもの発達に関する研究と理論への関心が高まった。フロイトの理論に特徴的であった，快楽の追求や破壊の傾向といった要因は，子どものセラピーで中心的に用いられ続けている。子どもの心理療法，アートセラピーにおける主要な焦点は，快楽と破壊への過度の欲求を，意義ある高次の表現へと変えていく際の葛藤である（Kramer, 1977; 1993; 2000）。

心理社会的発達

　絵画的発達の研究は心理社会的発達の理論を反映する。子どものアート表現は心理社会的段階を視覚的に語る。ローウェンフェルド（1987）によるアートの図示的発達の研究も，エリクソン（E. Erikson, 1950）による心理社会的発達の研究も，子どもの段階ごとの情緒的・認知的・身体的・知覚的・対人的経験を理解するための根拠のはっきりとしたシステムを提供している。これらのシステムは共に，子どもの複雑な発達とアート作品の多面的な発展を概念化した。フロイト（1938訳）の性心理的衝動と発達段階に関する研究を発展させる必要性を認識したことが，エリクソンが心理社会的発達の理論を提唱するきっかけであった（Friedman, 1999）。

　エリクソン（E. Erikson, 1950; 1968; 1980）は，個人のライフサイクルに関する体系的な研究を完成させた。彼は「人間の8段階」を描写した枠組みを発展させた。エリクソンは心理学者になる前，視覚芸術のアーティストであった（Friedman, 1999）。発達段階に関する彼の概念化が，成熟過程において創造性が果たす役割を理解するのに役立つのは，このことが関係しているかもしれない。エリクソンの研究は科学に基づくものであったが，人間の経験に関する一般的な心理を見つけて描写する能力は，彼のアーティストとしての背景に基づくのかもしれない。エリクソンが特定した，基本的信頼対基本的不信，自律性対恥と疑惑といった，段階に関する葛藤に固有のものとして見られる性質は，創造的なアート過程においても見られる特徴である。

　エリクソン（1980）は人間であることの複雑な性質を単純化しすぎない理論を作成しようと努めた。よって，彼は多くの人々のサンプルを，長い期間にわたって研究した。彼はまた，非工業化地帯に住む人々の人間としての基本的経験がどのように異なるかを理解するため，文化間を比較した研究も行った。彼は個人が発達していく際の特徴についての，一般的な主題を特定した。それぞれの段階は相反する力の力動的な緊張をまとめており，葛藤を調和させることの成熟における役割を強調している。各段階は喪失に加え，失ったものを相殺する十分な強さをもった豊かさを含んでいる。

　成熟は，きちんと機能する人間となるために必要な強みを累積的に確立できるよう，各発達段階における効果的な葛藤を伴う，生涯にわたる過程である。条件が最適であれば，個人が成熟するに従い，各段階はその前の段階の上に確立していく。しかし，前の段階での欠陥によって，後の段階での成長が阻害される可能性がある。よくある例としては，衝動の統制が身につかない子どもが，就学後も，落胆する出

来事に直面した際に感情を激しく表現してしまう。この傾向によって学校における学びや友情が妨げられるため，統制感を求める発達に関連する課題が解決できない。発達の過程が不完全な基盤の上に進んでいくと，その子どもは生涯にわたって失敗を繰り返す危険がある。子どものアートセラピストは成熟の水準を測定するために子どもを査定し，修正過程を促進するためにアートセラピーを用いる。

　後の段階における経験によって，前の段階を改変する機会を得られる場合もある。たとえば，バイラント（Vaillant, 1993）は成熟への影響の可能性について，成人期における配偶者の選択の重要性を説明している。健康的な関係を期待して支持する配偶者は，成人期におけるレジリエンス（復元力）を発達させていく文脈を提供する。子どものセラピーにおいても，考え方は似ている。セラピーの過程は，現在の成熟の強みを利用する傾向に基づいて，弱点となっている領域に取り組んでいく。たとえば，親との葛藤が原因で，適切な段階でトイレトレーニングを身につけなかった子どもは，アートセラピーを受ける際にアート材料をめちゃくちゃにしてしまうかもしれないが，それを扱うことを身につけていく。これが，規則的なトイレ習慣と，権力をもっていると知覚した人物との協力的な関係を築くのに必要な統制感を確立していく手段となる。

　上述のように，発達における葛藤は成長となって表れ，人間は自然とそれに向かって努力する。すべての人間は本能的に成長と成熟に向けて努力するという概念が，発達理論の基礎となっている。これはまた，心理療法的なアート介入の中心的な側面を理解するための基礎ともなっている。セラピストは，成長と発達の機会を求める人間の本能に働きかけていく。

　重度に混乱している個人においては，この本能へのアクセスがより難しいこともあるが，セラピストの役割は，すべての人間に固有のこの傾向を育もうとすることである。

　エリクソン（1980）の理論は，個人と社会が相互に刺激しあって，互いの生存を高めていくという考えに基づいている。これは子宮の中で始まり，初期の家族の関係を通して進み，共同体と社会への参加で達成されていく。よって，臨床の仕事は文化全体の健康に関連する。

第1章　子どもの発達における言葉としての絵：理論的根拠　　17

子ども時代の防衛

　子ども時代の防衛は，アートセラピー表現と行動・交流のパターンにはっきりと表れる。防衛の概念を理解することは，アートセラピストにとって，クライエントの強み・困難・目標を評価する際に役立つ。アンナ・フロイト（1939）は，自我に関する彼女の父の研究に基づき，子どもの発達の様々な側面を研究し，子ども時代の防衛構造の発達の概念を提唱した（Friedman, 1999）。アンナ・フロイトの研究においては，（子ども時代の機能についての他の心理的・行動的側面と共に）防衛機制の発達的な進行を概念化するための手段として，子どもの直接的な観察が行われた。彼女の研究は，ウィーンでの健常な子どもの観察と，イギリスでの第二次世界大戦でトラウマ的な混乱を経験した子どもの観察（Edgcumbe, 2000）を含んでいた。ここで蓄積されたデータが，革新的で複雑な発達理論を形作る基礎となった。

　その後，防衛機制の概念は様々な理論によって説明され，さらに体系化されてきた。現在の『精神障害の診断と統計マニュアル』（Diagnostic and Statistical Manual of Mental Disorders, DSM-IV-TR, 2000）では，以下のように述べられている。

　　　防衛機制（もしくは対処様式）は内的・外的な危険もしくはストレッサーに気づくことで生じる不安から，自動的に自身を守ろうとする心理的過程である。個人がその過程が働いている時に気づいていることはほとんどない。防衛機制は，個人の情緒的な葛藤と内的・外的ストレッサーへの反応を和らげる。

（p.807）

成熟過程としての防衛

　自我防衛の研究においては，行動・情緒・認知・対人関係に影響を与える成熟過程を分類するシステムが提供されてきた。アートセラピストは，子どもの全体的な機能性とアート表現とを統合することで診断と査定を行うのに役立てるため，この枠組みを熟知している。子どもの成長過程は，発達における防衛の成熟によって特徴づけられる。乳児は主に本能によって動かされていて，身体的快楽と癒しを求める。幼児期・就学前の子どもになると，認知的・身体的・情緒的能力の高まりに従って，乳児期の状態を捨て去るようにという親からの励まし，または要求に促進されて，本能に基づく状態が弱まる。次第に，現実に対する親の理解が子どもに伝わり，子どもは少しずつ，迷信や魔術的な考え・恐怖心，そして専制への試みを捨ててい

く（Fraiberg, 1955）。6歳になるまでに子どもは，社会の中で大部分，機能できる構成員となり，衝動を抑えたり，学校における学びに従事したり，規則に従ったりすることができる。アンナ・フロイト（1939）は，彼女の父によって発展された「潜在」という用語を，この時期を説明するのに用いた。なぜなら，思春期が始まるまで，反動性と衝動性が休眠状態にあるからである。彼女は，就学期の子どもは，質の高い作業と競争的・協調的グループ作業に取り組む能力があり，小さな大人のようにみえると述べた。これらの観察は，アートセラピストが，子どもが年齢に適切に機能しているかを特定し，もしそうでなければ，実際の発達に合った水準の治療を計画しようとする際に役立つ。発達は未成熟の，または見かけの成熟の領域を含むことがある。どちらの場合も，アートセラピストは，適切な修復を提供するための治療を計画する。

　防衛は，実際の，または知覚された危険から自己を保護し，防御するために，自己によって用いられるツールである（A. Freud, 1939）。防衛は困難に適応したり対処したりするのに必要な，自己の構造の一部である。バイラント（Vaillant, 1993）は防衛を，個人が現実に直接的に直面しすぎる危険を和らげる免疫システムに例えた。防衛は意識的には使用されず，よって，「使用者が感知できない」（p.19）。防衛は重要な「攻撃性・悲しみ・依存性・柔軟性・喜びを制御する役割」（p.13）を担う。個人はライフサイクルを進んでいく中で，より成熟した防衛を組み込んでいく傾向にある。健康的な発達においては，年齢に適切な様々な防衛が柔軟に用いられる。

　生涯において，うまく適応した個人は，投影・行動化といった低次の防衛の使用から，利他主義・抑制といった高次の防衛の使用へと次第に変化する。個人がどの防衛に依存しているかを理解することは，治療の目的を策定するのに必要である。子どもの査定においては，発達過程を急がせたり遅らせたりするのではなく，尊重するために，防衛の年齢適正を理解することが重要である。たとえば，年少の子どもは空想と投影を用い，自己中心的で他者のことを考えないと予期される。しばしば，認知的または心理的問題のある子どもは，同年齢の子どもに比べて，発達において成熟度のより低い防衛を用いる。子どもがより成熟した防衛過程を用いられるように手助けすることを，治療の目的として計画することも可能である。たとえば，創造的アート過程の使用を通して，子どもは「行動化」を徐々に「転移」へと置き換えていくことができる。「防衛的」であるのはよくないという通念に反して，防衛は発達に適切な方法で用いられた場合，対処における健康的で創造的なツールである（Vaillant, 1993）。

アートセラピストによる防衛機制の研究

　アート作品によって，個人が用いる防衛について多くを知ることができる。アートセラピーの分野における先駆者の何人かは，アンナ・フロイト（1946）の自我心理学の研究に影響を受けた。彼らは，この研究と，絵画的努力は本質的に子どもを強化し，アート作品は発達過程を反映・促進するという，自身の観察を統合した。よって，子どものアートを防衛組織の査定に用いることができるのは理にかなっている。マイラ・レビック（1983）は，子どものアートの体系的な観察を行い，図示的指標を特定の防衛機制と結び付けた。一方，エディス・クレイマー（Edith Kramer, 1977; 1993; 2000）は，アートセラピー治療における子どもの防衛構造が，アート作品の質に関連していると述べた。彼女の影響力の大きく，革新的な貢献について，以下でさらに述べる。

　クレイマー（1977; 1993; 2000）は，絵画的成長とアートの質を，多くは非常に攻撃的でありトラウマを経験している情緒障害児の防衛構造の指標として研究した。結果として，「昇華」すなわち望ましくない衝動の方向を変える過程が，クレイマーのアプローチの基礎となった。クレイマーはアートにおける昇華の役割の研究を通し，子どものアート作品の質が，対人的・心理学的機能，特に攻撃に対処する能力をはっきり表すと述べた。彼女の記述はアートセラピーの中心となった。なぜなら，創造的取り組みによって，手に負えない感情を，社会的に生産的で個人的に意義のある結果へ変容させていく援助ができ，これは自己と観察者の両者に有益となるからである。その過程において，「様式と内容が分離できない全体となる」（Kramer, 2000, p.44）。

　クレイマーの事例研究は，防衛的成熟を促進するためにアートセラピーを用いた子どもに関してであった。彼女は，強く興味深いアート表現には，情緒そのものがかなり注がれていると述べた。強く，時には矛盾する情緒の複雑性を反映したアート作品は，個人の美的な葛藤を示していた。また，人生の安全で象徴的な等価物として働き，トラウマ経験によって強い不安全感をもっていた子どもの均衡を回復するのに役立った。アートを通した昇華は，高次の防衛構造を身につける手段となる。

　クレイマー（2000）によって描写された絵画的昇華は，アートセラピーの結果であるかもしれないが，他の例においては，子どものアート作品に表れる防衛は自発的なものにみえる。たとえば「退行」（未成熟な防御）の使用を反映するなぐりがきへの後戻りや，攻撃の「転移」（子ども時代中期，また成人期に見られる防衛）の手段として暴力的な場面を描くこと，「昇華」（成熟した防衛）を示す高次に美的で意

義深いアート作品を完成させることなどである。クレイマーは，子どもの防衛的な成熟はアートセラピーの過程を通して促進され，アートセラピーにおける作品に観察されると主張した。たとえば，アートにおける嗜虐的な性質は，質の低い扇情主義となる。それに対し，攻撃が昇華へと絵画的に向けられると，子どもの気持ちが伝わるであろう。

ツールとしての理論的支持

アートに基づく発達に関するアートセラピストの理解に貢献してきた理論家たちは，アートセラピー・心理学・教育の領域にわたっている。何十年もの間に研究は進み，査定と治療の堅固な基礎を築いてきた。こういった研究は，発達過程における一般性と個人差の両方を理解する枠組みを提供するため，子どものアートセラピストにとって重要なツールである。理論は確固としたものであるが，文化的変容が子どもの発達とアートイメージに影響を与えるため，小さな改訂が行われ続けている（Cox, 2005）。たとえば，大量のデジタルの視覚的素材に常に触れ，コンピュータによって作られたイメージにアクセスすることは，子どもの認知・知覚・創造的アート表現に影響を与える（Golomb, 2011）。さらに，西洋文化においては，片方の親が働いている異性間の結婚がより一般的であった比較的近年から，関係性・家族の様式が変化した。文化的変容の個人と社会への影響を再評価し続けていくことは重要であるが，世代・技術・文化の変容によって変わる部分があっても，発達と人間の経験の多くの側面は，時代を超えて普遍的であることを覚えておく必要がある。アートに基づく文化間比較の多くの研究に基づき，シルバー（Silver, 2002）は，個人間の共通点は生物学的基礎があるのに対し，違いは文化的影響から生じると推察している。同様に，ボウルビィ（Bowlby, 1982）とエリクソン（E. Erikson, 1950）の文化間比較の研究結果によると，発達経験の情緒面には普遍的特徴があることが示唆されている。ただし，具体的にどの特徴が文化間に共通であるかを特定するためには，さらなる研究が行われる必要がある（van IJzendoorn, 1990）。恒常性と変化の両者に関連する要因の組み合わせを考慮することが，子どものアート表現という言葉を深く理解しようとするアートセラピストに役立つ。そしてこの知識によってアートセラピストは，子どもの視覚的な言葉を理解する直感的な感受性と流暢さを効果的に補足できる。

第2章

子どもの成長を物語る
アート作品

本章は第1章の続きとして，そこで述べたことについて，より詳しく説明する。ここでは，乳児期・幼児期前期・就学前期・児童期・思春期前期の発達段階について探究する。各段階でのアート表現は，心理社会的機能，防衛構造，アートの発達を理解するのに用いられる。アート作品は子どもの発達の段階を物語る。

乳児期：希望の感覚の基礎

信頼を確立する基礎は，人生の最初の年を通じて作られ，この時の発達は身体的な世話を行う親の応答性に影響されて生じる。エリクソン（1980）は，乳児の生活の第一段階においては，経験の大部分が口唇，目，身体を通じて生じることに注目した。虐待されたり，無視されたり，病気を患っている赤ちゃんは，自分の要求が満たされるという信念を発達させることができない。乳児は痛みや飢えを理解する認知的枠組みを持っていないので，怒りや絶望の感情，虐待を受けたという意識が凝り固まり，後の段階に持続することがある。基本的に，トラウマとなる早期の経験は，世の中が安全でなく残酷な場所であるとの信念を吹き込むであろう（Stern, 1985）。

乳児の保護者は，乳児の生涯にわたって続く相互依存の感覚と欲求不満耐性に影響を与え，これが自己と他者の信頼性への信念に寄与する（E. Erikson, Erikson, & Kivnick, 1986）。この早期の葛藤の結果は意識された経験ではなく，むしろ対人関係の行動・態度・内的状態によって表現される。人生の最初の段階での効果的な葛藤は，その後の人間関係における挑戦を処理する基礎となるのに十分に強い希望の感覚を与える。これは他の個人や集団や共同体との相互関与の発達の基盤を形成する。

アート表現と早期経験

　乳児は絵の具で描いたり，描画したり，彫刻したりはしないが，アートは乳児が経験している状態を表現できる。喜び・心地良さ・不快さ・怒りの感情は乳児期をはるかに超えても見られる。これらの感情は生涯にわたって，アート表現や人間関係の中で観察できる。言うまでもないが，アートセラピーのセッションにおいて，こういった主題は内容の主題，材料の使用法，セラピストとの交流を通してしばしば表現される。図2.1は，アートセラピーの後期段階で12歳の少年が描いた絵である。以前の彼は恐怖・放棄されたこと・トラウマに焦点を向けていたが，この時点での彼は痛みを和らげ，自分の面倒を自分で見ることに注目するようになっていた。この絵を完成するために彼は私をモデルとして用い，絵の中の人物が彼の意図した姿勢を取れるように，私が両腕を広げるように求めた。このアート作品は，2つの流動的で連続した人物を描き，心地よさと支え合いが表現されている。この絵を見ながら彼は，私に支えられている感じがして，それによって自分自身により自信をもてるようになったと言った。この絵は依存と安全の経験を描いていて，この経験は乳児が心理的に健康な基礎を発達させるために必要なものである。この例が示すように，これは乳児の関係の特徴だけでなく，生涯にわたって重要な関係の経験の特徴である。この人間関係の状態は，自己と他者の価値への信念を発展させるのにきわめて重要である。

［図2.1　12歳の少年による関係性を示す像］

身体的な防衛

　早期の経験は身体的な水準でもっとも顕著に生じる。ケステンバーグ（Kestenberg, レビック：Levick, 1983に引用）は，乳児の運動衝動と排泄のコントロールが，パーソナリティ構造の発達の先駆けであることを観察した。対処の基本的手段は身体的に起こる。たとえば身体的な不快さや分離によって不安な状態にある乳児は，身体的に自己をなだめたり，他者への働きかけを少なくしたり，無意味な運動活動をしたり，叫んだりして対処しようとする。これに対し身体的な不快さと共に生きなければならない成熟した人は，抑制，知力を働かせた理解，昇華のような，より複雑な機制を用いる。

おそろしさとすばらしさの2歳

　心理社会的発達の第2の段階は，よちよち歩きの幼児の年齢であり，外的統制（親）と内的統制（自己）間の葛藤が起こる。この時期は活力にあふれた時期であると同時に，依存欲求が葛藤する時期である。幼児は多くの新しい能力をもち，トイレトレーニング，疲労，望まない昼寝などの潜在的な失望と阻害を切り抜けねばならない。図2.2は幼児が絵の具で描いた絵である。これはこの段階の身体的能力と，新たに発達した活動的な独立性を表している。この絵にはっきりと見られるように活動を非常に好むことは，歩く代わりに走り，いろいろなことを果敢に試して探究し，限りのない好奇心をもつが話す能力は限られている，きわめて幼い子どもの特徴である。これらの努力が大人に止められたり，偶然つまずいて地面に転んだりといった制限によってくじかれると，子どもは激しく苦悩することもある。

　幼児が葛藤を効果的に行い，落胆に耐えることを学び，それでも世界の中で強さを感じ続けることができると，その結果，意志の感覚を生じる。他方，幼児が衝動の統制ができず，不安定になり，潜在的に情緒不安定になることが続くと，この段階は親と子どもの両者にとって問題のある困難な段階となる。健康な発達においてさえ，各段階は簡単に解決できない葛藤をもたらすが，むしろこれは強さと複雑さを達成しようとする子どもの生来の要求でもある。

幼児期前期：アート表現

　ローウェンフェルド（Lowenfield & Brittain, 1987）による図示的発達の最初の段階は，なぐりがき（scribbling）の段階である。この段階の特徴は，純粋な活動，で

［図2.2　2歳の男の子による絵］

たらめさ，因果関係の無視にある。図2.3は幼児のなぐりがきの例である。身体能力は未発達である。幼児はそのアート作品に表象的あるいは象徴的な性質を与えない。彼らは知的というよりもはるかに感覚的な過程において，いろいろと試みたり操作したりする。この3歳の女の子の絵に明らかなように，なぐりがきをコントロールすることへの興味は，幼児期と就学前期に増加していく。ローウェンフェルドは，でたらめさから統制されたなぐりがきへの進展は，運動機能の洗練，認知的発達，統制を行うことへの欲求の増加を示すと述べた。図2.3には，でたらめななぐりがきだけでなく，円の形を作ろうとの試みも含まれている。

　この段階の子どもは純粋な活動を喜び（Golomb, 2003），注意の持続時間はきわめて短い。彼らは自分のアート作品にしばしば説明的・表象的な意味を与え始めるが，これは大人がそうするように促した場合のみである。子どもは自分の活動と紙上に表れたものの間に関係があることを徐々に認識する。なぐりがきが6カ月ほど続いた後，子どものアート作品はより洗練され，この活動に使う時間の量が増加する。幼い子どもにとって，なぐりがきは有意義で興奮する経験であり，この段階に固有の自己活動化，統制，自律の感覚を反映している。（図示的発達の初期段階に関

［図2.3　3歳の女の子によるなぐりがき］

しては，LowenfeldとBrittain, 1987とRubin, 2005に基づく表2.1を参照。）

幼児期前期：防衛

　幼い子どもの行動とアート作品では確実に，運動の解消（純粋活動）が主な焦点として反映されている。言語の始まりは，否定・空想・回避・投影のような防衛の使用の先触れとなる。これらの防衛は就学前期によく用いられる。行動化はバイラント（Vaillant, 1993）によって「無意識の欲求や衝動の直接的表現」と説明された防衛であり，即時の満足を求め，かんしゃくや（のどを痛めるような激しい声で叫ぶといった）自傷行動をも起こす。これは，自己統制が困難な非行青年や成人の行動化に似ている。しかし，これには否定的な意味合いがあるので，無邪気な乳児や幼児を説明できない。欲求の満足を遅らせることが全くできないことは，幼い子どもの特徴であり，発達的に正常である。（防衛の定義に関しては，American Psychiatric Association, 2000; Davies, 2005; A. Freud, 1946; McWilliams, 1994; Vaillant, 1993に基づく表2.2を参照。）

表2.1　図示的発達の段階

段階	図示的特徴
なぐりがき段階 （2〜4歳）	
初期： 無秩序な なぐりがき	大まかな運動活動。運動感覚に焦点があり，何を作るかよりも活動自体を重視する。すでに描いた記号の上に描くこともあるし，道具は握りこぶしで持つ。境界を無視する場合もあり，何かを表象することには関心がない。
中期： 統制された なぐりがき	より洗練された運動活動。より小さい記号を描く。絵の特定領域への集中の増加。より意図的な活動となり，丸や渦巻きや輪のように輪郭が示され，囲まれた形の増加。像になる前の特徴を示すこともある。
後期： 命名された なぐりがき	道具を持つのに指を使うことが増える。形態を言語的に説明することが増える。より多様な形を描く。主題内容と形の動きに関する，絶えず変化する説明。注意持続時間の増加。
様式前段階 （4〜7歳）	関連のない形態が主観的な大きさの関係によって散在する。イメージを様々な方向に回転して紙上に描く。用紙に収まるように対象を歪曲する。人間像は初めはなぐりがきから発展し，主観的である。初期の像はしばしば頭と脚だけである。衣服・髪・装飾・細かい体の部分のような部分が徐々に描かれていく。体の一部の歪曲や省略は通常のことである。自発的・遊戯的・想像的で変化する表象が出現し，しばしば独り言を伴う。
様式段階 （7〜9歳）	周囲の状況に関するより多くの知識に基づいて，形を系統立てて表現する。表現能力や繊細な運動能力の増加。幾何学的な形態や，厚みのない大胆な表象に強く頼り，同じ様式が繰り返し用いられる。人間像のバランスは一定である。見慣れない対象や，特別な意味をもつ対象に対しては異なる様式が用いられる。奥行きという空間の絵画的描写への認知的理解は限定されている。重なりの使用が少ない。対象は描かれる，または暗示された基線の上に並べられる。地平線はよく見られる。奥行きや運動または時間の経過を描こうとする試みは，エックス線描画（たとえば家の外部の壁に内部の様子を描く），複数の基線の使用，活動や強調を伝えるための形の歪曲（たとえば2人が握手しているのを描く時に腕を長く描く）などに見られる。上からの眺めと正面の眺めが混ぜて描かれる。
ギャングエイジ （9〜12歳）	周囲の状況を描写する際，衣服・髪・体の部分などの詳細な部分をより強調するようになる。重ねたり，大きさを比例させて表象したり，浅い平面や対象の関係の描写によって奥行きを描こうと試みる。対象や人物像を表現するのに，より標準的で現実的な形態を使い，個別化も行われる。濃淡はまだ理解していない。絵を描く技能を高めようとして自己批判的になる傾向がある。
疑似写実的段階 （12〜14歳）	この段階はアートに特別な関心や能力をもつ子どもに限られる。アート作品に含まれる個人的な意味が増す。奥行きの展望・行動・詳細の描写。正確な比率の増加。誇張された性的特徴やマンガのようなイメージの使用が見られたりする。

第2章　子どもの成長を物語るアート作品　　27

表2.2　防衛：発達順序と定義

防衛	定義
幼児期	
投影	認められないまたは望ましくない自分自身の感情や衝動を，他者に帰属させる。
否定	苦痛となったり望ましくない現実の局面を，認めたり信じたりできない。
空想化	作り上げた，もしくは空想した経験によって，現実と置き換えたり重ね合わせたりする。
行動化	否定的な結果を考慮しないで行動する。
スプリット	否定的側面と肯定的側面の両者を全体像に統合するのではなく，すべてが善かすべてが悪かという見方で特徴づけられた考え方（第12章に例示）。
児童期	
置き換え	ある感情をより脅威が少ない主題に向ける。
知性化	困難な物事から注意をそらすため，抽象的かつ詳細な考えに焦点を向ける。
反動形成	受容できない感情を，しばしば反対の受容できる感情に変える。
抑圧	幸福感を維持するために，感情や記憶を絶つ。
昇華	問題のある衝動や感情を社会的に役立ち，建設的で，創造的な方法で表現する。
取り消し	後悔する行為や考えや感情を償うために考案した活動を行う（本書では扱わない）。

遊戯年齢：3〜6歳

　「遊戯年齢（Play Age）」は，自分の存在を証明し，力を感じようとする欲求を伴う責任感覚が芽生える時期である。エリクソン（1980）は彼が指摘した段階のそれぞれが，「視点の根本的な変化であるから，潜在的な危機である。人生の一番初めにおいて，子宮内の生活から子宮外の生活という，あらゆるもののなかで最も根本的な変化が起きる」（p.57）と述べている。これらの段階は相互依存対自立と，積極性対受動性に関連した機能の変化を示し，対立した力のバランスが関係する。自発性と罪悪感の葛藤を伴う遊戯年齢を通じて，子どもは罪悪感をなくすのではない。むしろ子どもはこれらの感情を適切な方法で処理したり経験することを学ぶ。このようにして，良心・自制心・信頼性の現実的な感覚が発達する。5歳児が兄弟のおも

ちゃを壊すと，だんだんと後悔を感じるようになるかもしれないが，これは結果として罰や非難を受けた後のみである。初めは両親から与えられた良心を子どもが組み入れるにつれ，子どもは徐々に積極的に責任をもつようになる。これが責任と目的の感覚の基盤となる。早期段階が法や秩序の基礎を構成するのである。

遊戯年齢：アート表現

図2.4は5歳の男の子が描いた，瓶から出てくる精霊の絵である。これは未発達でぎこちなく，空想に基づいて力強い不思議な人が描かれていて，エリクソンの自発性対罪悪感の段階（1980）について多くを物語っている。5歳の子どもは衝動の統制や現実に基づく健全な判断を欠いている。この絵には遊び好きな生き物が描かれており，調節されずに残っている強いエネルギーや目的が明らかという点で，就学前の子どもの絵に似ている。構造は大胆で力動的であり，中心によっている。これらの構成の特徴は，小学校初めの2〜3年間に描かれるアート作品に見られるように，地面を示す線や参照点は描かれていない。

就学前や就学年齢初期の子どもの図示的発達の様式前段階（Lowenfield & Brittain, 1987）は，感覚的・触感的なアート作品から表象的なアート作品への移行の始まりを告げている。この遊戯的な段階では，浮かんでいる対象，混成の生き物，比率と

［図2.4　5歳の男の子による瓶から出てくる精霊］

［図2.5　4歳の男の子による海賊の地図］

色彩の主観的な描写，身体部分の歪曲と省略がしばしば見られる。一般に，認識できて現実的なイメージを描写するよりも，自身とのコミュニケーションが強調される。図2.5は海賊の地図で，大陸と埋められた財宝の場所を示している。この絵を描いた4歳の男の子は衝動的に，かつ目的をもって，この絵を作成した。彼の描画は他の人よりも自分自身にとって意味があり，年齢相応の自己中心性の特徴が見られる。このアート作品の特徴に明らかなように，就学前の子どもは自己中心的で，著しく空想的であり，衝動的である。

　図2.6は5歳の男の子が，（この年齢では典型的な）擬人化された動物を，紙の真ん中にすばやく描いたものである。就学前の子どもは人間と動物をしばしば混合する。彼らの構成と色彩の使用は論理的統合を欠き，行き当たりばったりであり，美的に興味深く調和が取れていたり，身体的エネルギーが伝わるアート作品となったりもする。たとえば図2.7（5歳の女の子による）は，腕がなくて脚が曲がっていることにより，幾何学的に興味深く，バランスのとれた人物像となっている。円形や他の単純な形で描かれたオタマジャクシのような単純性は，子どもが成長するにつれ，より詳細な部分や形が加わっていく骨組みとなる（Golomb, 2011）。ここでも

［図2.6　5歳の男の子による擬人化された猫］

［図2.7　5歳の女の子による人間］

第2章　子どもの成長を物語るアート作品　　31

子どもの創造性，自己中心性，目的の感覚が明らかである。上記のアートの例は，この発達段階を特徴づける身体的エネルギーと，個性化され固定していない現実の印象を伝えている。

遊戯年齢：防衛

図2.8に描かれた合成された動物は，就学前の子どもがしばしば用いる防衛の，空想化と投影の使用例である。この5歳の少年アーティストは，大まかにしか現実に基づかない動物を描いた。この絵は児童期初期の子どもの空想と個人的な感情を反映した，人間の投影と，高度に空想的な性質を含んでいる。就学前の子どもが用いる防衛には投影・空想化・否定・退行がある。遊戯年齢の子どもは現実を自由に装飾する。彼らは想像的な世界に住み，教師や親になったり，妖精や海賊になったりする。この年齢においては，想像的な遊びをする場合も，恐怖を感じる場合も，押しつけられた制限を曲げる場合でも，現実がしばしば歪曲される。

就学前期を通じて非常に活発に組み入れられる防衛は，アート作品・行動・遊戯活動・言語化に観察される。たとえば図2.9のチョークで描かれた城は私の近所で見たもので，子どもが否定と空想を用いていることを示している。私がチョークの城を歩道に描いた子どもたちの1人に聞くと，それは自分の家族が所有している王国だと答えた。彼と同年齢の仲間が割り込んで，自分自身の家族が所有している王国について話し，私の注意を引こうとした。その時，子どもたちの1人の親が子どもたちの話が本当かと尋ねた時，彼らはこれが「ごっこ」であることをしぶしぶ認

［図2.8　5歳の男の子による想像上の動物］

[図2.9　歩道にチョークで描かれた城]

めた。しかし子どもたちは，空想に没頭することを妨げ，現実を押しつけた大人に対して明らかに苛立っていた。

　小さい子どもが否定や空想を用いる場合，たいてい，それは非常に可愛らしいと思われる。しかし成人がこれを行えば正気でなく信用できない人と見られ，人間関係や機能的に問題があるように思われる。たとえば成人は自分自身に対してさえも，薬物乱用の問題をしばしば否定する。また重い精神病の成人患者は，現実と空想の区別が困難である。しかし就学前の子どもにとって空想と否定は正常である。反対に児童期初期における，これらの防衛の制止や欠如は，不安・抑うつ・自閉症圏内の疾患のような心理的問題を示すことがある。

　就学前の子どもはまた，自分自身の性質を現実あるいは空想された他者の性質に帰属させる防衛である投影を用いる。図1.1に描かれた，友好的であるが攻撃的な恐竜は空想された他者への投影の例である。アート表現による投影は，建設的で有益である。なぜなら，安全な距離をもって自分自身の状態の検討を可能にするからである。投影は非難も含む。小さい子どもは自分が悪いことをして叱られた時に，「お母さんが悪い」と言って投影を行うことがある。過度に投影の防衛に頼っている

第2章　子どもの成長を物語るアート作品　　33

成人は，関係性に問題をもつ傾向がある。十分に機能するために，年上の子どもや成人は，より現実に基づき責任のある対処法を発達させる。

児童期中期：7～9歳

　小学校の年齢は勤勉性の感覚と，対立した劣等感を平衡させる時期である（E. Erikson, 1980）。劣等感は人を弱体化させるが，これは現実を測るために重要で必要なことである。子どもは劣等感に耐え，成長への駆動力として劣等感を用いる能力を発達させていく。エリクソンは勤勉と劣等感の葛藤の結果として得られる長所は，生涯にわたって深く感じることのできる自信であると述べている。児童期中期の子どものアート作品には，新しい水準での自己批判や厳密さが現れる。特定の方法でイメージや観念を表そうとする試みは，詳細な部分がより多く描かれ，絵を消すことが増え，コントロールできる画材，特に鉛筆を好むことに現れる。多くの子どもは，この段階で自分はアートが得意でないと決め，芸術的な創作を止め成功や優越した感情が経験できる他の興味の対象を選び，それに注意を向けるようになる。

　児童期中期を通じ，子どもは他者との関係の中で，自分自身を比較したり評価したりする。彼らは自尊心を維持するために，成功しないと信じている活動はしないこともある。学業・スポーツ・アートなど何らかの活動を習得するために葛藤する子どもは，自尊心を育む重要な経験をしており，これが成人期における健康な機能の基礎となる。アートセラピストは，子どもが知覚された誤りを修復しようと試みているか，どれほど多くの統制がアートの生産に費やされているかという，アート作成に投じられた努力の程度に注目して，劣等感との葛藤に対する子どもの能力を観察する。

児童期中期：アート表現

　ローエンフェルドとブリティン（Lowenfeld & Brittain, 1987）は7～9歳の子どもに典型的な段階を様式段階として述べた。この時期のアートは，よく知っている対象や人物を象徴的に表すために，地平線や基線が描かれ，繰り返される様式が用いられるといったように，秩序立ったものとなっていく。この段階においては，より幼い子どものアート作品からのはっきりとした移行を示す，幾何学的かつ慣行に従う性質が現れる。

　ある発達段階から他の段階への移行は多くの場合緩やかであり，両方の段階の特

［図2.10　6歳の女の子による2人の女の子］

徴が明らかに観察できる過渡期を通常は含む。図2.10は6歳の女の子によるアート作品であり，様式前段階と様式段階の両方の特徴がある。彼女は整然と地面に立つ2人の人物を描くために現実的な色彩を用いた。ここでは前段階のでたらめな構成が，より現実的で型にはまった描写に置き換わっている。人物は児童期初期（衝動的表現や大きな頭）と児童期中期（現実的な色彩と初期の様式的表現）の特徴が興味深く結びついている。この絵は2人の人物の相互関係や環境との関係の気づきを反映している。ローエンフェルドとブリティン（1987）の観察によると，様式段階の子どもは奥行きを表す認知的能力をまだ有していない。空間の奥行きは上からの眺め（たとえば図2.11は9歳の男の子が描いた野球場）やエックス線で見たような眺め（たとえば図2.12は8歳の男の子が描いた壁を通して内部の見える家）のように，恣意的で簡単な方法で表される。様式的なアート作品は高頻度で，対象を用紙の下方の基線上に配列したり，用紙の下方自体を「暗黙の基線」（図1.3参照）として使う。

児童期中期：防衛

　子どもが学校生活に移行していくと，防衛の構造は変化する。その結果，現実に基づいた秩序ある行動と抑制ができるようになる。既述のように図2.10は遊戯年齢から児童期中期への移行を示している。この絵には児童期初期の衝動的で特異な要

［図2.11　9歳の男の子による上から見た野球場］

［図2.12　8歳の男の子によるエックス線で見たような家］

素と，より児童期中期に特徴的な秩序立って定式的な要素が見られる。背景はなぐりがきになっていて，ややでたらめであるが，2人の人物は同じ描き方に基づくように見える。人物の色彩と構図に関しては，秩序立っていて現実的である。これは規則に従い，現実を受け入れ，抑制や規律を組み入れようとする欲求を表している。

　アンナ・フロイト（Anna Freud, 1946）は，子どもが学校生活を始めて社会化・競争・課題の習得が要求される活動に参加していく中で，正常な発達に主要な防衛として，抑圧を挙げている。彼女は，本能的行動が影を潜めて生産的な学習ができるようになり，これが後に成人における生産性となる本質的な基礎を構成すると述べた。より成熟した（激しい感情や衝動の抑制を促進する）防衛を発達させない子

どもは，しばしば往生際が悪くなったり，「問題行動」を起こしたり，できの悪い生徒になったりする。統制と自制は児童中期の子どものアート作品にはっきりと現れる。彼らは人物を基線の上に並べ，多少柔軟性がないが現実的な色彩を用い，特定の対象を描く方法についての定式を発達させる。これらの特徴は図示的発達の様式的段階（Lowenfeld & Brittain, 1987）にみられる。

　衝動と強い感情を抑圧する能力があると，秩序と適合の感覚を得ることができる。アート作品では対象や人物が注意深く組織化される。たとえば図1.3においては，相対的な大きさによって，家族成員が描かれている。この年齢の子どもは以前の衝動性に対し反動的になるかのようである。この傾向を特徴づける防衛の反動形成は，望ましくない感情に対立し，その感情を非難する態度で反応することを示す（Vaillant, 1993）。子どもが困難な状況に直面し，自己や他者を否定的な情緒から守る手段として，反動形成を用いて適応していく。自分の父親に拒絶された12歳の少女は，この空虚さを満たす方法として，私の最も高価な用具をたびたび独占していた。彼女はアートセラピーのセッション中に他の人に贈り物をするようになった。問題はなお残っていたが，徐々に成熟していったことがわかる。彼女は与えることに関心をもつことで，強い願望と要求の負担が軽くなった。アート作品において反動形成を特定するのは困難である。反動形成はたとえば，苦痛な状況を反転させようとして，主題と情緒的調子が矛盾することで示される場合がある。他の査定と同じように，子どものアート作品における反動形成の表現を認識するためには，子どもの周囲の状況を熟知する必要がある。

思春期前期（児童期後期）の
子どもの線画的発達と防衛：9 ～ 12歳

　リアリズムの夜明け，またはギャングエイジ（Lowenfeld & Brittain, 1987）は自己意識の高まりと環境への気づきを反映し，もう少し年上の児童期の子ども（前青年期）のアート作品により明確である。思春期前期の段階は様式的段階の定式的アプローチと異なり，部分・性差が強調され，可塑性のある様式が目立つという特徴がある。認知的発達の能力によって，子どもは重なりや対象の相対的大きさを用いて，奥行きの表現や空間距離を概念化できるようになる。人物像は硬い傾向があるが，幾何学的な形で構成されるのではなく，かなり細かく描かれる場合も多い。青年期が近づく児童期後期を通じて，図示的段階は進展し，より複雑で，現実的で，

第2章 子どもの成長を物語るアート作品　37

［図2.13　10歳の少年が描いたセオドア・ルーズベルト］

自己を意識し，自己を批判する表現を含むようになる。既述のように，自己の発達の進展がアートに描かれ，児童期を通じた発達と共に複雑性が増加することは明白である。

図2.13は10歳の少年が描いたセオドア・ルーズベルト（アメリカ合衆国第26代大統領）の肖像画である。この絵には，リアリズムの夜明けまたはギャングエイジ（Lowenfeld & Brittain, 1987）を特徴づける，より成熟した児童の防衛が使用されていることがはっきりとわかる。主題に対して次第に現実に基づいた焦点をあて，部分に注意を向けていることが明らかである。また，消しゴムの使用は，部分への注意の増加と統制しようとする明白な要求を示す。知性化の防衛が明らかである。これは，生産的になるために思考を情緒から分離する，年齢相応の防衛である。しばしば9〜12歳の子どもは，よく考えて知的に基礎のある鉛筆画を描き，部分の詳細な描写を完成させる。よく考えて知的に基礎のある鉛筆画を描く。バイラント（Vaillant, 1993）は，この防衛を過度に使用すると，強迫傾向のある対処様式となると指摘した。実際，児童期中期を通じて，消去・作業の繰り返し・多くの事実の記憶といった強迫的特性がよく見られる。これらは支配・統制・適性という必要な感覚の発達を促進する。

昇華は，児童期中期に用いられる高水準の防衛であり，セオドア・ルーズベルトの絵にも表れているようである。昇華は本能を建設的活動に転換することであり（A.

Freud, 1946)，この事例では，アート作品に転換している。クレイマー（Kramer, 1977）が述べた概念であるアート的昇華は，置き換え・反動形成・知性化のような防衛の相互作用を伴っている。アート的昇華の活動は，経験を伝えたり表現することであり，複雑で矛盾した情緒や知覚に意味をもたらすアート作品となる。アート作品から生じた新しい理解によって，描き手と見る人は共に豊かにされる。肖像画は「他者の本質を維持するのに」（p.17）役立ち，肖像画は羨望や憎悪のような否定的感情と共に，共感，賞賛，人間関係のような肯定的領域に関連した統合と美学的感受性を表している。アート表現はこれらの複雑な情緒を意味のある叙述に変え，高水準の共有された満足を与える。

　一般に，潜在的に圧倒的な情緒や社会的に受容されない行動を抑圧する能力に関して，10歳の子どもは5歳の子どもから大きく変化する。そして年齢相応の防衛を用いることで，他者に賞賛され，コミュニティに調和して有意義な貢献ができる。児童期の子どもが用いる防衛は，学校・遊び・増加していく多様で複雑な人間関係において，彼らを成功させるものである。これは思春期に関連した不安，ホルモンの影響を受けた変化や生物的な身体の変化が高まり始める時期に，特に重要である。防衛は生物的・社会的・学業的要求からの圧力を和らげるのに役立つ。

　性についての懸念はしばしば，児童期後期の子どものアート作品において，性別に関連した特徴を過度に詳細に描かれることで示される。アート作品を創造する過程は，差し迫ってくる成人期に関連した感情を，アートの過程や産物に安全に置き換える機会を与える。置き換えは脅威となる何かについての感情を，脅威の少ないものに方向を変えることを伴う。11歳の少年によって詳細に鉛筆と絵具で表現され，「僕のお父さん」と名付けられた図2.14の絵には，このことがはっきりと表れている。この絵には，髭のかたまりや男性の髪型といった，特定の性に見られる部分が，苦痛ともいえる水準の細かさで描かれている。そうすることで，この少年は差し迫ってくる思春期に関連した身体の変化について考えられる悩みを中和している。絵の背景は，秩序立って繰り返されたパターンとなっていて，より発達した成熟過程から生じる知性化の水準が表れている。既述のように組織化と自己構造化は児童期後期の重要な機能である。

　同様に，11歳の少女が描いた図2.15は，女性の髪型をよく考えて，知性化に基づく詳細な部分を示して描いている。繰り返すと，この段階においてはしばしば，描画の性的特徴は誇張されるので，知性化と置き換えが人物像や服装の詳細な部分への注目に明白に表れている。置き換えによって，間近に迫った性的成熟への期待と

［図2.14　11歳の少年による「僕のお父さん」］

［図2.15　11歳の少女による女性像］

不安が処理される。防衛を用いることで，ストレスとなる主題を検討し，対処することが可能になる。児童期の子どもの治療過程では，脅威となる素材を眺めるために安全な方法を促進するので，知性化と置き換えのような年齢相応の防衛が奨励される。たとえば両親の争いに直面している子どもが，ネコとイヌの結婚と，その結果の子どもについての物語を描いたことがある。この夫婦の子どもは突然変異であり，両親の不釣り合いの結果，苦しんでいる。この少年は描画と物語によって，アート的対話と言語的対話を通じた，置き換えの使用と詳細な部分への注意を，圧倒的な感情を中和する手段として用いることができた。

適応手段としての防衛

　上述のように，防衛によって免疫を得ることができ，これは保護の一種である。就学前の子どもに特徴的に用いられる否定のような防衛は，ストレスに直面した年上の子どもにおいては適応的に用いられる。たとえば，図2.16は「レオ」という8歳の男の子が描いた絵であり，彼は父親が親切で優しく面白いと述べていた。現実の父親はレオとは短時間しか会うことが許されておらず，重い精神疾患により，判断力に乏しく不適切な行動をしていた。非常に弱い親という現実を受け入れるのではなく，レオは父親が自分を保護してくれると信じていた。父親と過ごした時間を描いたこの絵は，荒々しく取り扱われ明らかに無力な経験を描いている。この絵が危険で不快なことを表しているのかと聞くと，レオは「僕の背中を叩いているパパ。父親と息子の間でよくある楽しい喧嘩」と自信をもって述べた。この絵はおびえた状態を表しているが，この感情を直接的に認めると動揺して耐えられなかったであろう。レオは父親に抱く肯定的な感情だけに注目することで，保護の有効な手段を見出している。このような緩衝によって，彼は生活の多くの領域でうまく機能することができた。

　防衛の使用には個人差があり，様々なストレッサーや発達的な変化によって変わるが，児童期中期の主要な防衛は抑圧・知性化・反動形成・昇華・置き換えである。これは統制・達成・高められた競争・自己意識の段階であり，次第に複雑化していくアイデンティティの形成の基礎となる。

［図2.16　レオによる父と息子の交流］

まとめ

　理論は一般的な事柄を理解する枠組みとなる。子どもの発達とアート表現との関係は，非常に複雑な主題であり，単純化できない。個々の子どもの発達の進行状態を理解する場合，発達は複雑な過程であり，常にある程度の退行や未成熟の領域が存在することを考慮することが重要である。人はそれぞれ，独自のアート様式や発達様式を示すので，子どもを評価する際は，その発達段階の一般的性質を探すことが役立つ。

　本章は子どもの発達とアート表現について説明した。子どもが発達していく際，彼らは判断能力と表現の独創的な方法を発達させる。大きな混乱がなく発達が進んでいくと，子どもは次第に建設的な人間となる能力を獲得し，未来の世界についての希望を高めていく。これは子どもが，見識のある大人が子どもの勤勉さや想像力を養うために与えたクレヨンや製作用の粘土を使わなくなり，創造する世界である。

　アートセラピーを行う場合，期待することは，子どもが世界に積極的に寄与できる十分に機能した成人となるのを援助することである。このような長期にわたる見解は，子どものアートセラピストが行う仕事において，必要な要素である。エリクソン（E. Erikson, 1980）は，健常な成人がするべき必要があることは「Lieben and Arbetiten」（愛することと働くこと）（p.102）であるという，ジークムント・フロイトの簡潔で明白な見解を認識していた。エリクソンはフロイトが述べた「愛」とは，単に性的な愛だけでなく，広範囲で本物の寛容さという意味で，子どもへの愛も意味すると述べた。「働くこと」については，生産性を念頭に置いていたが，相手を愛することができ，対人関係において理解し合える存在としての能力を除いてはいない。子どものアートセラピーを行い，子どものアート表現と子どもの発達を検討する際は，有意義で寛容な方法で愛し働くことができて十分に機能できる大人という，将来の理想像を心に留めておくことが，有益であるだけでなく，非常に満足できる結果となる可能性がある。児童期の経験・関係・葛藤は，これらの能力の準備なのである。

第**II**部

アートの観点から見た
対人関係の発達

第3章

早期乳幼児期における
絵画的言語

　早期の人間関係の経験は，臨床現場における重要な研究領域である。対人関係と情緒機能の起源は，親と乳児の関係に観察できる。子どもによるアート表現は，このような，人間全般にとって基本的な発達状態を示す。発達の進行における欲求・葛藤・最終的な達成を概念化する際に，発達状態の特徴を分類・明確化することは，臨床家にとって有益である。子どものアートセラピストは時に早期乳幼児期を対象とする（必然的に両親とその養育の仕方を含む）が，早期の状態を理解することは，すべての年齢の人々を対象とする場合に役立つであろう。

　換言すれば早期の人間関係の発達理論は，既述の他の発達側面に加え，アートセラピストにとって有用な道具である。対象関係・愛着・神経生物学的理論は脳の発達に関する研究と同じように，象徴的表現と出現する関係的自己の重要性を理解する枠組みとなる。これらは子どもが感情・知覚・認知を統合する手段として創造的アート表現を用いるのを援助する際の基礎となるため，子どものアートセラピストにとって，不可欠な理論的知識である。これらの機能の基礎は人生の最初の3年を通じて確立される。さらに，早期の関係性モデルは人生を通して適用され，心理療法の鍵となる構成要素を支えている。既述のように，子どもとのアートセラピーの主目的（しばしば成人でも同じである）は発達の混乱を修復することである。子どものクライエントが経験する混乱は，しばしば人生の早期に始まり，対人関係の発達を妨げている。

　乳幼児の観察研究・神経生物学的研究・治療の研究によると，養育者との関係が，独立して自己を活性化する機会と合わせて，健全な自己の出現を促進する。子どもはアートに基づく治療的取り組みを行うことで，年齢相応の認知を具体化しながら，非言語的素材に触れることができる。アート作品を創造する行為は，自発的な感情表出を可能にする。アートセラピストは，子どもがアート表現によって，以前は管理できなかった圧倒的な感情を描写し，次いで組織化するのを援助する。治療目標

45

はしばしば，子どもに混乱した感情を統御する感覚を獲得させることである。これは親が乳幼児に対して，潜在的に圧倒的な状態に対処できる手段を与える役割と類似している。

　子どもは人生の最初の2〜3年間を通して文字通り，自身の2本の足で立つことを学習する。自律的に機能できるようになることは重要であり，複雑な事柄である。子どものアートセラピストが対象とする子どもは，増加していく責任に立ち向かい，自己と他者を信頼する要求に効果的に直面するための能力が発揮できない問題を経験している。最適な状況においては，遺伝的な潜在力が強化され，より十分に現実化される。しかし状況が最適でなければ，不適切な養育によって，心理的強さの発達における欠陥が生じる。研究によると，この欠陥は生涯を通じて持続する場合があり，欠陥が生じるかどうかに関しては人生の最初の数年間が最も重要である。

発達する脳

　乳幼児の脳の研究に関する最近の発展は，観察的研究によって確立されてきた，愛着と対象関係理論を科学的に実証している（Bowlby, 1988; Mahler, Pine, & Bergman, 1975）。ショア（Schore, 1994）の研究は，主な養育者と乳児の間には共生が存在することを支持している。これはまた，マーラー（Mahler）が練習期として述べた期間（10カ月〜18カ月）において，脳の圧倒的な発達が起こるという仮説を支持する（マーラーの段階については以下でより詳細に述べる）。養育者の注視と調律が乳児の発達しつつある脳に影響する。時が経つにつれ，大部分は養育者のモデリングにより，乳児の感情を統制する能力は進歩する。より洗練された認知機能（脳皮質による統制）が生じ，より原初的な（脳皮質下の）機能と統合される。脳の発達のこの臨界期において，情緒的統制・衝動の制止・自己の一貫性・共感を含む対人相互関係の基礎が構成される（Schore, 1994）。

　要するに，母親と乳児の相互関係が乳児の脳の重要な領域の成長を刺激する（Schore, 2003）。母親による養育，すなわち授乳・抱き上げる・遊ぶ・落ち着かせる・慰めることや，また乳児の手がかり（初めは大部分身体的で，次第に情緒的，そして認知的手がかり）への反応は本能的目的を果たす。養育を通して乳児は，視覚・聴覚・触覚・味覚などの感覚を多層的に経験することとなる。乳児の脳が正常に発達するには，生存を成功させる基礎となる，このような養育がなければならない。

　母親による情緒状態についてのモデリングを通して，乳児は自己を防御する能力

を育むための情報を得る。実験室での研究によると，乳児は未知で潜在的に危険な状況に近づく時，母親の顔を見て，母親の顔が恐怖の表情を示すと退く（Stern, 1985）。また，母親は共感的に，乳児の情緒を自身の顔の表情に映す傾向がある。標識的鏡映と呼ばれるこの行動は，情緒の強さを弱める。標識的鏡映は情緒統御の一種であり，乳児が感情的な状態を処理する能力を発達させるのに役立つ（Fonagy et al., 2004）。ショア（2003）はこの相互過程が，母親と乳児の間の右脳同士のコミュニケーションであり，情緒の統御領域における脳の成長を刺激すると述べた。この早期の関係の状況は，非言語的経験の処理と取り扱いを促進する，アートセラピーにおける関係と類似している。

アートセラピーによる欠陥の修復

ショア（2003）とシーゲル（Siegel, 1999）は，母親と一緒に遊ぶことでセロトニンが放出され，喜びを経験する乳児の能力が養われ，右脳の急速な発達が起きると述べている。そして認知に結び付く皮質の機能の発達が生じ，これが感情を理解する基礎となる。アートセラピーの視覚的・感情的・感覚的な部分では皮質下の機能が使用されるため，人生の初めに生じた問題を持ち続けている子どもに対し，修復作業を行える可能性がある。アートに基づく治療的介入は，感情的材料を認知的に組織化するための枠組みを与え，早期の関係性の経験を刺激する。

早期の関係性の発達段階

以下で述べる乳幼児早期の発達の研究には2つの要素がある。すなわち，生涯を通して人間関係を発展させていく条件としての，乳幼児期の経験と対人関係の状態の重要性である。マーラーら（Mahler et al., 1975）は乳児と幼児の心理的経験を理解するための概念モデル，すなわち早期の年月を通じて養育者から次第に分離していく段階を述べたモデルを作成した。これらの記述は普遍的な人間の主題を明らかにし，初めに乳児に出現し，生涯を通じて持続する人間関係の状態に注目している。マーラーの研究は，混乱した人とよく適応した人を区別するためには，対象者を選別できなかったと批判されてきたが，これは臨床的場面への重要性を減じるものではない。すなわち愛情・喪失・遺棄という情緒や人間関係の葛藤は普遍的なものである。

心理的誕生

　マーラーら（1975）は乳幼児（0カ月〜31カ月）と母親に関する広範な観察に基づく研究を行い、「心理的誕生」という概念を考案した。これは母親の身体的・共感的養育からの分離と個性化の漸次的な過程を示す。ウィニコット（Winnicott, 1971a）と同様、マーラーは母親が完全である必要はなく、ほどよい母親であれば、乳児が母親の鏡映と養育を内面化できると主張した。この内面化は自己が発展するための確実な基礎となる。人間の心理的誕生は、対人関係の別個の発達段階からなる。生物学的誕生は劇的な1回だけの出来事であるが、心理的誕生は最初の3年間を通じて生じる、漸次的な過程である。

臨床的取り組みにおける
早期の関係性段階の重要性

　対人関係の状態は、乳幼児と母親の関係と同じように、治療関係においても経験される。これらの状態は非言語的経験と本能に基づく経験を含むため、本質的に記述しにくい。よって、マーラーの用語を用いて、子どものアートセラピーに関連する表現の特徴を概念化する言葉を提供したい。非言語的な経験は言葉にするのが非常に難しいため、強いトラウマをもつ子どもを扱う際には特に、対人関係と自己調節の状態を言葉で記述するのは困難であるが重要である。

　この後の絵は、人間関係の状態を表す道具としてのアートセラピーの側面を、はっきりと示している。マーラーの用語を用いたのは、早期の人間関係の経験と臨床的取り組みで生じる状態を共に記述するのに特に適切なためである。以下の子どものアートセラピーの例は、臨床の実践と早期の人間関係の状態が並行していることを示している。アートの言語は、関係性に基づく治療的コミュニケーションの手段となり、このコミュニケーションにおいて人間関係の機能が表現されるだけではなく、機能が強化されるのである。

48　　第Ⅱ部　アートの観点から見た対人関係の発達

子どものアートセラピーにおける
早期の関係性段階

正常な自閉期（0カ月〜2カ月）

　この自閉期は子宮内での存在から外界の生活への移行を構成する。乳児は未発達で隔離された状態に存在している。乳児は生物学的な刺激に反応するが，人間関係はほとんど一方的である。すなわち養育者がその関係を維持する責任を有している。マーラーら（1975）は，乳児は刺激に気づくものの，人間や刺激を別個の実在として知覚していないと考えていた。新生児にとっての経験は，基本的に半ば目覚め半ば眠っている状態である。正常な自閉段階に関する，これらの観察の正確さに対する異論も提起されてきた。マーラーの観察に対して，実験室での研究によって，乳児初期においてさえも認知機能がいくぶんか出現し，乳児の状態はマーラーが示唆したような半植物状態だけではないことが示された（Stern, 1985）。たとえば乳児は親しみのある匂いに注意を向け強く反応する。マーラーの研究は実験を行ったのではなく，乳児と母親との観察であったため，これらの微妙な違いに気づいていなかった。彼女は乳児の繭のような状態と乳児の刺激への反応が最小限であることを観察しただけであった。また乳児の生存のみに注目し，母親の役割が本能によっていると結論づけていた。

アートセラピーへの臨床的示唆

　子どもを対象とする臨床現場において，この正常な自閉状態と最もわかりやすく対比できるのは，自閉症スペクトラム障害をもつ子どもを対象とする場合である。一般にこれらの子どもは人間関係の能力と十分に発達した言語を獲得していない。以前は母親の不十分な養育が原因とされたが，この症状は現在では，対人関係に必要な能力の低下に特徴づけられる神経学的障害と考えられている。知的能力は重度の自閉症ではしばしば損なわれているが，自閉症スペクトラムで軽度の障害の場合は，認知機能が正常または優れている場合がある。同様に自閉症の子どもは言語の能力は発達していないことが多いが，軽度の自閉症スペクトラム障害の子どもは，通常は人間関係の能力は発達していないが，言語の欠陥を有していないこともある。

第3章　早期乳幼児期における絵画的言語　　49

事例1

　「テディ」は軽度の自閉症と診断された7歳の男の子であった。彼の症状には言語発達の遅滞と対人関係において孤立する傾向が見られた。彼は仲間によって容易に脅かされ，彼らに攻撃するのが常であった。彼は列車とアニメの動物へ関心をもち，それらに繰り返し注目していた。また，アイコンタクトをとらなかった（自閉症スペクトラム障害の子どもが共有する特徴である）。テディはアートセラピーに参加するのを非常に楽しんでいたが，積極的に私に関わろうとせず，私の存在にも最小限にしか気づいていないようであった。それと同時に，用具の準備・課題への取り組み・構造について，私に頼っていることは明らかであった。これらの準備がなければ彼は自分の世界に没頭していたであろう。まるで乳児の母親のように，私の役割は対人関係の発達を育む目的で世話をすることであった。彼のアート表現には，限られた興味に基づいて繰り返されるイメージが，かなりうまく描かれていた。図3.1は彼の好きなテレビ番組の1つに基づいてアニメの登場人物を描いたものであり，仲間と一緒にいるよりもアニメを見ているほうが落ち着くという，自閉症児に典型的な好みが示されている。テディは自発的に人間を描くことはなかった。人間を描くように求められると，彼は非常に素早く人間を描き，彼の家族の絵（図3.2）に示されたように，登場人物の誰の特徴についても説明せず話さなかった。この絵は非常

［図3.1　テディによるアニメの登場人物］

［図3.2　テディによる家族画］

に素早く描かれ，丁寧さもなく，アート的な発達も欠いていた。

　テディは人間関係の微妙な差異に合わせることができなかった。彼は無生物的な対象を描く時に力を注ぎ，自発的に表現するよりも何かを写すことを好んでいた。世界に対する彼の経験は，乳児の正常な自閉期と同じように，隔離されたものであった。私が用いた方法は，構造と反応性を提供することであった。私はテディが自分の好きなアニメの登場人物を描き，登場人物について物語を作ることで，色彩と詳細化によって自分の考えと描画を発展させ，独特な知覚を伝えられるように促した。また，私とも交流し，自分のアート作品に向き合うようにも励ました。彼が写せるように様々な動物の絵を与え，限られた主題の範囲を広げられるようにもした。

　図3.3にはシルバー（Silver, 2007）の「想像からの描画」の刺激イメージに基づく，様々な種類の動物が描かれている。刺激イメージを用い，丁寧なサポートを受けることで，テディは自身ではできなかった新しいアイデアを取り上げることができた。私はテディに対し，アート表現を通して，たとえば何か恐ろしいものを見た時といったような，自分の経験の微妙な差異を描写するよう促した。彼はテレビ番組で怖かったというエピソードに基づいて吸血鬼の絵を描いた（図3.4）。彼は吸血鬼の速い動きと，複数の目と顔が怖かったと言葉で説明した。中に何か面白いものを描くようにと四角形を与えた際は，飛行機に変装したライオンと説明したものを描いた（図3.5）。これらの描画から明らかなように，構造を与えることによって，

［図3.3　テディによる動物］

［図3.4　テディによる吸血鬼］

［図3.5　テディによる飛行機に変装したライオン］

52　第Ⅱ部　アートの観点から見た対人関係の発達

対人関係の結びつきが増加し，より高度な図示的表現が生じた。

　正常な自閉期の赤ちゃんの母親のように，私は成長を促進するために乳児を養育するのと同じように，かなりの構造と取り組みを提供する必要があった。私が与えた構造の量は極端に多かった。私はかなり近くに座り，できる限りアイコンタクトを保った。そして彼が絵を描いている間，孤立した状態に戻らないように話しかけた。写すための絵も与えた。対人関係や認知面でもっと能力のある子どもには，これほどの構造を与えて干渉を行うと，創造性と治療の進展の妨害となるだろう。テディの治療目標の焦点は，アイデアを形成し，物事を選択できるようにし，意味のあるコミュニケーションに参加できるように，障害のある能力を高めることであった。

事例2

　「キース」はアスペルガー症候群と診断された12歳の少年であった。彼はテディと同様，対人関係の交流を自分から始めることはなく，あまりアイコンタクトをとらなかった。しかしアスペルガー症候群の特徴であるように，キースの知的発達に問題はなかった。彼は社会的に孤立していたが，ハンサムな外見とアートの才能は仲間に賞賛されていた。テディと同じように，キースもアート作品において人間を描くことを避けていた。彼はロボットのスーパーヒーローや悪役を描くのを好んでいた。私が現実の人間を描くことを求めると，彼はしばしば，ロボットのような人間・変装した人間・後ろを向いた人間を描いた。たとえば図3.6の自画像において，キースはハロウィンの衣装で隠れた自分を描くことを選び，他者とある程度距離を置く必要性が示されている。図3.7は家でビデオゲームで遊んでいる自分であり，自身の個人的な特徴ではなく，周囲や画面が詳細に描かれて強調されている。学校で

［図3.6　キースの自画像］

［図3.7　ビデオゲームをしているキース］

の自身（図3.8）を描いた際は，こわばって孤立したイメージを描き，学校に関する否定的な感情が効果的に示されている。

　これらのイメージには，細かい部分への注意力と視覚芸術家のような強みが反映されている。キースはこの強みがあったため，自己を守り落ち着かせる孤立状態と，アクションヒーローがいる空想的な世界に没頭する傾向によって特徴づけられる，自身の対人関係様式を描くことができた。この様式はたとえば，彼が最も好んだジャンルである，ややグロテスクなスーパーヒーローの肖像画（図3.9）に見ることができる。私はキースに対し，興味のある登場人物を描いて発展させ，登場人物のパーソナリティの性質と共に，自身のアート面における苦労について話させた。彼は最終的に，技術的に難しい，未来空想科学小説の登場人物の粘土の彫像作成に挑戦した。図3.10（キースによる彫像）は高さが約25センチで，うまく作られた粘土の彫像であり，キースのアーティストとしての長所が表されている。私たちはキースのアートの目標について話し，人間の正確な解剖学的構造をもつ非現実的でグロテスクで，アニメのような像を描きたいということを聞いた。私はキースが自分の考えを他者と共有することが困難であると知っていたため，キースのアート的な苦労と

[図3.8 学校でのキース]　　［図3.9 キースによる　　［図3.10 キースによる
　　　　　　　　　　　　　　ロボットのスーパーヒーロー］　　　　彫像］

未来像について話し合えて嬉しかった。

　私のアプローチは，キースの発達を促進し，彼の長所にアクセスし，独特な知覚の共有を促しつつアートと言語的表現を発展させた。彼は関係性の中で，自分の考えに形態と実体を与えることができた。極端に孤立した機能は孤立の感情となり，必要な時に援助を求めるのをためらい，優先順位をはっきりさせる能力も減少するため，治療目標の焦点は対人間の相互関係を増加させることであった。アート作品と会話によって意味のあるコミュニケーションが促進され，孤立性の程度を減少させた。十分に発達した自分の内面世界を伝えることが促され，これは他の大人や仲間との関係にも一般化できる過程であった。彼の診断の性質により対人関係能力は制限され続けるであろう。そこで治療では，自閉症スペクトラム症状においては不可能な完治ではなく，対処法の改善に焦点を向けたのであった。

　対人関係発達の進行モデルを用いることで，現実的な治療が行える。私はキースの進捗を，発達段階に沿った対人関係の経験の証拠と考えた。彼は私に最小限にしか気づいていなかったが，時々アイコンタクトをとるようになった。私は積極的に表現を引き出し続けた。これを達成するのにアート表現が適した方法であったのは，孤立して自身に没頭できる時間が長くあり，キースの発達水準と快適度に合っていたからである。私はアイコンタクトが多くなるように，テーブルでは直角の位置で，彼のかなり近くに座っていた。この過程の重要な特徴は，キースの内面世界を理解

第3章　早期乳幼児期における絵画的言語　　55

する際に相互関係の感覚を得るため，私が積極的にアイコンタクトと言語化を行った点である。

追加的なコメント

　自閉症症状を経験している子どもに対するアートセラピストの役割は，乳幼児と親との関係と並行している。セラピストには相当な量の取り組み・構造化・対人関係の努力が必要とされる。治療の目的に従い，孤立と予測できるルーティンを必要とする子どもを尊重するだけでなく，耐えることのできる最高度のコミュニケーションを促すこととなる。親が子どもの生存を促進するために対人関係のつながりを維持する責任があるのと同様，セラピストは治療関係において対人関係の交流を維持するのに重要な責任を有する。乳幼児の場合との違いは，乳幼児に対する親の役割は身体面と対人関係があるが，アートセラピストの役割は対人関係だけである。さらに親と子どもの関係において，健常な乳幼児は対人関係を発達させ，これが関係を維持するのに役立つ。自閉症スペクトラムの子どもの治療においては，セラピストはクライエントからの補助がほとんどない状態で関係性を維持する。障害のある子どもがアイコンタクト，知覚と思考の共有，助けを求めるといった対人関係の能力を高めていくのには時間がかかる。

共生期（2カ月〜4カ月）

　乳児が自閉期から抜け出し始めると，母親との共生が重要な現象となる。共生期において，刺激に対する乳児の障壁は，極端に自身を保護する状態から，より母親を意識する状態へと移行する。フロイトは，この段階において他者をのぞいている目のぱっちりした小さな顔を，卵の殻を割り始めた鳥の雛になぞらえた（Mahler et al., 1975）。最初，乳児は共生的な結合以外の刺激を捉えようとしない。身体性と養育者の顔という視覚的イメージが，乳児の経験の重要な部分を占めている。自己を落ち着かせる能力が次第に発展するが（たとえば意図的な指吸い），共生期の間は基本的に，乳児は落ち着くためには養育者に依存している。これは，人間関係におけるより積極的な役割と相互作用の始まりへの最初の移行であるが，脆弱性が高く，独立して機能する能力を実質的には欠いている。親は落ち着きと安全性を与えるため，無条件に身体的要求を予期し，これに応じる。

アートセラピーへの臨床的示唆

　アートセラピストは状況によって共生的役割を演じるかもしれない。これはしばしば，独立して自己活性化を行う能力を欠いた子どもを対象とする場合である。能力の欠如は精神遅滞・脳外傷・重度の抑うつ・極端な不安などによるかもしれない。このような事例では，子どもに課題を行わせるため，同じアート作品で共同制作をする必要のある場合もある。その目的は，補助を行うことで，子どもの自己活性化の水準を高めることである。

事例

　非常に抑うつ的な男の子の「チャーリー」は内気で，自分自身の中に閉じこもっているようであった。私が彼に課題を行わせるために唯一できた方法は，彼と同じ用紙で作業することであった。このような補助を行っても，創造的作業をする機会を拒否し，三目並べ（tic-tac-toe）しか行わなかった。次第に私は三目並べで×と○を用いる代わりに，動物を描くことを導入し始めた。彼は密接な支えを感じることにより，創造的活動に取り組むことが可能になり，自分が描いた小さな三目並べの囲いの上に，動物の小さいイメージを描いた（図3.11）。彼が人間関係の支持がなく

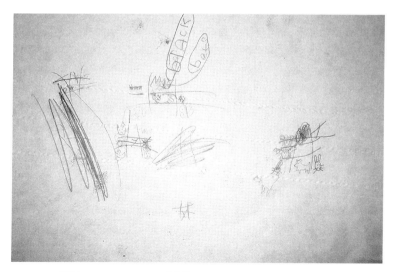

［図3.11　チャーリーが動物を三目並べの囲いに描いた絵］

第3章　早期乳幼児期における絵画的言語

ても可能な以上に個人的な表現ができたのは，危険に対して十分に守られていると感じたからであろう。その後のアートセラピー治療において，彼はやや大きい絵を描けるようになったが，依然として私が同じ用紙に何らかの補助となる準備をする必要があった。

　チャーリーの事例での目標は自己表現を促進し，引きこもった内気な状態から出てくるように援助することであった。これを達成するためには，乳児と親の共生経験に似た水準の安全性を与えることが重要であった。私は彼がさらに発達するためには，関係性への注意深い補助を行う必要があることが，チャーリーが行う三目並べに漠然と表れていると認識していた。ウィニコット（1971a）は幼い乳児の健康な発達は，母親が乳児の手がかりを認識して反応することで促進されると説明している。健康な発達が妨げられるのは，母親が乳児の要求を母親自身の要求と取り替え，これを乳児に強制しようと試みる時である。非言語的な手がかりを読み取り反応することも，子どものアートセラピストの重要な機能である。

分化期：最初の段階，分化期の始まり（6カ月〜10カ月）

　約4カ月〜5カ月で乳児は個人を区別し始め，それより前の融合した状態から成長していく。分化期の最初の段階，すなわち目覚めの段階は，注意深さ・目標指向・こだわりの増加によって特徴づけられる（Mahler et al., 1975）。赤ちゃんは頑張って顔を見ようとしたり，「いない，いない，ばあ」をして遊んだり，毛髪や衣服などを引っ張ったりしようとする。これらの探索的様式は，関係的・認知的・身体的発達が同時に起こった結果生じる。赤ちゃんは独立して動く能力をもつ前でさえ，手を使ったり，触れたり，見たりして探索への没頭を経験する。分化期はアートの素材を取り扱い始める先触れとなるが，これは児童後期において目的意識を持ち，自身を落ち着かせ，自分と他者を結びつけるための方法となる。これはまた，因果関係を生じさせる能力を確立していく基礎となる（Sroufe, Egeland, Carlson, & Collins, 2005）。

　この段階において，赤ちゃんは異なる人々を調べて比較し，見知らぬ人には用心深く反応する。これは対人関係の不安が明らかになる最初の段階である。見知らぬ人の顔を詳しく調べるこの時期の赤ちゃんは，「この世界は私にとって十分に安全な場所だろうか」と言っているようである。見知らぬ人に出会った場合，答えは明らかに「そうではない」である時もあり，赤ちゃんは困惑して絶望状態になる。赤ちゃんは頭をそむけ，時には明らかに不安で泣き，見知らぬ人を見るのに耐えられない

ことを示したりする。安全のために他者を吟味し評価することは，この段階に根ざしている。ただし，独立した機能性が高まるにつれ，脆弱性と依存性は次第に減少していく。

アートセラピーへの臨床的示唆

　子どもによっては，見知らぬ人や状況への不安に乳児期の他者への不安が残っている。たとえば学校恐怖と分離不安を経験する学齢期の子どもは，分化期の乳児との類似を表している。不安をもつ子どもは，赤ちゃんが他者を知覚するのと似た様子でセラピストを知覚する。これは，肯定的な関係を築く希望があるか疑うと同時に知りたがり，アートセラピストを慎重に見つめたり，自分の作品を手で隠したりする子どもの場合である。

　不安をもつ子どもを対象とする場合，アートセラピストは不安を軽減するための支持と援助を与えつつ，アートの材料を落ち着かせる方法として利用する。不安を軽減しなければ，子どもは固まったままで，建設的な治療に取り組むことができない。これは分化期の乳児にとっても同じである。養育者が安心させなければ，この不安は赤ちゃんが，世界において独立・強さ・安全を感じるための能力を発達させるのを妨げる。アートセラピーの方法によって，子どもが統合と安全の感覚を経験するのに役立つ構造を与えることができる。不安定な子どもの場合，目標は自身を落ち着かせ，自身の強さに頼る能力を徐々に発達させることである。

事例

　不安の強い7歳の女の子に対するアートセラピーによる治療において，不安を軽減するために私は支持的な構造を準備した。「ナタリー」は登校することを恐れ，親から離れられなかった。彼女は圧倒的な不安感を経験していて，自分の家庭以外の世界が説明できないほど危険と信じているように見えた。彼女の家族はいずれも成功していたため，彼女は良い成績を上げようと，自身にプレッシャーを与えていた。全体的には道徳的に正しい行いをしていたが，失敗を恐れるために，学校でカンニングをすることがあった。

　アートセラピーのセッションで，彼女は不安の衝動に駆られながら課題に取り組みがちであったので，私はナタリーが何かを組織化する感覚を特に得られるよう手助けした。彼女は細かい部分にほとんど注意せずに，素早く，慌てて課題を行った。このために彼女のアート作品は台無しになってしまい，がっかりして，私に完成す

第3章　早期乳幼児期における絵画的言語　　59

［図3.12　ナタリーによる学校へ行く時の気持ち］

るように求めたが，私は穏やかに断った。情緒的な支えと構造を与えることが，彼女の不安と衝動性を軽減するのに役立った。最初のうち，私は主に中立的な主題を提示し，彼女を落ち着かせて課題を成功させる能力を信じられるように，絵を描くための小さな箱とキャンバスを準備した。私に描いてほしいという彼女の申し出を受けるよりも，彼女が扱うことが可能な経験を提供しようと試みた。彼女が学校に行って母親と離れる恐れについて話したあるセッションでは，私は人の輪郭を描き，こういう困難な時に体がどのように感じるか示すように，イメージを完成させることを求めた（図3.12）。悲しく感じていると説明されたこの絵には，絶望的になって泣いている女の子が描かれていた。ナタリーはこのようなアート作品によって，自分の不安を描いて外在化することができた。この治療の枠組みの中で，彼女は圧倒的な感情によりよく対処できるようになった。その後彼女はより親から離れられるようになり，自分の経験を表現して理解することが可能になり，その能力に自信を得た。

　不安は処理できると私が期待したことも影響し，ナタリーは行動する能力にも自信をもった。描画のために小さいキャンバスと箱を利用することで，彼女は安心感を得ることができ，より安全にアート過程を進めることができた。彼女のアート作品には危険と不快を表す場面が頻繁に描かれ，彼女の恐怖に出口を与えていた。たとえば小さい板に描かれた図3.13は，植民地時代の女の子（安全な主題の選択）が

[図3.13 ナタリーによる植民地時代の女の子]

文字通り海で迷っている様子を示している。それは彼女が家族と離れる際に毎日感じていた，見捨てられたという気持ちと恐怖の気持ちを伝えていた。私たちは植民地時代の女の子が経験したであろう不安と恐怖について話し合った。危険に直面した時に恐怖を経験するという普遍性について考えることで，ナタリーを落ち着かせ，孤独感を減少させるのに役立った。

　アートセラピーの方法によって，ナタリーは自身を落ち着かせ，混沌とした恐怖の感情を組織化し，活動と意思決定を楽しめるという感覚をますます育むことができた。これは学業と親からの分離に関する不安を徐々に軽減するのに役立った。分離への不安を統制する難しさは初めに乳児期に経験され，その後の段階で繰り返されることもある。乳児の親の役割が頑丈さと落ち着きの促進であることと同様に，不安をもつ子どもへの治療過程は，圧倒的な情緒を統制するための強さを徐々に発達させる。

分化期：2つ目の段階，練習期（10カ月〜18カ月）

　練習期という2つ目の段階において，赤ちゃんは腹ばいになって進み，ハイハイし，最終的には歩くことに夢中になる。これは気分を浮き立たせる自由の感覚を与え，高い自己活動性への能力の始まりを示す。子どもは親からの情緒的支持と称賛を必要とする。練習段階は著しい自己愛の段階と考えられる。子どもはぶつかったり転んだりするにも関わらず，動き続ける衝動に万能感を経験するようである。こ

の時期はほとんどの親にとって，非常に消耗するが喜ばしい時期であるものの，子どもの独立に耐えるのが難しく，不安と危機感を抱く親もいる。親が不安を抱いていると，子どもの自信を育てるのに役立つ称賛が与えられない場合がある。文字通り，最初の段階が親から取り上げられるのである。この段階の小さな子どもは，言語と自己保護の機能をほとんど用いることができず，失敗ばかりしているので，親の継続的な支え・励まし・保護によって，健康な発達が促進される。

アートセラピーへの臨床的示唆

　子どものアートセラピーにおいて，セラピストは子どもの非言語的活動に対して称賛と喝采を与える観衆の役割を担うことがある。親の称賛は子どもが本質的な価値を有するとの感覚を育てる。彼らの作品がアート的に意味があるかに関わらず，自分には価値があると評価される感覚が発達していない子どもにとっては，アートの材料を試す勇気を褒められる機会から得るところが大きい。アートセラピーにおいては，美しい表現と同様，乱雑で汚い表現もアートセラピーでは評価され得る。トイレトレーニングに困難を経験してきた子どもは，統制を保つために葛藤するため，しばしばこの問題を示す。

事例

　これは「ブレンダ」という賢い7歳の女の子の状況であり，彼女はトイレトレーニングに成功できず，当時も親と一緒に統制に苦労していた。ブレンダはうまく振る舞うこともできたが，明らかに他の人のためにうまく振る舞うことに反抗しているようであった。その結果，彼女は頑固に排便をこらえて胃腸が痛くなって「事故」を起こすことがあった。

　アートセラピーのセッションで，ブレンダは当初，自分を統制しすぎ頑固であった。彼女は小さい，几帳面で細かい粘土のかたまりを作り，過度に掃除をし，統制への要求を示した。私は彼女の努力すべてに対して情緒的支持と称賛を与えると同時に，統制しやすくかつ表現しやすい材料を用意することで，統制への要求と抑制しているが高まっていく混沌とした表現への強い興味の両方を認めた。彼女の粘土のかたまりは徐々に大きくなり，より乱雑になり，統制が緩んできたことを示した。私はこの傾向を控えめに支え，自発的な努力を確実なものとした。統制への葛藤を解消するために，私があらゆる表現を受容する状態を維持することが重要であった。乱雑で形をなさない表現と，極端で表面的には生産性のないこだわりに，落ち着い

ていられる私の能力は特に重要であった。私はブレンダが美しいアートを作成する期待をせず，彼女が探索的に完成したものに美を見出そうと努めた。興味深いことに，この時期に排泄の困難性は解決したのである。これは乱雑に作成したものを支持されることで，自身でもそれを受容できたことによるのであろう。このように，アートセラピーは愛情があり良心的な親でさえ促進できなかった回復の手段を提供できる場合がある。

　この事例は，発達の機能を補修する機会を必要とする子どもの例であった。私のアプローチは，統制を緩め再確立するために，すでに子どもに存在する強さを用いることを重視した。重要なのは，他の人ではなく，子ども自身がこの統制を生じさせることである。ぬれた粘土といった材料は，乱雑な表現も統制された表現も行えるので，特に適切であった。この材料の選択は，これに怯えて，統制できない攻撃性や圧倒的な混乱を引き起こすような，混乱した激しやすい子どもには不適切であっただろう。また私はブレンダにどのような材料も押しつけなかった。私は作品がこだわりが強く柔軟性に欠けるものであっても乱雑なものであっても彼女を褒めた。

　アートセラピーは子どもの健康的な自己愛の発達を支えるのに適している。クレイマー（Kramer, 2000, p.93）は，ほめる親に似た優しく受容的な存在が治療者であるとのコフート（Kohut）の記述を参照して，アートセラピストの役割は「母親の目のきらめき」に似ていると述べている。創造性と偽りのない自己表現へのセラピストの称賛は，自身を誇りに思っている子どもを支える。ブレンダは他者に何が称賛されるかという知覚から生じるのではなく，自身の表現に関連して生じる，より健康的な水準の自己愛を確立した。以前の彼女は，この期待に関連して，喜ばせたいという欲求と結果としての怒りから，統制に葛藤し，この戦いへの失敗を親子共に経験していた。

分化期：3つ目の段階，再接近期（15カ月〜24カ月）

　再接近期では，幼児は自律と依存との衝突を経験する。この段階は脆弱性と不安定性の高まり，無力感を伴う激怒，投影，分裂で特徴づけられる。子どもは情緒を中和したり，異なる感情（たとえば愛と怒り）を同時に経験したりする能力を欠いている。投影と分裂はつらい感情に耐えるための方法として用いられる。たとえば3歳のクライエントがセッションを終えることを拒否し，粘土で何かを作るのが好きなので，あと3つ雪だるまを作らなければと言ったことがある。私が今日のセッションはもう終わる必要があると穏やかに言うと，彼は私にここが嫌いだからもう

来ないと言った。彼が楽しい経験を離れるのに耐えられる唯一の方法は，自分で分離が統制できると感じられるように，心からそれを非難することであった。幼児の脆弱な状態には自己万能感があるが，依存欲求や統制の放棄といった必然的な結果に直面する。言語能力と運動能力の発達によって以前より独立できるものの，自分で完全に統制したいという不合理な欲求から，怒りと意気消沈につながる。どうしてもうまくいかない状況においても，幼児は統制しようとしながら，理解され，魔法のように満足できることを望んでいる。これは脆弱で満たされないという圧倒的な感覚につながり，それがマーラーら（1975）が「再接近期の危機」と呼んだものの本質である。この段階において，現実検討力・支持・境界を与える親の能力が，欲求不満耐性と感情の調整に関する子どもの能力を育てる。

　パーソナリティ障害をもつ人が時に示す操作性・自己調整の困難さは，和解期の段階の対人関係様式に類似している（Masterson, 2000）。しかし，詳細な情緒経験や対人関係の経験もこの段階に始まる。幼児に関するこの観察についてマーラーら（1975）は「人間に特有の多くの問題や葛藤の根源は，この段階で明らかに見られ，問題が生涯を通じて完全には解決されない場合もある」と述べた（p.100）。

アートセラピーへの臨床的示唆

　子どものアートセラピー治療において，対人関係とアート経験において，和解期の危機の名残が見られることはよくある。多くの子どもが治療を受けるのは，統制を受けることに困難を覚えることから，必然的に家庭・学校・地域社会における権力との葛藤やそれに関連した問題を生じるからである。アートセラピーのセッションでこれらの問題は，アート作品の破壊，与えられた材料への怒り，セラピストの提案への拒否など様々な形で現れる。しかしセッション中に，このような問題行動が少なくとも最初の間は直接示されないことが多いのは，子どもがいつもの破壊的様式によらなくても，アートを通じて強い感情を容易に表出できるからである。

事例

　2年生の「リッチ」は約9カ月間，週に1度アートセラピーを受けていた。彼が紹介されてきた理由は，些細な気に入らないことで頻繁にかんしゃくを起こすからであった。かんしゃくを起こすと彼は，2歳の子どものように叫んだり，蹴ったり，怒って殴ったりするのであった。彼の人生の大部分において，家族は無秩序な状態であった。かんしゃくは彼の怒りと圧倒的で統制できない感情を表現する方法であっ

［図3.14　リッチによる山に突進する電車］

た。彼の情緒発達は2歳児の発達段階に似ていたが，認知的・生物的発達は7歳相応であった。アートセラピーのセッションで，リッチは衝動的ですばやく乱雑に課題に取り組む傾向があった。それにも関わらず独創性と情緒の強さによって，彼はアート的に表現し，個人的に意味のある主題を言語化することができた。

　私の役割はリッチが統制を維持しながら，強い感情に筋の通った形を与えられるように，扱いやすい課題を準備することであった。私は彼が情緒的に圧倒される可能性を軽減するため，小さい用紙を用意して，興味のあるものの絵を描くように求めた（図3.14）。彼は絵の具とパステルを使って，山に突進する列車の絵を描いた。私はアート作品に対して，これは安全でないように見えると話した。すると彼は「そうだよ！　僕が運転しているんだ」と熱心に答えた。統制を失うという，よく慣れてはいるが恐ろしい感情を「安全に」共有できたことは，彼にとって新しい経験であった。セッションの間，お互いに理解しあって安全であるという感覚が保たれていた。情緒を表現する以前の経験のため，反抗・孤立・放棄は繰り返し生じたが，アートを治療的に用いることで，意味のある対人関係のつながりが促進された。支持的な関係においてアート表現が，強い感情を表現して統御する基礎となったのである。

　世界で適切に機能するのに必要な行動の統制を発達させる基盤となるので，表現を非言語的理解と言語的理解に転換する価値は過少評価できない。2歳や混乱した7歳の子どもは，欲求不満は統制できることを学ぶ必要がある。2歳の子どもの親と

攻撃的な7歳の子どものセラピストには，子どもが落胆に耐えられる可能性を心に抱けるように，安全感と抑制を与えるという同じ課題が与えられている。親とセラピストの両者に適用できる観察において，スルーフら（Sroufe et al., 2005）は幼児の欲求の豊富さと強さは，「養育者の助けによって，後の創造性と行為主体性の中核であり」（pp.106-107），人間の重要な特徴であると述べている。

就学前年齢へのアプローチ：対象の一貫性（24カ月〜36カ月，それ以上）

　3歳の子どもは，親が部屋を離れてもなお存在していることを理解する認知能力と情緒能力があるため，親からの一時的な分離に耐えられる。子どもは通常3歳までに，必要な時に思い出せる現実的で一貫した親のイメージを発達させる。この能力は「対象の一貫性」として知られ，自己を落ち着かせることや認知の能力と感情の調節を，より洗練された水準にするための能力を生じさせる。また，維持できる自己イメージと性同一性も生まれ始める。子どもは象徴的な遊びやアート表現を行える。これらの活動は驚異的な生物的・認知的・情緒的発達に駆り立てられ，さらに成長を促進する。健康な発達においては，自我同一性の初期の形はこの時期に確立される。

進行中の研究：
早期の発達とアートセラピーの理論と調査

　調査と実験室での研究（Fonagy et al., 2004; Schore, 2003; Sroufe, et al., 2005; Stern, 1985）は，早期の発達の成功は応答的な養育によるというボウルビィ（Bowlby, 1988）とマーラー（1975）の仮説を裏付けた。対人関係についての発達段階に関するマーラーの枠組みは，家に似た状況で数年間にわたり行われた母親と赤ちゃんの観察的調査に基づいている。これらの所見は，健常な発達と病理的な発達に基づく対人関係と心理的状態への理解を与えると共に，発達の進行について多くのことを独自に明らかにした。これらの状態の中に，アートセラピーの過程に特有の視覚的な知覚を活気づける，創造的で治療的な焦点への潜在力が存在する。早期の親子の双方向的関係は，ある程度，治療的関係の手本となる。両者とも，現実的な知覚，対人的交流，信頼，自己調節，自己を落ち着かせること，自己活性化のような発達分野に取り組む。アートセラピーの過程は，段階の崩壊を補修しながら子どもを強化するため，このような機能を促進することに焦点をあてる。情緒的状態・関係性の

状態は，アート作品とアートセラピーにおける関係に現れる。早期の状態での絵画的言語と対人関係の発達理論を統合することは，子どものアートセラピーのクライエントに健康な成長を促すための貴重なツールである。

第4章

早期乳幼児期の
人間関係のトラウマに関する
絵画的言語

　乳児は強い興味と好奇心を引き起こさせる驚くべき存在である。乳児であるとはどういうことかを思い出すことはできないが，可能な限り理解しようと試みることは十分に価値がある。乳児の観察に基づく研究は，この主題のいくつかの側面を明らかにするのに役立つ。また，乳児虐待の影響を研究することで，乳児の脆弱性の経験に関する価値ある情報が得られる。乳児は疑いなく脆弱で，すべてを周囲に依存している。この性質は後年においても多少は存在するが，乳児の状態を特徴づける性質である。乳児期に虐待を経験した人は，後年の発達においても明らかな損傷を維持する（Schore, 1994; Sroufe et al., 2005）。セイムロフとエンデ（Sameroff & Emde, 1989）は「物事がうまく進めば養育者と赤ちゃんには，すくすく育っているという明らかな達成感があり，これは他者にも共有される。物事がうまくいかないと，反対のことが生じる。苦悩や欲求不満は短期的には通常のことで，必要であるが，長期的に収拾不可能になる場合がある」（p.3）と述べた。

　2歳くらいまでの乳幼児はアート作品を作成しないが，より年長の子どもが，アートに乳幼児的にみえるイメージを使用することがある。こういったイメージは，早期の経験に関する重要な情報を説明するのに役立つ。アート表現の感覚的で非言語的な性質は，乳児の経験の特徴を表現するのに適した手段である。

早期経験の重要性

　子どものアートセラピーを行う人は，次のような理由から，早期の発達理論をよく知っておく必要がある。

1. 早期の年月は，基本的なパーソナリティ構造と以後の経験への内的作業モデルに影響を与える，最初の発達期間を構成する。

2. すべての年齢の子どもは，いくつかの領域において，様々な家族・文化・生物的原因により，年齢よりも幼い水準で機能する場合がある。
3. 個人の最も早期の経験と経歴は，治療でどのような補足を行うべきかについての手がかりとなる。
4. アートセラピーによる治療は特に，非言語的で感覚的な部分を含むため，早期の経験に関連する欠陥に取り組むためのツールになる。

早期の自己：関係性の中の存在

　ウィニコット（1965）は「赤ちゃんという存在はいない」と述べた（p.35）。彼が言おうとしたことは，赤ちゃんは母親（養育者）なしには存在しないということである。人間は家族・文明・社会を形成する事実から明らかなように，高度に人間関係をもつ存在である。親の養育への乳児の極端な依存は，社会的に建設的な人間関係のある存在が生じる基盤である。エリック・エリクソン（Erikson, 1950）は子宮内においてさえ，乳児とその環境は相互に刺激し合い，人と環境との間のこの相互刺激は生涯続くと強調した。親が子どもをどの程度形成するかについて，これまでも「氏か育ちか」の問題として論じられてきた。発達していく人間のすべての側面を形成する多くの生物的・環境的変数を考えれば，この問題に決定的な答えを見出すのは難しい。

　乳児期の間，親は乳児の生物的要求を満足させねばならない。これに支障が生じた程度によって，関係する問題が生じる。初めのうち，乳児は基本的に身体的な水準で存在している。身体的感覚とそれに対する親の反応が，後年の情緒の統制や他者を信頼する能力の基礎となる。既述のようにエリクソン（1950）は，乳児は信頼か不信かという心理社会的葛藤に直面すると述べた。乳児は様々な潜在的な不快と満足を経験する。親は子どもが健康的な適応と生存ができるよう，落ち着かせ，世話を行う努力をする。

　赤ちゃんの耳障りで動揺させるような泣き声は通常，親に赤ちゃんを落ち着かせようと働きかけさせるのに十分である。親は自分の行動が本能に基づくので，その出来事を分析したりしない。親は信頼と不信について考えはしないが，本能的に世話をすることで，赤ちゃんに希望の感覚を持たせるのを助けている。親が努力しても完全ではないことで，子どもは少しずつ増える満たされない要求と葛藤し，人生の後の段階で問題に対処することを学ぶ。試行錯誤を通して，乳児は親が与える養

第4章　早期乳幼児期の人間関係のトラウマに関する絵画的言語　　69

育の誤りを親に教える。研究によると，乳児をあらゆる不快さから保護するよりも，乳児が不快な体験に関連して修復を経験する機会を与えることが，親にとって重要である（Sroufe et al., 2005）。これによって乳児は他者を信頼できるようになり，自立的にまたは相互依存的に，問題に対して取り組む自身の能力を信じられるようになる。修復を行うこと，苦労して取り組むことは，人生を通じて顕著な過程であり，子どものアートセラピーの治療で非常に重要である。修復の可能性を信頼することは，健康な人間関係・発達過程・最適な機能における重要な要素である。アートセラピーは，乳児期に適切な対人関係の養育を受けられなかった子どもに，対人的・身体的・象徴的水準での修復に取り組む機会を提供できる。

　乳児の葛藤は，健康的で現実的な方法で信頼と不信を感じる能力を育てる。信頼の欠如と盲目的な信頼は共に，発達しつつある人間にとって望ましくない結果となる。幸いにも乳児の大部分は信頼と不信の間の葛藤に打ち勝ち，エリクソン（1950）が基本的信頼と呼んだ信頼を獲得し，希望の感覚を得ることができる。基本的信頼は根本的な水準で，自己と他者への信頼を与える。

早期の愛着における問題と治療

　下記に述べる，アートに基づいた乳児と幼児の愛着に関する研究は，子どもを対象とする際に，最早期の発達段階がどのように関連するのかに着目した研究である。早い段階での介入が望ましいが，多くの子どもが治療のために紹介されるのは，学校で苦労するようになってからである（Sroufe et al., 2005）。乳児と幼児の治療には，ほとんどの場合，親または保護者も伴われる。このアプローチでは，親が赤ちゃんの要求を理解して満たし，赤ちゃんと愛着を形成する手助けをする。愛着の問題は世代間にわたり繰り返される可能性があるため，親への治療的取り組みにおいては，長期にわたる破壊的な関係性のパターンの傾向を変えようと努力する。

治療への示唆

　アートセラピーを受ける子どもの多くは，早期に虐待を受けた経験がある。乳幼児期に受けた身体的虐待やネグレクトの影響を修復するのは難しい。乳幼児期に虐待を受けた子どもは，学校での失敗や社会的問題の多さと共に，大人になってからの精神病的状況や犯罪行動のより高いリスクを持っている。これは虐待を受けた本人と共同体の両方に重荷となる（Schore, 2003）。誤った扱いを受けた子どもは，そ

の後に支持的で愛情のある家庭の養子となっても，児童期・青年期・成人期にわたり，重度の混乱を経験することがよくある。彼らは基本的な世話を受けられるかという不安があるため，最も早期の葛藤を克服していない。この結果発達させた内的作業モデルにより，すべての大人が残酷で拒否的だとみなす (Stern, 1985)。初期に形成されたパターンを覆すことは困難であり，完全な治癒は不可能な場合も多い。しかし重度の損傷がある事例であっても，治療によって破壊的な行動や対人関係の様式を軽減することは可能である。

アートセラピーによる介入

　アートセラピーの表現によって，愛着の問題を経験した子どもにおける，信頼と不信の間の葛藤が明らかになる。乳幼児期に虐待を経験した子どもは，アート作品においてしばしば強い情動を表現する。これらの子どもは情動の理解や管理ができず，情動を調節する能力の発達は，早期に適切な養育が提供されることに基づくことが明らかとなっている。乳幼児期に虐待を受けた子どものアート作品に表現される感情は，無力・怒り・絶望の感覚を含むことがよくある。完全に依存的な存在が愛着の重度の崩壊に直面したために，このような感情が生じることは，容易に想像できる反応である。このようなアート作品はしばしば，乳幼児期の精神運動興奮と苦痛の泣き声を思い起こさせる。

事例１：処理できない要求
　「ニーナ」は重度の早期のネグレクトを経験した12歳の少女である。彼女は２歳で養子になった際，傷と栄養失調を含む虐待の身体的な跡が見られた。身体症状は回復したものの，ニーナは満たされて落ち着いた状態にはなれないことが次第に明らかとなった。すなわち彼女はますます妬みやすく，愛情に飢えるようになった。嫉妬は正常な感情であるが，この感情に対するニーナの経験は，乳幼児期に生存自体が脅かされた体験に関連した，自棄的で圧倒的な欲求と結びついていた。就学年齢になっても，ニーナは食べ物を隠して蓄えたり，家族や友人から物を盗んだりした。彼女が12歳になった時には，養親は完全に失望していた。親が彼女にいくら多くを与えても，早期に満たされなかった欲求は軽減されなかった。長期間にわたって飢えと寒さに放置され，苦痛から逃れるために信頼できる人がいない状態への乳児の反応は想像を絶するものであっただろう。ニーナは自分の欲求がいつか満たされると信じることができず，大人を信頼できなかった。彼女は大人の善意の表現を

［図4.1　ニーナによる雨中人物画］

嘘だと思っていると述べた。養育をしてもらうには，嘘をついたり，盗んだり，だましたりしたように，ずるくなくてはならないというのが彼女の認識であった。

　アートセラピーのセッションにおいて，ニーナは自分の思考と感情を統合することが困難であった。彼女は逃避的で無関心であったため，彼女との関係を築いていくのが難しかった。彼女は質問に対して頻繁に「どうでもよい」と答えた。彼女は知的で魅力的であった。しかし友達はなく，学校の成績はよくなかった。ニーナは創造的であったが，学業へのアプローチと同様，アート作品に対する動機づけは十分に発展していなかった。よく何かを思いついたが，それをやり通す能力は弱かった。盗みと嘘について直面させられた時は，他人への嫌悪感，また（良い成績や他の褒美を得たかどうかに関係なく）物・特権・認知の公平な分け前を受け取れなかったという感情に焦点を向けていた。彼女の目標は人気歌手になることで，自分に受け取る資格がある富と名声と華やかさを受けることであった。

　図4.1の雨中人物画はニーナが初期のアートセラピーのセッションで描いた。これは雲と雨で囲まれ，地面と触れていない空虚な人物を描いている。ニーナはこのイメージを描くと落ち着くようで，人物は嵐の一部のようだと話した。このイメージは乳幼児期のネグレクトを想起させる絶望の感覚を伝えており，保護の欠如と空虚さによって特徴づけられている。乳児期に抱きかかえられ，応答され，世話され

［図4.2　ニーナによるかんしゃく］

ることで，身体的な境界を身につけ，自身の存在を確認できる。これと反対にニーナの絵は，情動的・身体的な苦悩という不安で受動的で未発達の経験を描いている。乳幼児期において，生理的感覚と情動経験は絡み合っているが，認知的理解は欠けている。乳幼児期における情動の統制は，養育を通した身体的・関係性の経験と決定的に結びついている（Schore, 2003）。早期発達の重要な特徴は，情動と身体的感覚を理解し安らぎを得る能力の高まりである。当初は親によって行われていた機能が，自身に帰属するものとして徐々に統合され，自己を落ち着かせる能力となる。ニーナは図4.1の描画を自身には関連づけなかったが，遺棄されたという自叙伝的な描写のようであった。ニーナは描画の中の人物が悲しそうであると述べた。また彼女はそのイメージを自分と結びつけなかったため，その情緒的内容を安全に私と共有できた。

　アートセラピーの治療が後期になると，ニーナは視覚的にも言語的にも強い感情を，より発達した表現に統合できるようになった。図4.2にはスーパーマーケットにいる小さい怒った子どもが描かれていて，「許される以上にもっと欲しい」とかんしゃくを起こしていると説明された。絵について尋ねると，自分は怒りの感情を理解することができ，また，非常に落胆することがよくあると述べた。このアート作品は，組織化の能力と認知的理解がより確立された後に描かれたため，図4.1より発達している。しかし満たされない要求についての深刻な経験に関連した強い情動

（底なしの穴のような感情である）が，なおも支配を続けている。

　ニーナの治療における重要な目標は，怒りを統制し，盗みや他者への非難を通してではなく，コミュニケーションを通じて自分の欲求を満足させる方法を見出す能力を発展させるのを援助することであった。治療の初期の段階では，欲求を表現するための感覚的・視覚的・言語的手段を発展させることに焦点を向け，後期の治療では経験・行動・選択についてしっかりと考えさせることに焦点を当てた。彼女は12歳になっても，一見些細な失望に直面した際には，怒って親や他者を非難し続けていた。治療における全体的な焦点は，乳児を育てる際の親の課題をまねることであった。すなわち組織化のモデルとなり，落ち着きを与え，欲求不満を和らげ，怒りを包み込み，経験を伝え欲求を表現するための言葉を与えることであった。アートセラピーの表現によって，早期の戦いの場からは離れた場で，言語以前の素材を検討することができたため，これらの課題の重要な側面を促進した。また，ニーナの養親が共に治療に加わったことも重要であった。すなわち親も共感と行動的な包み込みを確立するよう取り組んだ。言うまでもなく，彼らも努力のために，かなりの支援を要した。

　関連する防衛についてフレバーグ（Fraiberg, 1987）は，乳幼児は虐待を受けると病理的な防衛を発達させやすいと述べている。これらの乳幼児は「正常な社会的交流へのすべての期待」を無視する傾向がある（p.187）。彼らは母親を探そうとせず，母親との接触を避ける。母親を善意ある存在とは知覚せず，脅威として知覚し，関係性を凍結させる。つまり，不動性と解離の状態に特徴づけられた混乱と断絶が見られる。ニーナが描いた雨中人物画に明らかな，分断されて空虚な状態は，フレバーグが述べた「乳児的回避」に似ている。

　乳児後期になると，危険を知覚すると「闘争」（Fraiberg, 1987）という病理的な防衛が引き起こされる。闘争は恐怖に動機づけられた急性の不安状態であり，無力感を避けようとしてかんしゃくを起こす。人は著しい危険を経験すると「逃走か闘争」の反応に訴えると述べられてきた。回避は逃走反応と類似しているのに対し，攻撃的行動や泣き叫んで抗議することは闘争反応と類似している。図4.1は回避または逃走反応に似ているが，図4.2は闘争反応を表している。本質的に攻撃的で混沌とした状態を，統制された作品で表現することは，ニーナにとっては大きな達成であった。

事例2：愛情と安全性についての混乱

　乳児期に著しいネグレクトを受けた10歳の少年「クリス」が雨中人物画として描いたのは図4.3であった。何年にもわたってネグレクトを受けると共に，薬物中毒の母親から一時的に離されることが繰り返された後，当時クリスは愛情のある養親のところにいたが，すべてうまくいくだろうと信じるのが困難であった。

　クリスの絵は火の隣にいると述べられた，小さく不完全な人物像（下部の真ん中）であり，大粒の雨に加え，火と煙に囲まれている。彼は用紙の上部に「ある人がかわいそうな人を救っている」という曖昧な文章を書き，嵐と火事の中で，もう1人の人がかわいそうな人を救っていると説明した。形がなく断片的なイメージは混乱を示唆し，養育されたいという子どもの望みと，新しい居場所を以前の経験と統合する困難な葛藤を象徴的に反映しているようである。クリスは愛情ある行動を誤って有害と解釈し，闘争的な方法で反応していた。同じように絵は説明が誤りであることを示している。用紙の下部の小さい人物は，ぼんやりとしか見えず切断されていて，脅かされ孤独に見える。

　このアート作品はフレバーグ（1987）が，乳児のもう1つの病理的な防衛として述べたもの，すなわち苦痛となる感情を喜びの反応と置き換える「感情の転換」を例示している。たとえばフレバーグは，満足そうにミルクを飲んでいる途中に，突

［図4.3　クリスによる雨中人物画］

第4章　早期乳幼児期の人間関係のトラウマに関する絵画的言語

然口から瓶を取られるという虐待を受けた乳児について描写した。正常な愛着をもつ乳児であれば混乱を表すが，この乳児は微笑んだり笑ったりして反応を示したのである。この行動は手がかりを読む能力と，生理的・情緒的感覚を理解する能力の著しい崩壊を意味する。これは養育や安全をネグレクトや危険と区別できないことを示唆し，早期の関係性におけるトラウマの経験をもつ子どもによく見られる失敗である。生理的水準（初めは飢えや身体的痛みや不快を伴う場合もある）において，養育者が行う調節の欠如という早期の経験は，他者の意図を読み違えるという持続した傾向を生じさせる。これは虐待的・挑発的な関係や，暴力的または危険性の高い行動を喜びと知覚するような，機能不全な対人関係を期待したり招いたりする経験を繰り返す結果となってしまう。

愛着についての研究

　乳児期に虐待を受けた子どもは，自分の感情や身体感覚を認知・統合・調節する能力を発達させていない。なぜなら，これらの機能は適切な早期の養育を通してのみ確立されるからである。哺乳瓶か母親の乳房は成長する乳児に栄養を与え，情緒・身体面で応答的な養育は自己調節・信頼・欲求不満耐性・相互依存・共感のような心理的機能を育む。人間にとっても動物にとっても，健康な発達は安全な早期の愛着に付随する。これは人が愛したり愛されたりする方法を学ぶ背景である（Ainsworth, 1969）。

　ボウルビィ（Bowlby, 1982; 1988）は子どもへの愛着の影響と共に，早期の関係性の経験がもつ本能的・形成的な性質を研究し，自己の形成に先立って，親子関係が生存と自己防衛の基盤になると述べた。よって，その後の安全な自己の形成も，早期の愛着関係に付随する。より最近ではショア（Schore, 2003）が，共感の欠如・粗暴な行動・衝動の不十分な統制のような欠陥を，愛着が不良な子どもにおける脳の発達と結びつけた。これは脳の研究により確かめられ，乳児期や幼児期前期の不適切な養育が脳の発達に否定的な影響を与えることが，今日では広く認められている。さらに，ショアは情緒的に調和した心理療法における関係性の経験が，対人関係の機能や感情の調節に関連した神経学的な修復を促進するという推測を支持する根拠を示している。

　前記の事例に示されたように，乳幼児の重度の不安は発達しつつある自己への不完全な基礎となり，大変重大なリスク要因である。早期乳幼児期の病理的な防衛は，

確固とした神経生物的な基礎を築くために必要な，喜びの経験や安全を妨げる可能性がある。安楽と信頼に関する乳児の経験の重要性を過少評価するべきではない（Hughs, 1997; Klorer, 2008；Siegel, 1999）。これが妨げられると，損傷のある基礎の上に家を建てるように，後の発達においても必然的に苦しむことになる。

　どちらも最も早期のトラウマを経験したニーナとクリスが完成させたアート作品は，情動的な強烈さを示し，早期の養育の重要性を理解するのに役立つ。スターン（Stern, 1985）は満たされない要求に直面した時，赤ちゃんがいかに親を残忍とみなしやすいか述べている。これが重度の場合，子どもはこのような知覚を他者に転換し，世界を残忍なものとして知覚し，全体的に自暴自棄の感情を生じる。そして欲求が克服できないという経験は，深く確立された信念となる。この知覚は極端な無力感を防衛するための盗み・嘘・かんしゃく・対人関係の操作のような問題行動となる。こういった子どもは頻繁に，表面的には愛想よく満足しているように装い，自分の欲求を隠そうと試みる（Hughs, 1997）。ニーナとクリスもそうであり，2人とも愛想がよく魅力的であった。彼らの愛想の良い個人的スタイルは，生き残るためのメカニズムとして，また圧倒的な欲求に固有の羞恥心を隠す手段として働いていた。

概念的枠組み

　親は健康な自己形成の足場を与える。その足場は，子どもの自己がより堅固になるにつれ，きわめてゆっくりと取り除かれる（Davies, 2005）。早期の愛着の経験は子どもの発達に大きく影響する。他の問題についてと同様，アート表現は子どもたちが影響されてきた方法について，多くの情報を明らかにすることができる。アートのような非言語的な方法は，愛着の崩壊から生じた損傷を表現・修復する言葉を与える。愛着に障害のある子どもたちは非常な危険にさらされているが，治療によって，完全な治癒でなくても，保護的な影響を与えることができる。その後の状況は，生来のパーソナリティの強さ，存在する損傷の水準，支援の継続等を含む多くの要因による。

　乳児はアートセラピーの該当者ではないが，乳児の正常な発達と病理的な発達に関する知識は，子どものアートセラピストにとって重要なツールである。また，乳児の人間関係のトラウマの絵画的言語に敏感なことは，重度の混乱を経験してきた子どもたちを対象とする場合に，安定した思いやりのあるアプローチを維持する助

けとなる。確固とした概念的枠組みは，非常な危険にさらされている子どもを対象とする際，混沌とした表現に安定性を与えるのに役立つため，特に重要である。混沌とした表現に耐えて理解することは，本質的に困難な臨床的責任である。安全を感じない子どもは，自分に働きかける人に対して強い情緒的反応を引き起こしがちである。内面的に混沌とした子どもたちとアートセラピーに取り組む際，セラピストにとって理論的支持と共に，スーパービジョンとセルフケアが重要なよりどころとして働く。

第III部

レジリエンスと脆弱性に関する
絵画的言語

第5章

レジリエンス： 挑戦に取り組む能力

　レジリエンス（復元力）はストレスへの対処，困難からの回復，個人の成長のために用いる挑戦の能力に結びつく免疫力の一種である（Davies, 2005）。レジリエンスのある子どもは，外界の事象のままになるしかないと感じるのではなく，困難を克服できると信じている。この性質は内的統制として知られている（Werner & Smith, 2001）。年齢相応の防衛の柔軟な使用もレジリエンスの指標となる（Vaillant, 1993）。年齢相応で効果的な様々な対処手段は，子どもの頑丈さの水準に寄与する。これは着実な成熟への道を保証する重要な要因である。否定的な経験はレジリエンスの水準に影響を与えるものの，支持的な環境で生活していても大幅な強さが発達しない子どももいるが，途方もなく大きい逆境を経験しながら，それを見事に克服する子どももいる。研究によると，一貫して逆境を克服する子どもたちは，以前に挑戦することに成功した様々な経験と共に内的な強さを有している。最も重要なことは，スルーフ（Sroufe et al., 2005），ワーナーとスミス（Werner & Smith, 2001）の研究結果によると，安定した早期の愛着が子どものレジリエンスを最もよく予測する。またレジリエンスのある人は，早期における重要な支持的人間関係を，最低1つは経験している。スルーフとシーゲル（Sroufe and Siegel, 2011）は，子どもたちの脳は，早期の人間関係の経験に基づくパターンにおいて作り直され，乳幼児期や児童期初期に起こったことと平行する成功と失敗を再生させると主張している。

保護要因とリスク要因

　リスク要因と保護要因の分析は，レジリエンスの水準の決定に役立つ（Davies, 2005）。リスク要因は子どもたちの脆弱性を引き起こすが，保護要因はレジリエンスの養成に有益である。これらの要因には外的なものと内的なものが見られる。外的なリスク要因は，貧困あるいは少数民族とそれに関連した差別といった社会経済

的な困難，親の機能不全，親の教育水準，暴力・性的・身体的・心理的な虐待，親の離婚や死亡，厳しすぎるしつけ，何回もの転居や転職などである。また愛着の欠如の生育歴をもつ親は，自分の子どもを大きな危険にさらしている。内的なリスク要因は子どもの性質にある。これは知的・身体的な障害や気難しい気質を含む。蓄積されたリスク要因の影響は，特定の困難とは異なり，否定的な結果となる可能性が高くなる（Canino & Spurlock, 1994）。

外的な保護要因には環境・経済・親からの支持と安定性のような領域がある。それは質の高い学校や養育，家族を支えるシステム，豊かな文化やレクリエーションの機会を含む。内的な保護要因は身体的健康，好ましい気質，知的な素質と才能などである。

ケースマネジメント・地域社会の援助・親からの支持・家族療法は，環境的や外的なリスク要因に取り組めるが，個別のアートセラピー治療は，ストレスに対処する子どもの能力に関係したリスク要因に取り組むことができる。保護要因の育成を目指す治療は，しばしばレジリエンスの水準を高める。児童期に内的レジリエンスの水準が低かった人々は成人になった時，精神障害・中毒・経済的困窮・犯罪・対人関係の問題を生じるより大きな危険がある（Werner & Smith, 2001）。

他者との関係・身体・家族・学校・行動の機能性といった子どもの背景情報は，レジリエンスの水準に関して幅広い見解を提供する。この情報は，その子どもと定期的に接している人々から集めることができ，アートセラピーによる査定の出発点となる。アートセラピーによる査定は子どものレジリエンスの水準，またリスク要因と保護要因を明らかにし，子どもの知覚と状態を理解するのに役立つ。一般にアートセラピーの査定は予期しなかった所見を明らかにするよりもむしろ，子どもの長所と問題について現存する情報を確かめるのに役立つ。ただし，アートセラピーの表現は，隠された思考・感情・知覚を明らかにすることもある。アート表現の潜在力として最も重要なのは，個々の子どもに特有の経験を特定し，他の活動では明らかにはならない創造的な強みを正確に示すことである。こういった強みは，より高い水準のレジリエンスを育成するための治療に利用できる。

前章で述べたように，年齢相応の発達機能の達成は多くの要因に基づいている。すべての人は適切に機能する能力に多少の変動がある。変動は不安・落胆・様々なストレス要因によって引き起こされる。大きな崩壊（家族内暴力，離婚，虐待，愛する人の死亡，重大な身体疾患など）は，しばしば発達への著しい問題となり，様々な症状を生じさせる。これは成熟に必要なエネルギーを，崩壊に耐えるために用い

るからであると考えられる。たとえば両親が争っている場合，多くの子どもは，両親がうまくやっていけるように助けようと自分のエネルギーを使い，この努力に失敗すると自分を非難する。これは，年齢相当の成功経験を生じる，仲間との関係あるいは活動のために通常は用いられる，多量のエネルギーを消費してしまう。成功を繰り返すとレジリエンスの水準が高くなるが，活動へ全面的に取り組めないと，健康な発達が妨害される。本章の以下では保護要因に焦点を向け，次の第6章ではリスク要因に焦点をあてる。

レジリエンスの育成

事例1：レジリエンスを高めるアートセラピー

両親の離婚後，6歳の女の子「グレタ」は，授業の妨害やじっと座っていられないなどの症状で，小学1年担当の教師を苛立たせていた。不安と苦悩が身体的な動揺の形をとり，学業を妨げていた。地域の精神衛生機関における最初のアートセラピーのセッションで，自分の家族を描いてという私の求めに応じて，グレタは図5.1の絵を描いた。この明るい色彩で描かれた風景には，家，そして両親の間に立っている彼女が描かれている。彼女は「私がママとパパを結びつけようとしているところ」と述べた。グレタはそれぞれの窓にママ，パパ，自分の頭文字を描き，自分の無力な状態を受け入れたくないことがはっきりと表れていた。彼女は「私たちはそ

［図5.1　グレタによる家族画］

れぞれ自分の窓をもっているの」と主張した。私が「あなたはママもパパも両方とも本当に愛しているのね」と言うと，彼女は共感して絵の上に「私はあなたを愛している」と書いて，この言葉は自分の両親，それから私に向けたものだと説明した。彼女が私に愛情を表現したのは，一部は彼女が感じていた不安定さにより，一部は私が彼女の感情を受け止めたことへの感謝と思われる。彼女は感情をあらわにする優しい子どもであった。

　家族を元通りにしたいというグレタの望みを描いた絵は，両親の離婚に関連する強い苦悩（学校での行動に見られる症状を明らかに引き起こしていた）の捌け口となっていた。しかし，この絵はグレタの強さも示している。すなわち絵はよく組織化され，年齢相応であり，自分の考えや感情を率直に伝えている。毎週1回のアートセラピーを行った4カ月間，この利発で活動的な子どもは，自分の失望状態を開放し理解するように促された。彼女は自分の壊れた家族を修復できないが，自分の動揺を解決するのに役立つ統制感覚を取り戻すために，自分の見解を表現できることを理解した。グレタは非常に激しい失望さえも処理可能で，不安に対処でき，学校で成功する能力を再建できることを学んだ。レジリエンスの特徴である内的統制は強化された。最初のセッションでグレタは苦労していることを明らかにするだけでなく，知性，非常に好ましいパーソナリティ，積極的な態度，真正面から困難に直面する能力を含む多くの内的な保護要因をもつことを明らかにしていた。レジリエンスのある人は失望状態を認め，成長のためにそれを用いることができる傾向にある（Werner & Smith, 2001）。

　グレタの外的な保護要因としては，支持的で協調的な親と，乳児期以来グレタの世話をしてきた，非常に愛情のある祖母がいた。グレタの親は経済的に苦しく，十分な教育を受けなかったブルーカラーの労働者であった。彼らは比較的低い社会経済的階層にあったが，一定の雇用と収入はあり，安定の感覚を育てる保護要因となっていた。内的・外的な保護要因は，治療におけるグレタの進歩と離婚への適応を支援するのに役立った。

問題の形と内容と表現

　子どものアートセラピストは，固定してしまった困難な事柄だけでなく，変動も理解しようと努める。セッション中のあらゆる活動への衝動的な反応は，1つの主題やある種のアートの過程への衝動的な反応とは，非常に異なることを示す。散らかりやすいアート素材を用いる時，全くまとまりがなく始末に負えなくなる子ども

［図5.2　グレタによる火事の家］

がいる一方，このような活動において高度の創造性と組織化を示す子どももいる。これらの反応は対処様式と適切な治療的介入に関する重要な情報を明らかにしている。子どもたちの図示的表現と行動の発達水準は，描かれる主題事項によってしばしば影響される。たとえば潜在的に困難であるか不快な主題を描く時に，子どもは無頓着なアート作品を作成することがある。

　グレタの事例では，家と親と自分を描いた彼女の最初の絵（図5.1）は組織化され率直であり，困難な課題に直面する際の強さと勇気を示していた。その後のセッションで，家を描くようにという私の求めに応じて，グレタは「火事になった家」（図5.2）を描いた。この絵は統制が減少し，彼女の家族構成が離婚によって崩壊した事実をより受容したことを示していた。私はグレタに自分の家が燃え落ちるのを見る時どのように感じるか話すように促し，彼女は人がどれほど怒りと悲しみを感じるであろうかということを述べた。私が離婚も同じように感じるのではと示唆すると，彼女はそうだと言った。

　上記のようにグレタはアートセラピーの表現によって，身体的動揺と悲しみの経験をある程度統制できるようになった。これにより，絶望と動揺の解放・改善のための建設的かつ代替となる出口が与えられ，行動上の問題の解決が促進された。この2番目の絵は明らかに崩壊と破滅と解体を伝えている。同時に，苦悩を表現することで統制を緩め，混沌状態に陥らないようにするグレタの能力も表れている。家は煙で囲まれ，「内部は燃えあがっている」と説明されたが，家の構造は損なわれず

にとどまっている（これは明らかに彼女自身を例えたものであろう）。この過程を通して，グレタは非常に協調的で熱心に課題に取り組んだ。彼女はアートの道具や作業場所を散らかさないように気をつけていた。これは他者に配慮しながら自身の感情を表す彼女の能力を示している。ここでも，グレタはアートの表現と治療関係を進んで利用し，有益な学習経験に取り組む能力を示し，レジリエンスの特徴が見られた。レジリエンスの特徴を有している子どもたちは，治療をかなり効果的に用いる傾向があるが，脆弱性の強い子どもたちは，このような発達の機会の利用に困難を覚えることがよくある。

アートの材料と主題

　グレタに関する最初の査定で，私は彼女が自発的に困難に直面できることに気づいた。彼女は苦痛を共有する機会が与えられると安心していた。アートの主題と話し合いへの私のアプローチは，グレタの認知的強さを引き出すように，率直さを重視した。私は彼女が身体的に興奮しやすいことを知っていたので，散らかりやすい材料の使用は勧めなかった。個人的な記憶を呼び起こす主題を扱う際は，鉛筆やマーカーあるいはコラージュのような，より統制ができる材料を提供するのが特に役立つであろう。これにより，子どもが扱いにくい材料を使用すること（文字通り散らかしてしまう可能性がある）と，潜在的に心を乱される内容を描くことの二重のストレス下におかれないよう，バランスを取ることができる。材料の選択により，成功経験につながるか，統制を失って混乱するかが決まる可能性がある。この方法では，内的統制を支持しながら，今ここにあるレジリエンスの特徴を育成する。治療と査定の過程は，自己の頑丈さに関連する性質を強めることができる。グレタの事例では信頼できる大人と共に困難を表現し，探究し，受容する能力が強化された。

行動の変動

　アートセラピーの査定は新しい状況であり，特徴的な反応と通常ではない反応が明らかになる。子どもたちはたいてい，セッションにおいてもいつも通り行動する。しかし，存在する問題や強さが行動に表れない場合も多くある。たとえば臆病な子どもが親密な場面で，何かを創造するように言われると，普段より社交的になることがある。また破壊的な子どもが，セッション中に与えられる愛情に満ちた支持によって従順に行動することもある。さらに家庭で反抗的な子どもが，アートセラピストに気に入られようとするかもしれない。セッション中の行動観察だけでは，子

どもの機能を包括的に概観できない。行動観察はアートの表現・行動・言葉の表現・背景の情報と全体的に統合しなければならない。もしセッション中の子どもが，いつも子どもを見ている親や教師や他の人の報告と違った行動をするなら，アートセラピーのセッションという新しい経験によるのであろう。もし行動上の問題が存在していたのなら，アートセラピストは子どもが紹介されてきた理由を知っていることを，子どもに思いやりをもって話すのが有益である。そうすることで不快な事実を隠そうとする子どもの傾向を和らげることができる。

　グレタの治療においては，親の離婚以来，学校で授業を妨げたり，じっと座っていられないことが原因で来所したと，私が知っていることをすぐに話した。グレタは私が事情を知っていることを率直に話したことで，安心したように見えた。彼女は非常に活動的でよく話したが，これは彼女の全体的な機能と合致していた。加えて彼女の協調的で真剣な参加は，発達の注目すべき強さを示していた。これらの要因によって，治療の焦点に正面から取り組むことができた。

直接的な主題と比喩的な主題

　アート作品についての子どもの説明は，個人情報と対処能力の指標として非常に重要である。子どもたちはよく，自分のアート作品を非常に正確に説明する。しかし逆に説明が偽りであったり（Rubin, 2005），矛盾を含むこともある。象徴的表現をしたり，視覚的コミュニケーションを認めなかったりするのは，強くおびえさせたり，当惑させたり，直面するのが困難であったりする題材を覆うことができるからである。子どもたちは比喩的な表現を用いることもあれば，直接的な表現を用いることもある。これらの様式は両方とも年齢相応のものである。想像的，象徴的なアートの表現は，置き換えの手段となる。既述のグレタ（彼女の親が離婚した後に数回会った）の絵は直接的なコミュニケーションを用いたアート表現であった。

　彼女の祖母が同じ年の遅くに末期的病状になった時，グレタはアートセラピーに戻ってきた。私は約束の日に時々グレタを連れてきた祖母に会ったことがあり，グレタがこの親切で子煩悩な女性と非常に親密なことは明らかだった。祖母が病気の間，グレタは「地面の穴に落ちていくお化けとその友だち」（図5.3）と説明したコラージュなど，想像的な主題を描くようになった。グレタは重要な関係をもつ人の差し迫った喪失という痛ましい現実と何の関連づけもせず，想像的な主題を緩衝として用いることで，憂うつで潜在的に抵抗しがたい感情をむしろ安全に表現した。私がこの活動に提供した材料によって，（人物を切って，のりで貼りつけることによ

第5章　レジリエンス：挑戦に取り組む能力　　87

［図5.3　地面の穴に落ちていくお化けとその友だち］

る）統制と，（感情に合わせた色彩を用いることができるオイルパステルによる）穏やかな表現と結合することが可能となった。悲しみを表現するために置き換えと象徴的表現を用いるグレタの能力は，発達的に適切な防衛であった。この強さによって，彼女は差し迫った喪失に直面し始めることができ，後にそれについて話すことができた。グレタの両親は祖母の差し迫った死が，自分たちの離婚の場合と同じような動揺を引き起こすことを懸念した。幽霊とその友だちのイメージは，取り返しのつかない喪失に関する情緒的経験と死の恐怖を表現している。このような表現はグレタが不安を解消して中和するのに役立ち，些細な問題行動しか起こらなかった理由と考えられる。彼女の祖母の死後，学校でふざけたような行動が起こった。しかし彼女は自分が「祖母の死について悲しく感じたくない」から，ふざけたように振る舞ったことを認めた。

　グレタは喪失と効果的に葛藤する能力に寄与する内的・外的な保護要因を経験したため，比較的短期間の治療で結果が得られた。グレタの強さは，知性・柔軟性・問題解決への積極性が表れたアート表現，そして遊戯的・建設的な方法で想像力を用いる能力に明らかであった。

事例2：より脆弱な子どものレジリエンスの育成

7歳の女の子「ダフネ」は，両親の離婚と長期にわたる学校での問題によってアートセラピーを受けた。気立ての良かったグレタと違い，ダフネの両親は彼女が生まれてからずっと気難しく扱いにくかったと述べていた。ダフネは親の争いを絶えず見ていたので，これが環境の大きなストレス要因となり，内的な安全感を混乱させていた。両親の争いが激しいと，子どもたちにとって大きな危険性をもたらす（Garrity & Barris, 1997）。

学校でダフネは威張っており，もめ事を扇動すると見られていた。彼女の学業は混乱していて，読み書きや指示に従うことに問題があった。彼女は学校では必ずしも明らかでなかったが，工夫・独立・創造性・知性といった強さを有していた。さらに彼女は動物が好きであり，ネコ・イヌ・ハムスター・ウサギについて私に熱心に話した。外的保護要因としては家庭の安定した経済状況，支持的な大家族，両親の高学歴，格式の高い学校，家族が支援を得ようとしていることが挙げられた。

ストレスに関連した主題の回避

最初のアートセラピーのセッションで，ダフネはすばやく自分の家の絵を描き，お化けが出ると言った（図5.4参照）。衝動的であるが巧みに描かれた単色の絵について質問すると，ダフネは私が彼女の言うことを信じていないと疑い，自分の立場を守ろうとした。お化けが出るとどうして知っているのかを尋ねると，彼女はお化けが屋根裏で立てる音を聞くが，これを知っているのは自分だけだと言った。彼女はお化けは少し怖いが，自分が赤ちゃんの時からそこにいたから慣れていると話し

［図5.4　ダフネによる屋根裏のお化け］

た。おそらくダフネは，持続するストレスを自分1人で処理するプレッシャーの結果，この主題を自分の親の争いに関連づけたのであろう。両親が争っている時，「家庭から追い出される恐怖の中に住む子どもたちは，権力も切り札も擁護者も有していない。その代わりに子どもたちは沈黙の共謀に追いやられるのである」(Wallerstien, Lewis, & Blakslee, 2000, p.103)。

　幼児や就学前の年齢の子どもは，現実と安全性の感覚が本質的に弱いので，両親の争いを理解するのが特に困難である。ダフネが空想と現実を混同しているのは，ストレスの処理方法として理解できる方法であった（Garrity and Barris, 1997)。彼女は両親の争いという苦痛な現実への恐怖を，苦痛がより少ない空想で代償していた。空想の使用は就学前の子どもに特徴的であるが，ダフネは7歳になっても，なおもこの対処方法に慰めを見出していた。この対処方法は，彼女に統制の感覚を与え，耐えることのできない現実を処理する方法となっていた。

　ダフネの組織だった絵と，スポーツや独立した活動など多くの領域で非常にうまく機能する能力は，十分な長所を示している。彼女は創造的な自己表現と問題解決の追求に当たり，系統的で，自信を持っていた。私の治療の焦点は彼女が人間関係や学業でもっと成功できるように，自信の感覚をさらに育成することであった。ダフネの事例において離婚という決着は，親を訪問する日程の調整と2つの家に住むことが問題として加わったが，一応の安心感を与えた。

材料と対人関係の支持によるレジリエンスの育成

　ダフネは自分の家族や学校生活について，話したり描いたりしなかった。私が彼女にこれらの主題について尋ねると，彼女は殻に閉じこもり落ち着かなくなった。彼女が経験した困難は，直面できないほど苦痛であり，情緒的経験を統合する能力の発達を妨げていた。彼女が現実の生活環境に注目することは不可能であったが，アート作品と創造性を好むことは，「今－ここ」という現実に焦点を向ける手段となった。彼女は子猫のように頑固で遊戯的で試行的で，あたかも獲物のように材料と主題を扱った。彼女はまるで魔法をかけるように絵の具を塗り，思い通りにならないと絵の具に怒った。私は彼女と一緒に，期待はずれの行動をとった絵の具の厚かましさについて，彼女の怒りに賛同した。私は彼女を励ましながら，両親の絶えない争いを聞く時の，彼女の以前の全く無力な状態について考えた。

　図5.5は絵の具の層が形を消失させている絵の例である。彼女が絵の具を厳しく叱った統制の最初の喪失の後，彼女は乱雑な状態の上に，輪郭の示された円形の幾

[図5.5　ダフネによる絵]

何学模様を上塗りすることによって，構造を作ろうとした。ダフネは自分の怒りと抵抗を材料との関係で表現した。アートセラピーの過程と治療関係は，構造の拒絶と許容の両方を探索する方法を与えた。絵画という無害な領域において，彼女は勝つことのできる戦いをし，脅威を与える混乱状態の支配者となる経験をした。やや逆説的ではあるが，彼女は高い水準の強さをもっていたため，統制を得る手段として流動的な材料を用いることができたのである。

　ダフネは以前，話を作ったり他の子どもに威張ったりして，混沌とした感情を解消していた。また，規則に従うことに関しても問題があった。学校で規則や行動規範を拒否することで，まわりに警戒心を与え，さらなる孤独を引き起こしていた。セッションにおいて，創造的で試行を楽しむダフネの能力，また制限を加えることへの抵抗と欲求は明らかであった。アート表現という「仮想現実」において，彼女は自分の情緒と行動を支配する試みを私が援助していると感じていた。これは彼女が統制と組織化の試みを，価値があって建設的なものと見るのに役立った。彼女の仲間との関係，学業と学校での行動は改善された。ダフネの強さは日常生活でより顕著であった。これらの強さには，図5.6の装飾的なフラミンゴの絵に明らかなように，珍しく美しい物への心からの評価があった。治療の最終段階において，ダフネは均衡が取れて固い，頑丈な粘土の構造を作ろうと努力した。彼女は図5.7に示した柄のある器を完成させる際，自信をもって自発的に行い，花瓶が古代の遺物を手本にしたもので，重要な品物を入れる安全な場所であると説明した。私が彼女に母親の家に置くのか父親の家に置くのか尋ねると，彼女は両方に1つずつ置く予定だと説明した。

　ダフネはスポーツ活動による数回の長い中断を含み，3年間にわたってアートセ

［図5.6　ダフネによるフラミンゴ］

［図5.7　ダフネによる器］

ラピーを受けた。治療終了までに彼女は親の離婚に順応し，学業は良好となり，仲間との関係を楽しむようになった。この間に彼女は学業上の評価と学習指導も受けた。彼女の家庭生活は安定した。離婚後1年して私は彼女の家にお化けが出るかを尋ねた。彼女は私がばかげたアイデアを作り出したと非難し，これは彼女がもはや，そのような恐怖を持たないことを示した。この時点で彼女は2つの家庭の移動は「苦痛」ではあるが，「クリスマスが2回，誕生日のお祝いが2回，バスケットがお菓子でいっぱいになるイースターが2回」ある事実を楽しむようになっていた。

両親に関する不安定さは残っており，強いストレスを引き起こしていたが，より落ち着いた家庭生活と学業の支援の増加といった，いくつかの外的保護要因が大幅に改善されていた。治療過程を通じて，私は両親とスクールカウンセラーとの連絡を維持していた。子どものアートセラピーは真空の中には存在せず，外的要因によって支援されることで，最も効果的となる。ダフネの事例では年齢相応の強さがアートセラピーを通じて育成され，課題や人間関係に建設的に取り組むことを促進した外的要因の改善に用いられた。ただし，さらに後の発達段階で何かが生じる懸念が全くないというわけではない。ダフネは両親の争いの影響について話すことができず，このストレッサーに耐えるために頑張る必要があった。彼女が成功裏に機能するためには，保護手段となって彼女を援助する自己開示が必要であるが，家族の事柄に関する自己開示の水準はきわめて低かった。

まとめ

　レジリエンスの査定は，アートセラピー治療の初め，または進行中のアートセラピー治療における治療目標を明確化するのに役立つ。本章で扱った事例は，内的保護要因を促進するためにアートの材料と主題を用いる関係的なアプローチにおいて，これらの目標を統合した例である。レジリエンスを形成する特徴は一般化できるが，治療過程は常に対象者に特有であり，各個人のパーソナリティや好みに基づく。皮肉にも，よりレジリエンスのある子どもほど，成長が内的・外的保護要因によって高められるため，治療過程をよりうまく利用する傾向にある。既述の成功したアートセラピーの治療は，子どもたちが生活の中で得られる支援によって，より促進された。次章では目立った内的・外的要因の欠如した，非常に脆弱な子どもへのアプローチ・予測・方法などへの必要な手段について述べる。

第6章

脆弱性と
変動する発達状態

変化する発達状態

　私が助言を求めた97歳の精神科医は自分が老人だとは感じないと言った。私がどの位の歳に感じるかと尋ねると，彼は「3歳とか30歳とか50歳」と答えた（彼は全くぼけていなかった）。彼の話は，成熟とは発達段階の置き換えというよりも，複数の発達状態にアクセス可能になることであるという考えを示している。ジョアン・エリクソン（Joan Erikson, 1988）は，あらゆる段階を表すため，完成したライフサイクルを縦横に糸を混ぜ合わせた織物にたとえた。個人は過去から現在までのあらゆる年齢からなるタペストリーのようである。成熟は直線的に進んでいくかもしれないが，早期の段階は決してなくならない。よく統合された個人は多岐にわたる自己の状態に気づいていて，アクセスすることができる。これらは現在の経験において用いられ続け，生き方に関する構造を与える。このように，発達は過去と現在の自己から成り，直線的にも多次元的にもとらえることができる。

　子どものアートの発達においても，早期の段階の名残が存在すると考えるのは妥当である。それは時に著しい発達の遅滞や退行が原因で，広範にわたる。しかし，一時的で，心を落ち着かせたり，アートの形を高めるのに用いられたりする場合もある。アートの実施において，なぐりがきや原初的な形のような早期の発達と結びついたイメージはアート作品を高めるために用いられることもあり，成長のしるしである場合もある。しかしアートの早期の様式は歪曲した統合のない形として表れ，認知的あるいは情緒的混乱のしるしとなる場合もある。

　同じ子どもの一連のアート作品が様々な発達水準の特徴を示すことがある。実際，子どもたちがどのように描けばよいのか知らなかったり，興味がなかったり，ストレスとなる反応を引き起こすような主題を具体化する時には，アートの発達水準が減退する。疲労，疾患，苦悩はアートで退行を引き起こす。また，統制しにくい材

料を用いると，図示的発達は高頻度で低水準となる。しかし年齢相応の図示的発達の水準に従う能力は，主題や材料に関連した反応よりも，長時間続いた反応に基づいてとらえられる。反対に著しい混乱をもつ子どもたちはたいてい，未成熟な領域と共に年齢相応の強さをもつ領域を有していて，その変動する発達状態が彼らのアート作品にしばしば明らかである。

　リスクのある子どもたちは，脆弱性を非常に個性的なアート作品の表現に示す。このようなアートの表現を観察することで，子どもの経験に共感し，効果的な治療の基礎とすることができる。アートの表現によって強みを明らかにしない子どもはほとんどない。時に子どもたちの強みは，機能を表す他の領域よりも創造的なアート作品に顕著に現れ，これらの強みをアートセラピーでさらに発達させ，後に他の領域に移すことができるので，治療過程を促進するのに役立つ。

<h2 style="text-align:center">混乱の程度，異なる場面，
関連する介入</h2>

　施設収容の子どもたちは，不良な現実感覚，自殺傾向，衝動性と攻撃性の高さ，情動や行動の統制困難などの機能障害を補うために，介入と構造化の必要性が高い。反対に外来や学校場面の子どもたちは，より制限の少ない環境で扱える問題を抱えているため，施設場面の子どもたちよりも安定している。彼らは時に高いリスクを示すこともあるが，自己や他者への積極的な脅威となることは少ない。

　以下に異なる場面でアートセラピーを受けた3人の少女の治療例を述べたい。外来クリニックにおける最初の事例は，共同体の中では機能できていたが，対人関係・学業・行動の問題と不安に悩む子どもである。第2の例は，急性の不安・不良な現実検討力・強い衝動的行動を示し，施設に収容された子どもである。最後は不良な現実検討力と著しい認知と心理社会的障害により，通所治療施設のプログラムに出席した少女であるが，共同体の中で彼女は安定し安全な生活を送ることができていた。

事例1：外来場面──擬成熟，トラウマ，要求
　多くの子どもたちは自伝的イメージを喜んで作成するが，中には自己像や個人的な記憶を描くのに混乱したり感情を抑えられなかったりする子どももいる。将来の自分を描くことは情動を喚起する課題であり，気分が安らいだり，好奇心をそそら

れる子どもがいる一方で，ストレスを感じる子どももいる。11歳の「ダイナ」は過去や未来について一連の絵を描くことに満足感を抱いた。彼女のアート作品には，アートの発達水準の変動が明らかであり，全体的な機能と合致していた。

　ダイナについて父親は「11歳なのに，まるでもうすぐ30歳になる大人のようだ」と述べていた。彼女は母親と暮らしている間，継父から身体的虐待を受けていたが，現在は実父に保護されている。彼女は何回も転居を経験してきた。2年間にわたって継父から身体的虐待を受けていたことに加え，彼女は家族の不安定さとネグレクトも経験していて，生まれてからずっと，深刻な親の争いを見てきた。これらの経験がダイナの発達に損傷を与えたことは驚くことではない。ダイナの父親が治療に連れてきたのは，彼女があまりにも大人びた振る舞いをすることを心配したからである。つまり彼女は父親の用事を詮索し父親に対して威張っていたが，友達との人間関係，子ども向けの活動，学業など，年齢相応の楽しみには興味を欠いていた。たとえば彼女は父親が友人とするカードゲームのような大人のレクリエーションに，父親と共に参加することに固執したりしていた。

　ダイナは大人びていて落ち着いているように見えた。彼女は表情を変えることもなく，嗜虐的な継父について私に話し「そんな理由で私はここに来たの」と言った。年齢以上に見える態度で彼女は虐待を受けた時の気持ちについて強調し，私が関心をもつことを喜んだ。私が彼女のことをよく知る前でさえ，彼女はすでに私を失うことを恐れているようであった。彼女は平静であったが，心の中を打ち明けている間，目は非常に悲しそうであった。彼女は自分の人生について描きたいと私に言った。

　そこで私はダイナに小さい頃に起こった出来事の記憶を描いてみないかと求め，彼女が熱心に描いたのは図6.1である。彼女はまず波打っている柵を描き，ついで小さい絵筆で彼女を表す人物を描いた。彼女は描きながら絵について話し，最も昔の記憶は3歳の時に登ろうとしていた柵から落ちたことだと言った。手早く描いて，ティッシュで絵の具を吸い取り，人物をほとんど見えなくしてしまった。私が自分のイメージを描くのに絵の具を選んだ理由を尋ねると，絵の具が涙を表すのに適しているからと答えた。彼女は遠くに行ってしまった母親を求め泣いている自分で，ひとりぼっちで，長い間見つけてもらえなかったと説明した。この描写後彼女は茶色のマーカーをとって柵の絵にさらに多くの線を加えた。

　このイメージは悲しそうであったが，ダイナの表情は楽しそうであった。彼女はマーカーで絵の残りを完成し，絵はあまり上手と思わないと述べた。彼女は様々な角度から見た柵と門とフットボール競技場を描こうとしたが，彼女のアートの才能

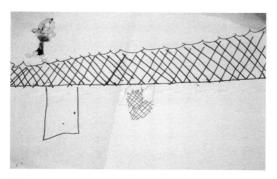

［図6.1　ダイナによるフェンスから落ちた昔の記憶］

［図6.2　ダイナによる継父に叩かれた記憶の絵］

では技術を要するこの絵を描くのは無理であった。さらに，彼女のアートの表現と統合は，遺棄された早期の感情に関連した困難な情緒的題材を扱ったため，弱められたことも理解できる。トラウマは認知と組織化の技能を傷つける（van der Kolk, 2003）ため，ダイナはアート作品を発達させて組織化する能力に影響したトラウマを想起していたのである。

　それからダイナは昨年の記憶を描きたいと言って，ただちに継父に叩かれている自分を描きだした（図6.2参照）。先ほどの絵を描いた時と同様，棍棒で自分を叩いている継父を描いて説明した際も，彼女の表情は変わらなかった。彼女は継父が太鼓腹でいやな笑い方をする下品で醜い男だと話した。私が彼に叩かれた理由を尋ねると，皿を乾かさないといった悪いことで叱ると説明した。しかし彼女はいったい

第6章　脆弱性と変動する発達状態　　97

［図6.3　ダイナによる将来の絵］

どんな悪いことをしたのか正確にわかることはなかったため，「ただただ自分が悪い」と感じていたと言った。

　図6.3は，今から10年後の彼女を描くように求めた反応である。ダイナは21歳で流行の服装をした美容師になり，赤ちゃんをもつことを考えているところと述べた。彼女はゆっくりとこの絵を描き，美容院で働き赤ちゃんをもつ将来のことを想像してほほえんだ。大人になった時の他の望みや希望を私が尋ねると，他のことは考えられないと答えた。前の2つの絵と対照的に彼女はこのイメージについて非常に嬉しそうに見えた。そしてこの絵はかなり上手に描けたし，赤ちゃんが好きだと話した。

　ダイナは私とのアートセラピーの治療に熱心に参加した。3つの絵を完成する際の注意と統合の水準は異なっていたが，ダイナは落ち着いていて，はっきりと話すことができた。彼女の擬成熟は，非常に個人的な題材を示して，無邪気な熱心さで私を信頼することと対照的であった。アート作品における対人関係の主題は遺棄，被害，満たされない要求であった。

　ダイナはより肯定的な主題を描いた第3の絵に，最も年齢相応の図示的発達の水準を示した。この絵にはローウェンフェルド（Lowenfeld & Brittain, 1987）のギャングエイジに典型的な性を特定する特徴にも注意が払われた，統合されて詳細な，釣り合いのよい人物が描かれている。

　脆弱性と放棄の状態を表した最初の絵には，図示的発達のより初期の特徴が見られる。組織化されていない構図と散漫な図と地の関係は，就学前の子どもたちによるアート作品に似ていて，今にもよろめいて落ちそうな不安定性を描いている。繰り返されたパターンの柵に示唆されるように，秩序立てようとする試みが見られる

一方，不鮮明にされた自己像や波状に描かれた柵に見られるように，絵の要素には乱雑さもある。これらの特徴には，統制を失い（乱雑さ），統制を回復しようとの試み（繰り返されたパターン）が表れている。もちろん，統制の回復能力は強みであるが，ほとんどぬぐい去られた自己像は苦悩を伝えている。

　抵抗しがたい最近の記憶を描いた殺風景な第2の絵は手早く完成され，劇的であるが比較的未発達なイメージと貧弱な表現様式を示していた。厳しい現実に直面し，色彩と詳細さと努力の欠如は情緒的な距離が示されている。不当に取り扱われた経験を描くために彼女は棒状の人間像という「簡略な表現法」を用い，より発達した表現を排除していた。貧弱なイメージを利用して取り組みを減らすことは，一種の自己防御であり，同年齢の集団に合った活動への参加の欠如と合致している。

　ダイナは色彩を多く用いることがなかった。これは，おそらく色彩が感情表現を高める傾向にある（Kramer, 2000）からと思われる。彼女の最初の絵は感情が最も表現されているが，続く2つの絵は整ってまとまっており，情緒的な距離が表現されている。ダイナは作業中，無関心なようであったが，おそらくトラウマから生じた無感覚の状態にあったからであろう。彼女は自己効力感を促進する，統制され統合された年齢相応の能力をもつように努力していた。著しい苦悩となる材料に直面しても感情を示さないことは，無関心で感情の範囲が制限されているというトラウマによる症状と合致する（American Psychiatric Association, 2000）。

　統制しやすい材料は，ダイナが情緒的負荷の高い主題を描くのを助けた。同時に，彼女が多くの領域で効果的に機能するのを助けていた，防衛に役立つ程度の無感覚と制限を支持した。子どもにとって，初期のアートセラピーのセッションにおいて，圧倒される経験はあまり役に立たない。反対に，自身にとって可能な程度の自己統制の経験をもてるよう，適度なリスクをとるように促すべきである。私は少量の水と小さい絵筆だけを準備し，ダイナはこれらを注意深く用いた。私の示した主題は感情を喚起させるものであったので，粘土や大量の絵の具といった，過度に乱雑になるような材料は提供しなかった。潜在的に困難な主題を与える時は，統制しやすい材料を提供するのが役に立つ。感情を喚起させる主題と統制しにくい材料は共に，ある程度の退行を生じさせ，トラウマがあったり混乱した子どもには特に，安全感を失わせる傾向がある。

図示的発達

　ダイナの絵は情緒的に困難な主題によって，年齢相応よりも低い水準の図示的発達がどのように引き起こされるかを示している。彼女の個人的記憶の絵は，将来の予測についての絵に比べ，組織化されておらず，詳細さも欠いていた。描画の発達におけるこの変動は，家族の混乱・ネグレクト・虐待への反応として，ダイナが行った対処様式の心理学的・行動的過程に平行している。擬成熟と過度に支配的な行動，つまり父親に対して威張り，年齢相応の学業や同年齢の仲間との人間関係を無視することが彼女の生活には表れていた。彼女のアート作品には未発達のイメージ，否定的な主題，支配への試み，成人の理想化が見られた。

防衛の構造

　既述のように11歳の子どもたちは強い情動を，スポーツ，競技，チームワーク，創造的努力のような身体活動に置き換える傾向がある。彼らはまた，事実を学習し，詳細に注目することで，知的な発達と統制を身に付けていく。このことは，たいていは鉛筆で描かれた詳細なアート作品に反映される。11歳のアートの主題は真面目なこともあれば，ユーモラスなこともあり，アニメのような主題が描かれることもある。ダイナは年齢相応の表現能力を示す，詳細で統制されたアートの表現を行うことができた。同時に，極端な脆弱性と無力さを示す領域もあることは明白であった。彼女のアートに明らかであったように，ダイナは成人のように感じ，行動しようとしていた。彼女は表面上，落ち着いていて，威張っていたが，これは本当の頑丈さの代わりになるものではなかった。つまりダイナは脆弱な子どもであった。彼女が有する高い水準の信頼感は，治療で取り組むことのできる強みであったが，リスクともなっていた。彼女は無差別に成人からの注目を切望し，仲間の関係や子どもらしい楽しみに無関心であった。彼女は赤ちゃんをもつ考えで慰められていたが，おそらく失敗と放棄された自分の感情を和らげていたのであろう。

　統制を保つことのできるダイナの能力は，彼女が経験してきた困難を考えると特に強みであった。彼女は年齢相応の知性化や抑圧といった防衛を用いていた。しかし，情緒的に距離をとる能力は過度に発達していた。これは生きていくのに役立ってはいたが，発達的課題に取り組む能力を妨げていた。

事例2：施設場面──弱い現実感覚

　次の事例は施設場面で見られる，より重度の水準の混乱を示している。このクライエントのアートの表現と行動には年齢相応の特徴がより少なく，機能はかなり損なわれていた。

　11歳の少女「ジェニー」は，未成熟・衝動的・要求過多であり，母親にまとわりついた生活史を有していた。彼女は11歳の誕生日に仲間と一緒にホラー映画を観てから，エイリアンが彼女につきまとっていると確信していた。彼女は窓から飛び降りたり，車の前に飛び出したりすると脅し，衝動的に自殺について話した。シングルマザーの母親は，ジェニーが以前からずっと問題行動を起こしていて，身体的なしつけを行ったと述べていた。彼女の興奮・過活動・母親から離れないことはずっと続いていた。ジェニーの母親はうつ病であり，双極性障害の可能性もあった。ジェニーは母親と同じベッドで眠っていた。彼女には自傷のリスクが考えられたので，唯一の安全な選択として施設への収容が考えられ，彼女はこのことで非常に怒っていた。

　入所し母親が離れるとジェニーは泣き騒いだ。彼女は明らかに非常に大きな恐怖と興奮に悩まされて，落ち着きがなく騒がしかった。次第に彼女はスタッフにまとわりつき，施設に入所させたと怒って彼らを非難し，家に帰れるほど十分よくなっていると主張した。彼女は自殺の考えを否定したので，スタッフの中には彼女を信じて，退所させることを提案する者もいた。彼女の診断は明白でなかった。彼女はトラウマの影響か，双極性疾患か，小児統合失調症を患っており，境界例パーソナリティ障害の特徴も有していると推察された。診断に関わらず，最初のアートセラピーのセッションで，ジェニーが非常に大きな苦悩をもつことがますます明白になった。

　この個別セッションの間，ジェニーは怒りっぽく，しつこかった。のどを大きな音でごろごろいわせ，セッションの終わりでは，移行と別離の苦痛に耐えきれないかのように，特に怒った。彼女といる間，彼女の怒りに直面するのは容易でなかったが，私は非常に平静にしていた。彼女は脆弱で混乱していたため，アートの材料としては，小さく切った紙と消しゴム付きの鉛筆しか提供しなかった。彼女の状態は，自身の考えに苦しめられていることによると，私は理解するに至った。

　ジェニーはまた，入所後まもなく，集団のアートセラピーにも出席した。これらのセッションでの彼女の行動は活発でなく，静かであった。彼女の絵は年長の少女のハートと花のアート作品の不十分な模写であった（図6.4参照）。彼女は入所前に母親にまとわりついていたのと同様，年長の少女の陰に隠れていた。

［図6.4　集団セッションにおいてダイナが描いた絵］

［図6.5　ジェニーによる将来の予想図］

　図6.5は最初の個別セッションでジェニーが描いた絵である。これは，大人になった時，どのような人になりたいか想像して描くようにとの求めに対する絵であった。彼女は衝動的に絵を一気に描き上げた。この絵について話すよう言うと，彼女はあわただしく，「これは25歳の私を描いたの。私はお母さんといっしょに投票所に行って，オバマに投票するところ」と答えた。ジェニーは自分の将来と現在の出来事を混同している論理的欠如に気づいていなかった。彼女は非常に興奮していたようで，ごろごろと音を立て始めた。私が何か模様を描いてみないかと提案すると，これに応じて，彼女はすばやくハート・星・雲の形を続けて描いた（図6.6）。そして2～3分ほど落ち着いていたが，それから部屋をぐるぐる歩き出し，喉の音を立て始めた。

［図6.6　ジェニーによる模様］

［図6.7　ジェニーによる小さい女の子のエイリアン］

　次の日に行ったセッションで人を描くことを求めたところ，ジェニーはすばやく小さな浮かんでいる人物を描き（図6.7），ほとんどは私の質問に答える形で，急いで説明した。彼女はこれが「小さい少女」で「エイリアン」と述べた。私がその人物の年齢を聞くと，怒って早口で「彼女は丘ぐらい年寄り」と答えた。ジェニーは絵についてもう少し詳しく説明したが，空想と現実を混同し，エイリアンが意志に反して，この施設に捕らえられているという考えを話した。そして「私はここが嫌

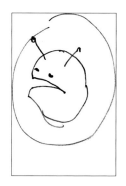

［図6.8　ジェニーによる怖いエイリアン］

い。ここは怖い」と言った。「何が怖いのか話してくれる？」と聞くと，彼女は怒って私の手からペンをひったくり，図6.8の絵をすばやく描き「悪いエイリアン」と言った。その絵を私に投げつけ，「私が怖いのはこれなの。悪い宇宙人で私に付きまとっている」と言った。ジェニーは舌打ちを始め，それは数分間続いた。彼女は非常に動転し，一時的に幻覚か解離を経験しているようであった。

　ジェニーに虐待の経験があることも疑われたが，私は何が彼女の補償喪失の契機になっているのか見出せなかった。トラウマか生物的基盤のある疾患によるのか，ジェニーは非常に大きな恐怖を抱いていため，不安を軽減し，安定と安全を強調することに焦点を当てる必要があった。私はジェニーに対し，彼女が怖がるものがわかってよかったが，怖いものを描くのは大変すぎると思うと伝えた。そこまでつらくないものを何か考えようと話したところ，彼女を落ち着かせるのに役立った。彼女は目を閉じてソファに横になった。私は彼女がどれほど怖がっているかがわかったので，気分を良くするのを助ける必要があると話した。ジェニーの著しい苦悩の表現に耐えるのは困難であったが，彼女の考えに関する私の知識は，ジェニーの治療において適切な支援を与える方法を，治療チームが理解するのに大変有用であった。

図示的発達

　次のセッションでもジェニーの怒りと落ち着きのなさが続いていた。彼女はただちに人物の絵を鉛筆で衝動的に描き，上の方に「あなた」と書いた（図6.9）。そして私の絵だと言い，私が彼女を怒らせたので私を描いたと述べた。彼女は「あなた

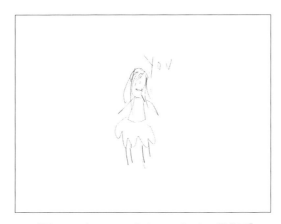

［図6.9　ジェニーによるセラピストの肖像画］

はほほえんでいるが，私をここに閉じ込めさせた」と話した。彼女は「怒り」と言う言葉を用紙の上方に書いた。私は彼女の収容に責任のある立場ではなかったが，そう彼女に言い返すことはしなかった。私はその絵を注意深く眺め，手早く描いた絵が，私にかなりよく似ていると感心したと話した。この介入は彼女を助け，今の現実と自身の強みに注目させたため，彼女を落ち着かせた。そこで私はジェニーに彼女自身の人生で実際に起こった何かを描くように求めた。2〜3分の間，静かに考えた後，ジェニーはポニーに乗っている絵を描き，2〜3年前の記憶であると説明した。この絵（図6.10）では，ジェニーはより統合され，より年齢相応の図示的発達水準を示した。その日について何を覚えているかという私の質問に対するジェニーの答えから，その絵は記憶というより，彼女の家に飾ってあった「催し物の写真」に基づくことが明らかになった。質問すると彼女はその催し物を覚えていないが，その写真が好きであったし，記憶から再現しようと試みたと答えた。この絵がこれまでの絵で最もよく描けていると伝えると，彼女は嬉しそうだった。ダイナは人生の厳しい現実を描いた時，まとまりがなく，固まってしまっていたが，ジェニーは現実に基づいた主題に慰められ，自分の家について考える時は好ましい連想を抱いていた。

　ジェニーはすでに存在するイメージを再生する時は，より統合された絵となっていった。ポニーに乗っている絵を描き，その絵について話し合った時，彼女の行動・

［図6.10　ジェニーによるポニーに乗っている絵］

態度・能力は年齢相応であった。彼女は継続的に侵入してくる考えには抵抗できなかった。現実に基づいて連想が限られたアートの表現に取り組む時，彼女の興奮は静まった。

　ジェニーのアートの表現は彼女の強みと共に，問題をも表していた。彼女の連想のままにしておくと，エイリアンの恐怖で脅かされ，彼女の興奮・衝動性・敵意が高まった。彼女が学校に出席したり，テレビを見たりといった通常の課題に取り組むのが，いかに困難なのか推察できた。しかしジェニーは，系統立った現実に基づく主題に注意を向けた時，より成功して統制されていた。

　ジェニーの図示的発達が最も高水準に現れたのは，落ち着かせる写真のイメージの記憶に基づく絵を描いた時であった。なぜなら，自由に連想することは彼女にとって刺激的でありすぎたからである。現実に基づき続ける能力はもろかった。11歳のたいていの子どもと違い，ジェニーは心を動揺させるような考えをふるい落とす内的構造を欠いていた。施設に収容された子どもたちは，自分の考え・感情・行動の管理がきわめて困難な場合がよくある。ジェニーは親の精神疾患，おそらく生物的基盤による思考障害，体罰の経験，学校の成績不良といった大きなリスク要因をもった非常に脆弱な子どもであった。彼女の治療の焦点は安定化を目的とし，安全感と現実との結び付きを徐々に高めることであった。

　ジェニーが私と共有した情報は，彼女と接触するすべてのスタッフに役立った。

彼女はエイリアンに包囲攻撃されていると信じ，これがパニックや自殺に駆りたてることを以前は認めていなかった。アートセラピーによって，彼女はこの題材を明らかにした。援助を行うためには，事実を知ることが重要である。ジェニーには抗精神病薬が処方され，歪曲した思考や不安や激しやすい状態が軽減されたが，完全には除けなかった。

防衛の構造

ジェニーの防衛構造はもろく，年齢に対して未発達であった。彼女はエイリアンを恐れ，自身を落ち着かせる手段をほとんど持たなかった。現実に基づくことができなかったため，非常に怯え，興奮し，依存的であり，自分を落ち着かせる能力や空想を現実と区別する能力に関しては就学前の年齢の子どもに似ていた。彼女が生活において十分に機能できなかったのは，11歳の子どもであれば，熱心にいろいろなことに取り組み，現実を空想から区別することを期待されるからである。就学前の子どもたちは，自身が抱く恐れに関しては，守られ，慰められている。そして次第に，認知的・情緒的な統制技能を発展させ，スポーツ・学業・創造的活動に統合を失うことなく勤勉に取り組めるようになる。ジェニーはトラウマとなる経験・神経化学的な不均衡・家族のストレスなどの様々なリスクが原因で，年齢相応の防衛を欠いていた。

事例3：通所治療施設の場面——安定しているが脆弱な子ども

メアリーもまた11歳であり，精神病疾患をもつ低収入の子どもたちのための通所治療施設に通っていた。彼女の発達は遅滞していて，認知的にも学業的にも3年生のレベルで機能していた。また，抗精神病薬を使用していても精神病的思考をもっていて，有名なポップミュージシャンと個人的な関係にあると信じていた。ポップミュージシャンに夢中になることは年齢相応であるが，彼女は何が現実で何が想像したことかを把握できなかった。彼女は一緒にいて楽しい少女だったが，脱線した話をし，厚い眼鏡をかけ，奇妙なやや傾いた歩き方をすると仲間からはみなされ，嘲笑されていた。彼女はクラスメートから同様に合わないと考えられていた年下の少女と仲が良かった。メアリーは小さい頃に，薬物依存症で精神疾患のある母親から離され，母方の祖母と暮らしていた。

人物の絵を描くように求めると，メアリーは私の肖像を描いた（図6.11）。彼女は色つきのマーカーで一所懸命に描き，絵は私によく似ていた。その絵を描き眺める

［図6.11　メアリーによるセラピストの肖像画］

間，彼女は集中して作業し続けた。私は彼女が妄想にふけっている時よりも，彼女とつながっている感じがするのに気づいた。彼女はその絵に非常に満足し，私にプレゼントしてくれた。彼女は経済的貧困と対人関係の不足によって，何かを与えるということが普段はできなかったため，このことは彼女の価値観を具体的に高めた。

事例3と事例2の比較

　ジェニーと同じように，メアリーは実生活にあるものを複写する際に注意を集中した。平坦で単純なイメージはメアリーの認知の遅滞を反映している。構造を与えないと，メアリーは絶え間なく自分の空想について話し，一貫したイメージを完成することができなかった。彼女がよく描く絵はまとまりのないいたずら書きであり，ポップミュージカルバンドの名前を含んでいた。現実の人間の描画は精神病的思考を阻止する手段としての具体的な組織化を示すと共に，彼女が生活の多くの領域で達成しにくかった技能と統制を表している。続くアートセラピーセッションにおいて，メアリーは動物の顔がついた枕や人形を縫う活動を行い，この活動は彼女を落ち着かせ，課題に組織立てて集中することができた。

　メアリーは非常に脆弱な子どもであったが，薬・里親の安全な家庭・通所治療施設などの保護的な枠組みの中で，安定して地域社会でうまく暮らしていた。ポピュラーミュージシャンについての空想は心を落ち着かせていたが，現実や他者との関係を維持する能力をもつことを脅かしていた。メアリーが人を信頼できる能力をもつことは，親切で頼りになる様子に描かれた私の肖像画に明らかである（図6.11）。

これは人物像が断片的で弱く未発達なジェニーの描画と対照的である。2人の少女の重要な違いは，メアリーが信頼感を抱けることに対して，ジェニーは常に危険を知覚することである。これはジェニーに施設収容が必要となった理由だけでなく，彼女と一緒に活動を行うことが非常につらい原因であった。一般的に，基本的な信頼感を欠く子どもと取り組むことの方がかなり困難である。ジェニーとメアリーの治療目標は，現実に集中し続ける重要性を強調することであった。しかし，メアリーは自分自身を落ち着かせることができたが，ジェニーはそれができなかったため，セラピストが落ち着かせる必要があった。

リスク要因，アートセラピー，治療目標

3人の脆弱な11歳の少女のアートセラピーの事例は，変わりやすい知覚と発達状態を示している。11歳は児童期のいくつかの段階を経て発達しているため，アート作品には年齢相応の発達，そして退行あるいは遅滞が見られることが多い。実際，少女たちのアート作品は，変わりやすい発達状態に関連した混乱と強さを共に示していた。

重大なリスク要因を経験している子どもは，しばしば長期間の治療と支持を必要とする。こういった子どもたちの人生に特徴的なのは，かなりの要求と混沌であるため，アートセラピストはまるでスクリーン上の一点のように感じるかもしれないが，これは彼らとの取り組みの価値を否定するものではない。しかし重要な内的・外的保護要因を欠く，きわめて脆弱な子どもと取り組む際は，現実的な理解を維持しておく必要がある。目標は治癒というよりも，機能に関して存在する強みの発達と，安全感・人とのつながり・安定性の強調に焦点を向けねばならない。これには統制の感覚を育てやすくするため，流動性の少ないアートの材料を提供することも含まれる。理想的には，用いる材料は，外的な保護要因を強化する長期間の支持の一部であるべきだ。非常に混乱していて環境的リスク要因のある子どもたちは，独立して機能する能力を達成できないかもしれない。しかし治療は彼らの強みの発達に大いに有益であり，彼らが周りの世界に建設的に参加する能力を推し進めることができる。

第IV部

子どもと親への
合わせ方

第7章

計画，実践に関すること，安全性

　健康な発達は創造的探究，実験，リスクを冒すことを許すことで促進される。生後すぐから始まっていく抱えること・あやし・支えは，成長と成熟を高める条件である（Winnicott, 1990）。同様にアートセラピーの環境は材料の身体的使用と人間関係の手段を通じて，抱えとあやしを提供する（Robbins, 2000a）。アートセラピーの場所・アートの材料・アートセラピストは，最終的に子どもたちを理解し，たくましさを形成するのを助ける，自己生成の表現に焦点を保つ。

セラピストとクライエントの不安

セラピストの準備

　予期しないことへの直面はストレスが多い。最初とそれに続くセッションのために子どもと会う前に，計画が欲しくなるのは当然であるが，「今，ここで」という臨床判断を行うことが治療の主要なツールである。技法やアート上の指示は単なる補助であり，セラピストの可塑性と臨床感覚が治療過程を適切に促進する。私は新しい子どものクライエントに会う前にはいつも緊張するし興奮する。親や事例担当者など他の関係者と話し合ったことがあっても，その子どもがアートセラピーセッションという普段と違う経験にどう反応するかはわからない。セッションに先立ち，私は子どもに何をするように求めるかをしばしば考える。しかし計画よりも必要なことは，個々の子どもに合わせる準備である。構造の準備は必要であっても，すべての臨床場面は独自の応答を要求するため，ヤーロム（Yalom, 2000）が述べたように，理想は「個々の患者について新しい治療を作成することである」（p. 32）と考えている。最初のアートセラピーセッションを行うために私が勧めるアプローチは，可塑性のある構造を組み入れることである。発達に関するアートセラピストの知識とコミュニケーションツールとしてのアートがこの努力の基盤となる。

最初のセッションがアートセラピーの重要性と価値の理解を確立する。アートセ
ラピストは子どもが安心するのに役立つ行動をとりながら，徐々に難しい問題を導
入することでこれを達成する。目的は，子どもの創造性を導き出し，問題と強みの
表現を引き出す雰囲気を作る目的がある。クライエントがその独自の性質を認めら
れ理解されたと感じることがきわめて重要である。さらにクライエントを助けるた
めの親や治療施設の努力を支持することも大切である。これらの要求に応じること
は，セラピストにある程度のプレッシャーとなるので，不安が生じることが予想さ
れる。他方，このような問題に気づいておくことは，セラピストが落ち着いた態度
を維持するのに役立つ。子どものクライエントは最初の面接に不安をもっている場
合が多いので，これは特に重要である。実際，ヤーロム（2000）によると，サリバ
ン（Sullivan）は心理療法のセッションを，一方が他方よりも強い不安をもつ2人の
人の対話であると述べている。セラピストに脆弱性がある事実は，最初の出会いの
価値を高める潜在力を有している。感受性と自己認識をもつことで，新しいクライ
エントの必要性を理解し取り組み，落ち着いて治療への参加を促すことができる。
セラピストの自己認識が，両者の不安を調節するのに役立つ。

子どもへの準備

　初期のセッションに先立ち，何を予期するべきかに関する簡単な説明を子どもた
ちが受けることができれば有益である。学校や施設の場面ではアートセラピストが
この責任を担える。子どもへの説明は「私たちはこれから45分間ほど会って，絵を
描いたり話したりしましょうね」のような内容である。外来の場面では親や保護者
がこの説明を行うことができる。怒った調子の場合もあれば，支持する調子の場合
もあるだろうが，親はよく，セッションはすでに子どもと話し合ってきた特定の問
題を扱うと説明する。最初のセッションのために子どもに行う準備について指導さ
れることを望む親が多い。時には子どもの激しい不安や低年齢であることや親と子
どもの関係を査定する必要から，親が子どもと共にセッションに出席することもあ
る。しかし，子どもの独立した機能を査定する機会を得るために，初期のセッショ
ンは付き添いなしでの出席を求めることが多い。

　セッションを始める際，子どもに何を事前に話されたか尋ね，セラピーに何を期
待するかを聞き出すことは，セラピストにとって有効である。これは子どもを安心
させ，ただちに内省の過程を始めるのに役立つ。そうすることに不安がなければ，
子どもは問題に関して話し出すであろう。子どもが治療に出席する理由に困惑して

いれば，説明し安心する機会を与える。説明は「これは絵を描いたり，あなたの生活で起こっていることについて何でも私に話す時間です」とか，「他の子どもとうまくいっていないので，あなたがここに来ることをあなたの御両親が望んでいます。ここで一緒に絵を描いたりして，私があなたについて知って欲しいと御両親は望んでいます」などである。異なった状況では，また違う応答が求められる場合もある。説明はできるだけ単純で，発達的に適切なものであり，子どもが問題に直接向き合う能力に合わせねばならない。説明が子どもに与える影響を査定することも重要である。たいていの子どもは説明が最小限の場合に最もよく応答する。なぜなら，セラピストがセッションを独占するのではなく，子どもたちにコミュニケーションの責任があるとのメッセージが伝わるからである。

安全性

　正しいことをしているかというセラピストの心配は，大いに利用することができる。これは安心感を与えることと，子どもに活動をさせる際に注意深くあるべきことを思い出させるからである。どのようなセラピーセッションでも，居心地が悪かったり圧倒的になってしまう可能性は存在している。アートセラピストは，アート表現の成功と意義ある自己開示の機会を提供して，子どもの自己統制を高めることができる。しかし，アートの材料が扱いにくかったり，自己探求が圧倒的になりすぎることで，統制の喪失経験が誘発されると，それに続く恥と混乱は修復が難しくなる。理想的には，子どものアートセラピストがとるべきアプローチは，危険な道をゆっくり運転することに類似している。道路標識を読むことが運転手の助けになるのと同じように，鋭い観察スキルによってクライエントの手がかりを読むことが，クライエントの安全性を維持するのに役立つ。

可塑性による安全性の維持・事例

　10歳の少女「リタ」は他の子どもをひっかくなど，怒りを爆発させることが原因で，シングルマザーである母親に連れてこられた。私がリタに母親が彼女の治療を始めようとした理由を尋ねると，彼女は凍りついた表情で私を見つめた。彼女の毎日がどのようであるのか，何か問題があるかと質問すると，問題など何もないと答えた。最初，私は母親を満足させたいと思ったので，リタに彼女を怒らせるものを描かせようと考えたが，すぐにこのことを再考した。リタは私を恐れているだけで

［図7.1　リタによる「幸福な日々」］

はなく，1時間にわたって自分のことを話すこと自体を恐れているように見えた。そこで彼女が何をしたいかを優しく尋ねると，屋外の風景や花を鉛筆や絵の具で描くことが彼女を安心させることが明らかになった。黙って描いていると，不安が少なくなるようであった。彼女のきわめて激しい感情は，リタによると「幸福な日々」（図7.1参照）を示す，爆発する花を含む風景を描いたアート作品に表現されていた。リタはこのことに気づいていなかったが，彼女のアート作品の強烈さは，母親が報告していた爆発的な怒りと合致していた。私はアート作品を通じて，リタが言語化できない感情を理解し始めることができた。図7.1の描画が不安に見えるのは，飛び散っているような花を攻撃しようと脅かす大きな波による。リタの幸福な日々という考えと同じように，リタの見た目は美しく穏やかで，自分では怒りの爆発を否定している攻撃的な子どものようではなかった。

　私はこの最初のセッションを通して，問題や感情の描写を要求すると，リタを恥ずかしく思わせたり，怯えさせてしまったであろうことを学んだ。それでもなお，彼女は問題を直接的に探究するのではなく，感覚で表現することに強みを示した。私はリタの言語開示が限られていたのは，最初のセッションのストレスなのか，いつもそうなのかを知らなかった。後に私は彼女がたいていの場合，自分の感情を言語化できず，放棄と恥に深く根づいた感情を経験していることを知った。これらの感情は彼女の幼児期に父親が家族を放棄したことに関連していた。アートの過程は彼女の強い感情を安全に表現する手段を与えた。後に続くセラピーの中で，アート作品によって，リタの失望に直接的に向き合う能力が徐々に高まっていった。彼女

第Ⅳ部　子どもと親への合わせ方

は自分を落ち着かせるアートの活動を好むが，自分の感情を話す時苦しい立場におかれるという観察が，初めは落ち着かせるアート材料と主題で進めて行くという判断に影響した。これにより，不穏な行動と感情に直面するのを支持してもらうため，母親にセッションに同席してもらうことにした。私と母親は協働して，リタが自分の心配と感情を表現し理解する方法を見出すのを助けた。

秘密性の保証

クライエントのプライバシーの尊重は，守秘義務の法律的側面以上のものであり，治療場面への影響もある。他のクライエントの作品の痕跡はすべて，展示する同意があったとしても，セラピーを行う部屋から撤去しておかなければならない。こうすることで注意が逸れないようにし，倫理的要件も満たすことができる。このような配慮は，また，他の子どもへの競争感情が表れる可能性を最小限にし，安全な環境にいるとの感覚を促進する。

秘密性対自尊心の鼓舞：事例

非常に自尊心が低い8歳の男の子が，彼の絵画を他の子どもたちのために，私がいつまでも展示するのかと尋ねたことがある。そのアート作品を展示したい理由を尋ねると，それが最も良く描けた絵で誇りに思うからだと答えた。さらに彼は，良い作品を作ることができるのを見ると，他の子どもたちの励ましになるだろうと言った。私は彼が新しく見出した達成感の兆しを吹き消さないような反応をすばやく考えようとした。私はその作品が展示に値することに賛成してから，ここは学校と違って，子どもたちの会話やアート作品はすべて秘密にしていることを説明した。彼はがっかりしたが，私は共感と支持を与えると共に，彼のプライバシーが守られ，私が彼に専念しているという保証を与えた。彼の日常生活は混沌として貧しく，自分自身の空間や大人からの個人的な注目を受ける機会がなかった。このやり取りは，彼が大人からの注目と保護を受けるに値することを信じさせるのに，いくぶん役立った。

構造の提供

　子どものアートセラピーのセッションの構造は，準備に関する要因・物理的要因・人間関係的要因によって構成されている。また，これらの要因はまた時間・材料・セッティング・アプローチを含む。最善のセッティングは，圧倒的にならないように，妨害するものがなく，よく組織化されている状態である。物理的なレイアウト，提供される材料，そしてセラピストは穏やかで感じの良い雰囲気を伝えねばならない。

アートの材料

　それぞれのセッティングは異なるが，物理的環境と材料の選択により，組織化と支持ができる限り促進されていることを確認することが重要である。材料に関しては限られた範囲の材料を示すことが望ましい。たとえば，いくつかのサイズの画用紙，マーカー，色鉛筆と通常の黒鉛筆，クレヨン，オイルパステル，液状絵の具の小さいセット，消しゴム，はさみ，のりなどである。粘土，布，リボン，水彩絵の具，その他様々な材料も準備しておいてよいが，目につかない場所に置いておく。接着剤，ドライヤー，木彫器具など特殊なものは片づけておく。鋭利な道具や有毒成分を含む可能性のある材料はまれにしか用いない。これらの材料は初期のセッションでは提供してはならない。その後の治療においても，これらは安全に用いることができる子どもだけに，十分な監督ができる個人セッションにおいてのみ使用すべきである。子どもたちの複雑な，高価なあるいは危険性のある材料を使いたいという希望を認めたいと思っても，セラピストに生じる不安や子どもへのリスクを考えると，認めるに値しない。利用可能な材料を使って，価値のある作品を作れるという期待による安全性を与えることは，子どもの希望を叶えるより重要な治療的介入である。

　私は示す材料の量を限定するが，ある程度十分な種類の提供をすることを好んでいる。最も散らかりにくく統制しやすい材料を手の届く範囲に置き，より散らかりやすく複雑な材料は治療的に適切な場合に使えるようにする。しかし，圧倒されやすい子どもたち（著しいトラウマがあったり，統合を失っていたり，過活動であったりする）と作業する場合は，材料を1つか2つに制限することが特に有益である。また就学前の子どもたちや幼児に対しては，微細な運動統制よりも大まかな統制でよい2・3種類のアート材料を示すことが，治療の過程を促進する。たとえばすなわち柔らかい粘土のような制作材料・チューブ入りの絵の具・クレヨン・太いマー

カー・大きな用紙が有効である。さらに，幼い子どもは好奇心が非常に強いので，有毒な材料や鋭利な器具を隠しておくことが特に大切である。子どもに魅力的な材料の探索を制限することは，治療的に抱える環境を作るのに必要な支持が減少してしまうことにつながる。

　適切な材料への制限や選択を行う制御能力を欠く子どもは，適切な構造が与えられると成功経験をより抱くことは明白であろう。さらに，幼いかまたは過活動の子どもは，材料の使い過ぎや誤用が多く，高くついたり散らかったりしやすい。このようなアートセラピーのクライエントと会う前には，高価で，危険性のある，または有毒な材料だけでなく，その子どもに適切でない技能水準を必要とする材料を取り除いておく必要がある。

最適なセッティング

　私の現在のオフィスはアートのためのテーブルと保管倉庫のスペースはあるが，部屋内に洗面台はないので，容器の水を入れ替えるために化粧室まで行かねばならない。私は子どもたちが部屋を出ずに手をきれいにできるように，あらかじめ濡らした布を入れた容器を用意している。過去には時にテーブルの代わりに画板を使ったり，食堂として使われていた部屋へカートに材料をのせて運んだりと，間に合わせで行う必要もあった。クライエントの自宅でアートセラピーを行った際は，ダイニングルームのテーブルの上に材料を準備したこともある（テレビは消すようにと常に主張した）。アートセラピストは非常に柔軟で創造的なことが多く，不親切な環境を安全で包み込める環境にできる。これは事前の計画を必要とし，容易ではないが，努力するのに十分値するのは，静かで安全な環境が治療過程を発展させ得るからである。時には無秩序な状態になってしまい，ある程度の無秩序は治療的な場合さえもある。しかしながら，邪魔や障壁を取り除くことはセラピストの仕事である。実際，ルービン（Rubin, 2005）は，子どものアートセラピーのセッションを構造化する理想のアプローチは「自由な枠組み」（p.19）の提供であると適切に述べ，無秩序と秩序のバランスが意義ある創造的表現の展開に通常は必要であることを強調している。

　物理的環境の魅力的で秩序ある性質と，あらゆる表現へのアートセラピストの受容は，創造的過程の秩序がない面の埋め合わせになる。シルバー（Silver, 2002）は構造は創造的表現を制限するよりも，むしろ高めると述べている。それでもやはり，アートセラピストはそれぞれの子どもから最も治療的に役立つ表現を引き出すため

に，構造の水準を個別化する努力を行う。

バランスの発見

　どの程度の構造を準備するかの問題は，子どものアートセラピーにおいて常に存在する。これは指示，材料，存在する問題やアート作品に関する質問の程度，また，潜在的に破壊的な行動に直面した際にいつ介入するかなどに関連する。アートの表現と創造的過程は，子どもたちに心の内部からの答えを発見させる。セラピストがあまりにも多くの統制を行うと，子どもの自己発生的な洞察・支配性・問題解決を制限する危険性がある。アートセラピーの独特で価値のある側面は，自信の発達を促進する性質にある。自発的に出現するアートの表現は，それまで描いた本人さえ知らなかった，個人的な強みの種をしばしば持っている。

　アートセラピストはちょうど十分な構造を与えると同時に，与えすぎないようにする挑戦にたえず直面している。これを行う方法の1つはアートの技法についての援助を行う，すなわち，その子どもが最も高い水準の創造的・治療的作業が行える程度にフィードバックや指示を与えることである。クレイマー（Kramer, 2000）はこの機能を第3の手の使用，すなわち「侵入的でなく，意味を歪めることなく，クライエントになじまない絵画的好みを課することなく，創造的過程を助けることである」（p.48）と述べている。

　最初のセッションの最も重要な目標は，アートセラピーへの肯定的な導入を行うことである。子どもたちはすべて異なっているから，これを行うための決まった公式はない。アートセラピストの臨床的感覚，共感，創造性がこれを進める方法の指針であるべきだ。

　肯定的な経験を得るためには，セラピストの規律や断固とした態度を必要とする子どももいれば，寛大さと柔軟性が必要な子どももいる。身体的・心理的安全性は何よりも優先する。既述のように，鋭利な道具や毒性があるアートの材料を提示してはならない。同じように重要であるが，心理的安全性は身体的安全性よりも明白な構成要素がない。特に初期のセッションを行う際は，アートセラピストは記憶を思い出すような主題や，流動的な材料が圧倒的になってしまう可能性を過少評価してはならない。散らかりやすい材料は動揺する感情を刺激しやすいので，衝動的，攻撃的，または現実検討力の乏しい子どもには，鉛筆かあらかじめ切ってあるコラージュ用の絵や写真だけを与えることが望ましい場合もある。活動が治療的に示される快適度の水準を超えてしまう場合は，活動を工夫したり制限することが重要である。

時間の枠組みと予測可能性

　個人や集団での子どものアートセラピーセッションの長さは，セッティング，スケジュールの都合，子どもの年齢にもよるが，通常45分から90分の範囲である。多くの場合，より幼い子どもは集中力を保てる時間が発達していないため，短いセッションを行う必要がある。子どもたちにセッションの長さを知らせ，この時間の枠組みを一貫させることが重要である。予測可能性を過大評価しすぎることはない。これは部屋の配置，治療的アプローチ，時刻にも当てはまる。予測可能性は子どもの安心感を非常に高める構造を提供する。これはアートセラピーでの大部分を占める，混乱を経験してきたクライエントにとって特に重要である。

　セッションの終わり近くに，時間がどれくらい残っているかを知らせることは有益である。これは子どもが，生活における他の状況にも般化できる，自己統制のスキルを発達させるのに役立つ。子どもが時間の延長を求めても，延ばしたいという希望に共感し，延長自体はしない方が良い。この要求への答えは，次のセッションで作業を継続することを確約して，「活動に夢中になっている時に終えるのは，確かに難しいですね。でも残念ながら，あと5分しか残っていません。あなたの作品を安全にしまっておきますから，来週また続けましょう」などと話す。なかなか終われない子どもに対しては，次回からセッションの初めにこのことを思い出させることで，より円滑に分離に耐えるために必要なたくましさを形成するのに役立つ。

指示の作成

　アートセラピーの指示は，構造の過程と密接に結びついている。何を作るか，どのように進めていくかについてクライエントを指導することは多くの複雑な側面を有している。

何に焦点をあてるか

　紹介の理由，子どもの年齢，生活史，興味，可能性のある診断，認知能力，問題に関する情報が最初のセッションの構造を形成する。既述のように就学前の子どもは使いやすい粘土・チューブ式の絵の具・大きい用紙・太めのマーカーのようなアート材料によく反応する。これらは大まかな運動機能で使える材料である。さらに，たいてい幼い子どもたちは，現実に基づいた，もしくは空想的な単純な主題（たとえば自画像，好きな動物，動物の家族など）に最もよく反応する。これらの材料と

第7章　計画，実践に関すること，安全性　　121

主題は，子どもが示している個別の問題に焦点を向けるアートの課題に向くように用いることができる。課題は興味をそそりつつ，臨床的な情報を与えるように工夫できる。理想的にはアートセラピストは，指示を効果的に個別化するのに必要な創造性と臨床的洞察をもたねばならない。多くの場合，子どもが示している問題が構造化された描画課題への基礎となり得る。たとえば子どもへの離婚の衝撃を査定する時，離婚について物語る絵を描くように，子どもに求めることは実りが多い。同様に，爆発的な怒りや表現を抑える問題をもつ子どもを評価する時，「私を怒らせるもの」を描くように求めることは重要な情報を明らかにできる。子どもに自伝的な主題を描くように指示する場合，抽象的な表現を求めるのでなく，具体的な指示を行うことが望ましい（たとえば「怒りはどのように見えますか」など）。感情の抽象的な表現は幼い子どもたちを当惑させ，認知発達水準には合致していない。また，アート作品によって非言語的に伝える必要のある子どももいれば，自由に説明する子どももいる。

否定的な表現の価値

　アートセラピーの大きな利点には，恐怖や怒りの変化を促進することが挙げられる。初期のセッションで，子どもが創造過程をこのように用いる傾向を査定できる。たとえばトラウマを経験した子どもたちに対して恐ろしい何かを描くようにと要求すると，隠れていることが明らかになる場合がある。これは子どもに，恐ろしい何かを想像して描くか現実の記憶を描くかを選択させる。アートセラピストが恐ろしい問題を処理できるとの保証を与えることになるため，多くの子どもたちは，恐ろしい何かを描くようにとの指示で不安が和らげられる。このような主題を描くことで，子どもたちは自分がその過程を統制できるので，恐怖を支配し始めることができる。しかし子どもが怖がったり不安に見えたり，恐ろしい絵を完成することを拒否するのは，自己防衛の試みを示すことが多い。このような状況下で自己防衛は，セラピストが与える構造へ情報を提供する強みとなる。子どものリードに従うことで，セラピストは子どもが統制や自己調節の安全な水準を経験する能力を最大限にできる。そしてセラピストは，不安が十分に減った上で，問題に対処できるように治療過程を調整する。

構造化された指示対自由選択の指示

　構造化されたアートセラピーの指示と自由選択の指示はどちらも，子どもたちの創造性を引き出し，重要な情報を明らかにする可能性を有している。構造の水準は子どもの必要性と治療目標によって決定される。短期間の治療や重症の行動または認知的障害といった要因は，長期間の治療や重症でない子どもの治療よりも高水準の構造を必要とすることが多い。

　構造化された指示を与えるか自由選択の指示を与えるかについて，その理由を考慮することで，どの子どもにどのアプローチを用いるかの準拠枠となるので役立つ。当然，容易に統制を失いやすい子どもには，液体や，粘着的で柔らかい材料，散らかりやすい材料の使用を制限した方がよい。そして，より構造化された活動が有効であろう。たとえば認知障害があったり，圧倒されやすい子どもは，自発的な創造活動を行うことができない場合がある。そのような子どもに自由な描画を求めることは酷であり，与えられた輪郭の中を埋めたり，刺激となるイメージに反応させると管理しやすい。他方，特定の指示が与えられると創造的でなくなる子どももいる。子どもの能力に関わらず，時間が限られた治療や評価（たとえば裁判所の命令による評価）の場合は，非常に焦点づけられたアプローチが必要となろう（Levick, Safran, & Levine, 1990）。

指示の拒否

　子どもがセラピストの指示を拒否し，アートの主題を決めようとする強い要求を伝えることがある。出発点としては構造化されたアートの指示を行い，この指示の拒否を認めることが役立つ場合もある。たとえば最近トラウマを経験した12歳の少女「ジェナ」は，私の指示に従わなくてもよいという許可を，自分自身を信頼する能力を回復する手段として用いた。彼女は祖父からの性的虐待の判明によって紹介されてきた。彼女は私が求めた「私にとって重要な何か」を描けないと言った。その代わりに鏡を求めて，陰気な気分を伝えた現実的で繊細な自己像を完成させた。虐待の判明によりジェナの家族状況と内面は混乱していたので，彼女は統制でき，安定できて，見慣れたアート作品を描こうとした。彼女は学校でも自己像を描いてきており，十分に発展した描画を完成させる能力を示していた。これらの描画も，性的虐待で混乱させられたアイデンティティを確かめるのに役立っていた。彼女の誠実で意義ある自己像は，指示の拒否を支持するという選択が正しかったことを示していた。実際にはジェナは，彼女に重要な何かの絵という私の指示を完成してい

第7章 計画，実践に関すること，安全性　　123

［図7.2　ケニーによる魚の絵］

た。つまり，人間としての彼女の健全な感覚を確認することであった。私は彼女が私の指示を拒否したものの，結局は指示に従っていたことを指摘しなかった。なぜなら，ジェナがこの過程を自分のものだと認めることが強みであったからだ。性的に虐待された子どもたちにとって，身体と自我への侵害によって傷つけられてきた基本的統制の感覚の再獲得を援助するのに，アートセラピーは特に適している。私は最初の査定で，ジェナの自己防衛の試みと自分自身で決定を行う能力を支持した。指示を拒否する子どもが意義ある作品を作り出していく場合，拒否が治療的成長に役立ったことを示している。

　上記の例と異なり，指示に従うことを拒否する子どもに，最善をつくすよう主張する方が有益な場合もある。たとえば不安の強い5歳の男の子「ケニー」は，失敗を激しく恐れ，何でもすぐあきらめる子どもであった。初期のセッションで私は，彼にとっては難しいアート作品の完成を求めた。彼の両親から彼は不安が強く，あまりにも早く何でも断念すると聞いていたので，私は「やってみて，本当にひどいか話してごらん」と繰り返し言った。私は高度に構造化した指示を行い，木や魚の絵のように，彼が興味を示し，圧倒的すぎない主題を選んだ。彼は大きい画用紙に色とりどりの絵具で描くことに引きつけられ，心を落ち着かせる材料が彼の不安を和らげていった。図7.2はケニーが描いた明るい魚の絵である。励ましと適切な支持と構造により，ケニーは自身が思っていたよりも有能なことをはっきりと示した。このように，指示を完成するようにとの私の主張が有益な介入であったことが裏付けられた。

　中にはセラピストが与えたすべての指示を拒否する子どももいる。拒否にはしば

しばもっともな理由があることに留意しながら，なぜ拒否するかを理解することが重要である。子どもたちが説明をしてもしなくても，背景となる情報として，人間関係・認知・文化・情緒・以前のアート経験の要因などと，拒否が関連する可能性を考慮すべきである。一般に，指示への反感について尋ねることは有益である。これに対し無表情に見つめたり苛立ちを示すだけの子どももいるが，たいていの子どもはこのような質問に答えてくれる。私は子どもたちが批判を表現する機会を与えられ正当と認められた後に，受け入れなかった指示を受け入れるようになることに，しばしば驚かされる。

質問について

　クライエントのアート表現の意味に関する情報を得るには2つの主な方法がある。第1は子どもの生活史に関する十分な知識が全体的な理解に寄与する。仮に子どもが精神衛生上の障害と診断されているなら，その状態に固有の脆弱性を考慮することが役立つ。たとえば，ある子どもが不安障害を持つことに留意すれば，過度に臆病な対人関係の行動やアート作品へのためらいに関する情報となる。これはまた，セラピストが子どもを落ち着かせるのに必要な安全性の程度に関する情報も与える。同様に反抗的または攻撃的とわかっている子どもの場合，過度に刺激するような主題や材料を制限しながら，これらの行動を向けるのに役立つ境界とアートの指示を考えられる。

　第2は，子どもについてできる限り多く学ぶために，通常はアート作品に関する質問をする。これらの質問はたいてい，主題・材料の用い方・作品についての子どもの満足度の様子などの観察に基づく。たとえば6歳の女の子「フィオナ」は家庭内暴力を目撃しており，自身は父親に愚弄されることがよくあり，自尊心が低く，独創的な考えを思いつくのが困難であった。初期のセッションで彼女は，主題のないハートと花の装飾的な絵が好きだと伝えた。私は彼女が紫色と青色のハートで作られた花（図7.3）を描くのを見ていた。彼女は下の部分に描こうとしていた数のハートを入れるのに苦戦し，花の下に外れたオレンジ色のハートをつけ加えた。それが私には，外れたハートが上の円形に入り込もうとしているように見えた。そこでフィオナに，この絵が思い出させることが何かあるかと尋ねると，赤ちゃん象の集まりのようと答えた。私が下方に外れたものについて尋ねると，彼女は「この象は集まりの外にいる。中に入ろうとしているが，他の象は入れようとしない。入れ

第7章　計画，実践に関すること，安全性　125

[図7.3　フィオナによる外れたハート]

てくれるように彼らに話している」と答えた。彼らが聞き入れるか尋ねると，フィオナは寂しそうに首を横に振った。私が「どれがあなたなの」と聞くと，彼女は外れたハートを指さした。このようにして彼女が1人だけだと感じていることを理解できた。私の質問は主に絵の形式的な側面に関するもので，フィオナの限られた想像を緩めていった。彼女の以前のアート作品と対照的に，彼女は自分の葛藤を明らかにしてきた。これは象徴的表現を通じて，彼女が自分の家族内で無視されているという感情を探索して対処するのを穏やかに助けていくという，その後の治療方針を作成するのに役立った。

　原則として，質問は開放的質問の方がよい。たとえば「この絵にとても興味をもったので，もっと知りたいです。この絵について私に何か話してくれますか」「このような粘土で作るのはどのような感じがしましたか」などである。たいていの子どもは自分の考え・連想・作品に，アートセラピストが本当に好奇心や関心を抱いていることを喜ぶ。時に引っ込みがちだったり非常に用心深い子どもがこのような質問に直面すると不安になるので，質問することを再考し，少なくとも一時的に中止する。このような子どもを安心させる方法を発見するには忍耐と支持が必要である。虐待されてきた子どもたちはたいてい，理解されることを望んでいるが，虐待や裏

切りをするだろうと考え，親切な大人でさえも優しいと見られない。このような子どもたちは相応の理由で質問への回答が困難なことを覚えておくことが重要であり，怒りを認めたり沈黙に耐えたり，またはその両方を通じて，彼らの対人関係機能の水準に対応することが最善である。

アートセラピストの態度

　時々私は，子どもたちが構造化された指示を与えられると意欲を失わないかと尋ねられる。この質問が私を驚かせるのは，一般に子どもたちは，これらの過程にきわめて熱心に取り組むからである。多くの場合，創作活動を行い，励まし，理解し，関心を示す大人とこの経験を分かち合うことへの誘いは，楽しく意義あるものとみなされる。多くの子どもにとって，思いやりをもった大人に理解されることが最も大きな望みである。そしてアート表現はこのことを深く感じさせる機会となる。確かに，アートセラピーのセッション中に嫌がったり，おびえたり，恥ずかしがったり，立腹したりする子どももいるが，このような時，アートセラピストはなぜそうなのかという理由を理解し，治療への積極的な取り組みを促進するように，可能な限り介入を調整する必要がある。

　アートセラピストはアートを行わせることが子どもにとって有益であると心から信じるべきである。子どもにアートの課題を求めることについて，セラピストが抱く不安は検討する必要がある。このような恐れの元は専門家としての不安全感，アート技術への安心感の欠如，あるいは子どもが何を明らかにするかに関する不安にある。特定の構造を与えることに気が進まないのは，繊細な治療への個々の子どもの必要性に基づくのかセラピストの不安に基づくのかを決定するのが有益である。子どものアートセラピストにとって，疑念は起き得ることである。臨床的作業と専門家としてのアイデンティティは，適切な疑問をセラピストのスーパーバイザーや自分のセラピストと共に探究することで，強められ豊かになり得る。子どものアートセラピストの疑念は，アートセラピーの過程への信念により和らげることで，切り抜けられるであろう。

まとめ

　ウィニコット（Winnicott, 1990）によると援助的な環境が成熟を促進する。最初と引き続いてのセッションにおいて，このことをセラピストが留意することが有益である。個々の子どもの治療的創造性を支持するために，どのように安全性・構造・環境を与えるかということに関する確固とした手早い指針はない。目的はこれらを最適な量与えることであり，個々の子どもの必要性に合わせて常に調節を行う必要がある。

　アートの過程の深い理解と共に，（これまでの章で述べたように）初期の人間関係の経験や発達段階の知識は，セラピストの側の柔軟性を確立するのに役立つ。成熟は対人関係によって充実していくので，子どもに調和することが情緒的・認知的成長を促していく。これによって安全性を高め，取り組みを最大限にできるが，自分の好みや問題を率直にセラピストに伝えられない子どもに対する場合はより難しい。このような子どもは，自分の要求をほぼ非言語的手段によってのみ表現するだろう。どのような場合でも，子どもの生活史を知っておくことは非言語的表現の意味を解読するのを助け，パズルのピースをまとめていける可能性を高める。

　最初の面接において，支持していることを示し，質問の仕方を工夫し，理解していることを伝えることが，治療的環境を作る。これはまた，査定過程（後の章に述べる重要な主題）の始まりである。査定を通じて，子どもの問題，強み，独自の表現様式，さらにはアートセラピー治療の適切性を評価する。

第8章

子どもとの
取り組み・査定・情報取得

　私は一般に初期のアートセラピーから，自分が一度に理解できることよりも，は
るかに多くのことを学んでいる。新しいクライエントに出会う時，私は信念体系・
慣習・規則に満ちたクライエントのもつ文化や言語の世界に入っていく。熟知して
いない領域に招かれた者として，クライエントに対するこのアプローチは興味があ
り学びたい希望となっている。この領域に入るには，個々の子どもに関してできる
だけ多くの背景となる情報という地図をもつことが重要である。またアートの過程，
子どもの発達，児童期の障害についての知識も，進んでいくためのもう1つのツー
ルとなる。このような知識は子どもと共にアートに取り組み，子どもから学ぶこと
を促進する，安全で焦点づけられたアプローチを行う状況を提供する。

子どもから学ぶ方法

　驚くことも多くあるが，子どもから学ぶ過程を始める際には，何を求めるかを知っ
ておくことが有益である。注目すべきいくつかの領域として，形態要素・様式・材
料の使用・統制の水準・図示的発達・言語化・表情・相互作用の質がある。表情と
アートにおける主題と言語的内容の一致の水準は，子どもが思考や感情をどのよう
に処理し忍耐しているかを明らかにする。また，内容・様式・気分・言語化におけ
る変化も重要な側面であり，不安・苦悩・興味の喪失を示している。これらの要因
に気づくことは，子どもを安心させてアートに取り組ませる方法について，理解す
るだけでなく手がかりも与えてくれる。様式・気分・組織化・サイズ・イメージ間
の関係が，一連のアートの作品内で変化することもあるだろう。子どもによっては
退行なしに自由に様々な材料を用いるが，厳格な統制と無秩序の間で揺れ動く子ど
ももいる。このような系列の中で，子どもたちは対処様式と創造的適応の意義ある
表現を示す。こうして他者や環境への知覚と相互関係に関するそれぞれの子どもの

物語が始まる。初期のセッション中に完成されたアート作品は，セラピストと子どもの間に深いコミュニケーションを与えることができる。これは両者にとって，感覚的・精神的に訴えかける経験である。

　子どもがアートセラピストとどのように関わるかという点からも情報を得られる。その子どもにとって典型的な反応を示す場合もあれば，通常ではない反応を示す場合もあるが，どちらであるかは，既述のように，その子どもがどのように大人と仲間に関係しているかについての背景情報との比較を通してのみ決定できる。クレイマー（Kramer, 2000）は子どもがアートセラピストを教師，材料を供給する人，観客のように，様々に知覚することを示した。理想的にはこれらの知覚によって，子どもが尊重され支持され，創造的表現を後押しされる肯定的な経験が促進されることである。ルービン（Rubin, 2005）は子どもがアートセラピストに「重要な他者との関係における感情や期待」（p.124）を投影したり転移する傾向があると強調した。したがってアートセラピストが材料を供給し，入念に注意を向けるという事実が，落ち着き・安全感・いたわり・猜疑心・貪欲・恥ずかしさといった，肯定的または否定的な反応を引き起こすであろう。これらの反応は過去や現在の人間関係の経験に強く関連する可能性が高い。

　アートセラピーへの参加に気が進まない場合も，理由を検討すべきである。それはアートを好まないこと，無能感，治療を不名誉とする知覚，治療体制への不信，（家庭内暴力や虐待などの）家族の秘密を維持しようとすること，抑うつ症状を含む多くの可能性を示している。効果的に介入するには，子どもが言葉や行動に注意を払うことで，これらの反応の理由を理解する方法を見出す必要がある。わからないことへの我慢がしばしば必要である。

焦点づける必要性

　子どもが受ける治療が6セッション以下と，きわめて短期間の場合もしばしばある。この場合は子どもの個々の創造性と強みが最大限となり，問題が解明されるために焦点づけられたアプローチが必要である。創造性を促しながら問題に焦点づけることには，繊細なバランスが求められる。短期間の治療では査定と治療が同時に行われる。これは，創造的表現がそれぞれの強みを利用する傾向があるため正当化できる過程である。より長期の治療でも，査定は初期にも継続的にも行われるが，治療は子どもがより相互的に取り組めるようになるにつれ，より深い水準へと発展

していく。

初期のセッションでの一連のアート作品

最良のシナリオでは，セッションで用いられる活動が査定と治療の目的に最も必要とされるものに基づき考案されている。さらに材料と主題に関しては，型にはめたアプローチよりも，常識と一般的な指針による方が好ましいことを再び述べておく。前章では構造化された活動と構造化されていない活動について論じたが，以下では両者について，より詳しく述べる。

自由選択

アート作品の制作への初めの導入は，子どもが好きなアートの主題や，描きたいものについての質問で始めることができる。自由に選んでよいという許可は，子どもによって異なる影響があり，不安や安心や他の多くの反応が生じる可能性がある。これらの反応は個々の対処様式やセッションを進めていく方法に関する重要な情報を明らかにするので，アートセラピストは反応を観察する必要がある。子どもが自由選択に落ち着かなかったり，確認や促し（たとえば「何かを考え出すことは難しいですが，これには正しい方法や間違った方法はありませんよ」）を行ってもなお拒否する場合，何らかの主題を提案して確認を行う（たとえば「自由に選ぶのはあなたにはあまり向いていないようですね」）のもよい考えである。子どもの気持ちを正確に汲み取ることは，信頼を形成するのに役立ち，子どもにセラピストの考えを伝えることができる。治療で子どもたちは一般に熱心に取り組んで挑戦に立ち向かうことが求められているのだが，理想的には，セラピストが表現の確認や支持を繰り返し行うことが，肯定的で自分から生み出す経験が得られることに寄与する。

初期のセッションで自由選択のアート作品を数回行うことは，打ち解ける前と後の，多様な反応を評価するのに役立つ。子どもがセッションに慣れてから完成した自由選択のアート作品は，より個人的で創造的なことが多い。しかし，後の自由選択の描画が次第に抑制されて未発達のものになる場合もあり，これはセッションによるストレス，用心深さ，疲労などが原因であることもある。

第8章 子どもとの取り組み・査定・情報取得　131

事例：自由選択，不安と熱中

「ジョッシュ」は多くの難題に直面した8歳の男の子であった。彼は継父に侮られ，身体的な虐待を行う継父が実母を暴力で攻撃するのを見てきた。ジョッシュは知的で能力が高かったが，自己を蔑視し，要求が厳しく，弟に嫉妬し，しばしば自分の怒りの矛先を弟に向けていた。彼は交友関係がほとんどなく，多くの子どもたちのように，時々いじめを受けていた。彼の母親はフルタイムで働いていた。経済的にも問題があり，彼は母親が継父と別居するというストレスに直面していた。ジョッシュの実父は，彼が乳児の時に薬物の過剰摂取で死亡していた。最初のセッションで彼は私に，これが自分が強い人間と感じない理由だと話した。彼は人生のほとんどで，圧倒的な喪失の重さを引きずっていた。

ジョッシュは自由選択の描画の課題に熱中した。彼は，いつの日かコンピュータゲームデザイナーとして雇われるつもりで，彼が考案する予定のゲームに関する絵を描くと私に話した。ジョッシュは「ボブ」という名前のエイリアンの2つの形を描いた図8.1を，熱心に描き続けた。ボブはチーズでできた惑星に住んでいて，出現する危険の程度に応じて，奇妙な3本足の生物または一片のチーズに形を変えると説明した。彼はボブがまじめな名前なので，このような奇妙なエイリアンには面白い名前だと言った。ジョッシュはコンピュータ・ゲームの専門用語を使いながら，その場面について物語を作った。彼はボブが「ライフを失う」つまり，何回も死ぬことができて，「ライフを獲得」できると付け加えた。ジョッシュは楽しそうに早口で話し続け，エイリアンと星がどちらもチーズでできていると説明した。

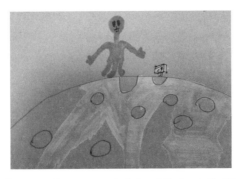

［図8.1　ジョッシュによる「エイリアンのボブ」］

私が熱心に聞いていると，チーズは危険な時に「腐って嫌なにおいがする」ので「チーズを食べようとする人は誰でもチーズを吐き出すだろう」と物語は続いた。私はその惑星とエイリアンが破壊から自分たちを守る良い方法を見出したが，自分も腐ったチーズになる必要があるのは大変だろうと感想を述べた。私の発言は脅威に対処する効果的な方法を見出すことは重要であるが，それにはしばしば不快な代価が含まれていることを認めていた。ジョッシュはそれがボブにとって大変であると同意し，ボブはしばしば孤独と心配を感じていると説明した。

　惑星を黄色のマーカーで塗りながらジョッシュは「僕は赤ちゃんの時にお父さんが死んだので，他の子どもと違っている」と話した。彼はまた，近づきつつある母親と継父の別居への動揺を述べた。まじめな表情で，彼は継父が「怒りを抑えることに問題がある」と私に話した。そしてジョッシュは両親が弟（継父の実子）をひいきにしていると憤りを言葉で伝えた。彼は非常に多くのことを話したので，セッション中にアート作品を完成できなかった。彼はセッションが終わることに苦悩しているように見え，もっとここにいたいが，誰かが私に会いに来るのかと尋ねた。私はジョッシュにセッションは延ばせないが，何かを途中で終えるのは非常に困難だから，まだ時間がほしい理由を理解できると請け合った。彼の作品を次のセッションまで残しておき，もっと描いたり話したりできることを伝えた。しかし次のセッションの際には，ジョッシュがこの物語への興味をなくしていたので，絵は未完成のままとなった。

　ジョッシュは宿題や雑用を終えることを苦手としていた。彼はたいてい心配し興奮しており，これがアートの表現と行動に反映されていた。私は心配と喪失が，気楽な子どもとして生きるジョッシュの能力をどの程度さえぎっているかに気づいていた。最初のセッションでは，言葉と象徴的なアート表現を通して困難を検討し，理解されたと感じる経験をジョッシュに与えることで，査定と治療が共に促進された。

　よくあることだが，最初のセッションからいかに多くのことが学べるかに私は驚いた。ジョッシュが賢く，言葉数が多く，信頼を寄せることが，率直に話す彼の能力に寄与していた。ジョッシュの母親は彼を気遣う優しい親であり，自己表現は肯定的なことであるとのジョッシュの信念の形成を助けていた。彼が不安を抱き，愛情を求め，注意がそれやすいこともまた明白であった。彼のアート作品は創造的であり，思考と感情を表現する機会を与えていた。エイリアンの主題は重大な脅威に対する不快な防護手段に言及していた。表現された脆弱性は，親の死と家庭内暴力にさらされたジョッシュの経験を考慮すると，驚くべきことではない。素早く想像

第8章　子どもとの取り組み・査定・情報取得　133

的な思考と人生経験における困難な状況が原因で，彼は膨大な考えやアイデアについていくために，急速なスピードで動いているようであった。想像力，言語能力，取り組もうとする欲求が強みであった。ジョッシュはアート表現で恐怖を置き換えることができた。これは，激しい不安に向き合うのに役立つ，年齢相応の機能であった。アートの表現による恐怖の置き換えは，不安を中和する手段を与え，特に就学年齢の子どもに役立ち（Levick, 1983），アートセラピーによる治療の有用な促進力となる。ジョッシュは自由選択の描画に非常によく反応し，難しい問題を統制して安全に表現する経験を得ることができた。統制しやすい描画の材料も，この経験を高めた。

構造化された指示
事例の続き：構造化された指示

　自由選択によって自己を構造化する能力が見え，思考・行動・感情にも光を当てることができるが，構造化された指示もまた，査定と治療の目的にきわめて有効な情報を示す。多くの子どもたちにとって，構造化によって創造性が高められ，安全感を与えるのに役立つ。苦悩を抱える主題を，不安をもち疑い深い子どもに対して用意したり，技法的に難しい課題を通じて自己開示をより多くさせるために，挑戦を与える主題を作ったりできる。

物語描写法

　シルバー（Silver, 2007）の物語描写法は，刺激となる画像と特定の指示を与えることで非常に構造化されている。これは想像と認知に基づく創造的表現を引き出す潜在力をもっている。ジョッシュにこれを完成させるように求めると，彼はただちに他の人のではなく，自分自身の考えを表したいと望んだ。私は彼がすべて決めてよいが，絵のうち2枚をインスピレーションとして使ってほしいと説明した。そして彼は熱心に前とは違った物語を作り始めたが，今回はコマ割りマンガの様式であった。彼はシルバーの画像からネズミとカウボーイを選び，それに基づいて「キュウリ男」（図8.2参照）と名づけた物語を作った。物語は緑色のボールと引き換えに願いを1つ叶えると言われたネズミについてであった。ネズミの願いはかっこいいカウボーイになることであったが，太った昔風のカウボーイになってしまった。これを逆転させようと試みたところ，彼はキュウリに変わってしまった。助けを求めてキュウリは魔女の家に入ったが，スープに入れられてしまった。キュウリ男はスー

134　第IV部　子どもと親への合わせ方

[図8.2　ジョッシュによる「キュウリ男」]

プから逃げ出すに十分な力をもっていたが，キュウリとして生きることを学ばねばならず，とても失望した。

　再びジョッシュはセッションの終わりまでに物語を完成できなかった。彼はドアの横に立って，キュウリ男が直面し続ける多くの困難について話した。私はジョッシュに，帰りにくいだろうが，来週，彼の重要なアイデアに戻ろうと確約した。最初のセッションと同じように，ジョッシュが喪失に耐えるのを援助するために，私は確約して安心させた。喪失は明らかに，彼の人生における中心的な主題であった。私は彼が私の注意を維持しようとする強い希望と，人生において囲まれ受容されている感覚への欲求に気づいていた。キュウリ男の物語は喪失と屈辱と，あまり成功しないながらも困難を統制しようとする犠牲者の強烈な主題を伝えていた。これは，家族の経済的問題，母親が比較的不在であること，同胞葛藤，家庭内暴力，いじめ，母親と継父の別居，さらには乳児期に実父を失ったことなど，多くのストレス要因に対処する葛藤を反映していた。進行中の不安定さは飽和と均衡を見出す能力に影響し，セッションを去ることを困難にしていた。

　セッションの間，ジョッシュは自分の不安を理解し，自分を脅かし圧倒する不幸の連続を生き延びる方法を見出そうと試みていた。これは彼の絵に描かれた傷つきやすい登場人物と共に，彼の行動と高まった興奮により直接的に表現されていた。これはまだ2回目のセッションであったが，ジョッシュは大量の混乱した感情を統合するために取り組み，治療的作業が始まっていた。

第8章　子どもとの取り組み・査定・情報取得　135

家族画

　家族画は子どもによっては非常に大変な要求となる。マルキオディ（Malchiodi,
1998）によると，彼女が対象とした子どもたち（4歳〜6歳を例外として）は，自分
の家族の絵を自発的に描こうとはしなかった。さらに彼女はよく適応した子どもた
ちはこの指示を完成する要求に進んで従う傾向があるが，トラウマのある子どもた
ちはこの課題を避けたり，静止した人物を描きがちなことに気づいた。心理学者と
アートセラピストに共通して最もよく用いられる家族画の指示は，「あなたの家族が
何かをしている絵を描いてください」という動的家族画（Burns & Kaufman, 1972）
である。様式・形・過程・位置・人物の相対的な大きさ・内容に関する言語的表現
を通じて，この描画課題は家族の役割と関係についての子どもの知覚と経験につい
て，非常に価値のある情報をしばしば表す。家族画は現実に基づく出来事を示すこ
ともあるが，子どもの絵は事実の記録ではなく，家族生活に対する子どもの主観的
な経験であることを覚えておく必要がある。

　ジョッシュの場合のように，家族に関する大きなストレスを経験している子ども
は，自分の家族を描くのを拒否するかもしれない。そのような場合は子どもの希望
を尊重するのがたいてい賢明である。子どもたちはストレスに対処するために回避
をよく行う。加えて直接的に生活の状況を描くよりも，想像的な主題への置き換え
をすることは年齢相応の対処手段である。この場合，少し距離を離した指示（「動物
の家族を描いてください」）は成功することがある。間接的な主題は安全性を与える
ので，より大きな開示につながる。

　予期されたように，ジョッシュは現実に基づく主題を拒否し，エイリアンやロボッ
トの登場人物を含む想像した光景を描くことを強く好んだ。このような方法で，
ジョッシュはさらなる強みを生かすことができた。すなわち，これらのイメージを
何回も描いた結果，十分な描画能力が発達していた。そのようにすることが彼の支
配の感覚を強化した。ジョッシュは緊迫した物語に集中する欲求が強く，これが経
験した家族関係のストレスの効果的な捌け口となったのである。

　彼の家族を描こうという私の誘いを拒否した後で，ジョッシュはエイリアンの家
族を描くことに同意し，「エイリアンの母と父と息子」の荒涼とした絵と，その上に
「特別の」と「普通の」エイリアンの乳児を描いた図表を示した（図8.3参照）。彼
はこの息子が，絶滅しつつある非常に特殊な型の生体構造をもっていて，非常に珍
しく貴重であると話した。要するにこの少年はエイリアンの中のエイリアンであっ
た。陰うつな描画は特異で脆弱な生き物を表しており，ジョッシュが困難や争いの

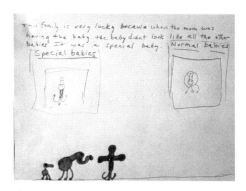

［図8.3　ジョッシュによるエイリアンの家族］

暗雲の中に希望の兆しを追求していることを表現していた。このセッションの終わりにジョッシュは，違っている人々への虐待は悪いことで，「多くの人はそう思っていないが，違っていることは悪いことではない」という感情を話した。彼は思いやりのあるアプローチと弱者への同一化を表現し，これは彼の性格の脆弱性と強みを伝えていた。

　この事例で，迫害・恐怖・放棄の感情を，同情と支持という，より受容できる領域に向けるために用いられた反動形成は，年齢相応の防衛である。バイラント（Vaillant, 1993）はこの防衛を「自分が世話をしてほしい時に他の人にそうする」（p.65）機制と述べた。これはジョッシュに，彼が感じた憤りと迫害との結びつきを保ちながら，強さを感じる機会を与えた。

粘土での作業

　子どもによっては，粘土での作業が困難で潜在的に退行することがある。粘土を塗りつけ，糞便と関連させることに気をとられるかもしれない。しかし退行した試みの場合でも，特にセラピストが穏やかな支持と技術的な助言と励ましを与えると，より統合された作品に導けることもある。粘土は子どもが何かを構成できるので，平面の作業では表せない潜在的な強みを表現できる。たとえばジョッシュは愛情にやや飢えて欲ばりであり，色のついた多くの粘土を要求したが，非常に有能な作品を完成した（図8.4参照）。セッションで初めてジョッシュは現実の人間を表現できると述べ，優しく見えるがたくましい男性像を作成し，「ただの男」と説明した。私

［図8.4　ジョッシュによる「ただの男」］

の励ましと共に作業を進めながら，彼は自分自身の身体的強さについて自慢をした。このセッションにおいてジョッシュはまた，判事（彼の虐待的な継父に関する審判で）が親の暴力行為を目撃することは有害で，子どもを守る法律に反すると言われたと話した。優しい男性像を作りながら彼が話した主題は，強さと攻撃性，そして脆弱性であった。ジョッシュは薬物の過剰摂取による父親の喪失を経験し，継父の暴力行為を目撃していたため，男性とは何であるのかという疑問をもっていた。粘土を用いたこの作業は，この繊細な問題への穏やかな探究を引き起こした。

治療の目標と意味

　ジョッシュは不安が強く気が散りやすかったため，アート作品の完成が困難であった。彼はアートセラピーのセッション中に受ける注目を失うことを恐れていたようで，ほとんど絶え間なく話し，深い喪失と恐怖を理解しようと試みていた。8歳の男の子は通常，自信，十分な集中力の持続時間，複雑な同胞や社会との相互作用を切り抜ける能力を必要とする発達段階にある。しかしジョッシュが8歳の男の子に期待される課題の完成に一貫性がなかったのは当然であった。

　将来の治療への焦点を考えるにあたって，私は心の奥で非常に長期の目標をもった。『愛することと働くこと』（E. Erikson, 1980）をうまく成功させるために私が望

んだのは，ジョッシュが効果的にストレスを処理でき，信頼と衝動統制と自分自身を保護する能力を経験できる大人に成長することであった。このような目標は幼い子どもたちを対象とする際は捉えづらいので，短期の目標として，現在の発達水準で彼らを援助し，そのことが大人になった際の成功へとつながっていくと想定する必要がある。これはジョッシュの場合，混沌とした情緒経験を統合するのを助ける枠組みの中で，統制の感覚を得る機会を与えることであった。初期の査定期間は，ジョッシュに対し，本物のアート表現に取り組みながら努力するよう招くことで，構造化と可塑性との組み合わせの影響の評価に用いられた。査定活動の間，彼が効果的に治療的作業に取り組んだ事実は，この方法を続けてよいことを示していた。

指示と構造化の探究

　初期のセッションにおけるアートの指示は，存在している問題に直接焦点づけるように計画されることがある。これは自分の治療の問題について気づき，率直な子どもたちに対しては，苦痛を取り除き，ラポールを効果的に確立できる。このアプローチは自分の現在の問題に関して，恥ずかしと思ったり，混乱している子どもたちには行ってはいけない。一般に，思い出などを呼び起こす指示が最も成功するのは，絵の具や湿った粘土のような散らかりやすい材料よりも，統制できる絵画の材料を用いる場合である。

事例：問題に取り組む指示

　7歳の「ベリンダ」の母親は薬物依存症からの回復中で，安定した状態が4カ月続いていた。ベリンダは4歳からネグレクトを経験し，母親の危険な状態を目撃していた。当時，ベリンダの母親は建設的な方向に進んでおり，親としての適切な養育をすると請け合っていた。しかしベリンダが登校しなくなったことで，母親と娘の間に喧嘩が毎日続いていた。

　ベリンダは私とすぐ仲良くなり，よく話した。彼女は注目されることを非常に喜び，一緒に作業していて楽しかったが，深刻な必要性も伝わってきた。私は彼女が母親を世話する役割を担った経験が継続的な不安を引き起こしていると懸念し，それに関連した表現を得るためのアートの指示を選択した。目的は，不登校の原因は時に親を守ろうとする願望にあるという私の理解に基づき，ベリンダの不登校の理由を探求することであった。

　彼女が来所した理由についての最初の会話において，ベリンダは率直に母親の依

［図8.5　ベリンダによる母親の危険］

存と自分の不登校について話した。そこで私はベリンダに「私を心配させるもの」という題で絵を描くように求めた。彼女は図8.5のように，車にはねられている自分の母親を描いた。この絵を完成した彼女は，母親が薬物を使用していた時，よく車の前に出て行ってしまい，何回もはねられそうになったと話した。ベリンダはこれらの記憶に悩まされていると述べた。そこで私はそれが登校をためらう理由でないかと尋ねると，ベリンダは認め，母親が薬物の使用や何か危険なことをしないよう確かめていたいと言った。そこで私は「この絵をお母さんに見せたい」と尋ねた。やや心配そうではあったが，彼女は絵を見せたがった。ベリンダの絵について私が彼女の母親に話し合ったことで，母親はベリンダの不安の強さをいくぶん理解できた。私たちは，より一貫してベリンダが登校を続けられるための計画を作成した。ここでの問題に注目した主題は，子どものコミュニケーションの強さと合致し，危機に対する初期の抑制となった。

　母親は当時，薬物をやめて親として責任ある行動をとることに一所懸命であったが，なおもベリンダは強い不安を抱いていた。しかしながら母親を制限の設定に関して支持した結果，ベリンダは規則的に登校できるようになった。しかしベリンダの恐怖と不安全感は大きかったので，なおも治療が必要であった。彼女の治療を通じて，同じようなアート作品の制作と相互交流が繰り返し行われた。ベリンダの安全感覚の回復には，最初のセッションは手がかりとして機能したにすぎず，長期にわたる治療が必要であった。

中立的な主題と混合した主題の事例
樹木画

　多くの子どもたちにとって，木は安全で中立的な課題である。鉛筆や絵の具で木を描くことは，想像または現実に基づく表現を可能にし，自己開示の重荷なしに表現する機会を与える。繊細な5歳の男の子「ケニー」は（前章で紹介），両親の不和が原因と思われる行動不安と怒りの爆発を経験していた。ケニーの初期のアート表現のほとんどは，絵の具で描いた木の絵であった（図8.6〜8.9）。彼は絵の具を使うのを苦にしなかったので，この表現がしやすかった。ケニーは失敗することを極度に恐れ，他のほとんどの課題の描画を拒否したので，これは情緒的負荷があったり，想像的であったり，技術的に要求される課題を避ける必要性を示していた。既述のように，ケニーにアートを制作させるためには，「どうなるか，一度してみましょう。それから本当に嫌だったか私に言ってください」というようなことを言って，大いに励まさなければならなかった。

　ケニーは以前にしたことがなかった木の描画（図8.6参照）に成功して喜んだ。そこで私は木について何か物語を作って，描画の過程を楽しんだか嫌だったかを考えてみるように促すと，彼は，最初は描けると思わなかったが，今は木を描く方法がわかったし，もっとたくさんの木を描きたいと述べた。描画過程の経験を話すことは，以前は話せなかった行動不安を言葉にするのに役立ち，実は彼は成功できるという確証をいくらか与えた。

　子どもに樹木画について話させるために質問をしてもよい。たとえば以下のよう

［図8.6　ケニーによる木の絵］

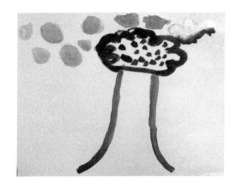

[図8.7　ケニーによる「雷の石」と木]

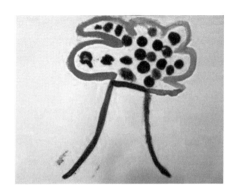

[図8.8　ケニーによる、ちぎれたところのある木]

[図8.9　ケニーによる「カタパルトの木」]

142　第Ⅳ部　子どもと親への合わせ方

な質問を行うことができる。これは本当の木ですか、架空の木ですか。どのぐらいの年齢の木でしょうか。どのような種類の木ですか。これまでに傷つけられたことがありますか。何か生き物が木に住んでいますか。健康な木ですか。健康でなければ、何が悪くて、将来何が起こりそうですか。この木は何を必要としていますか。何か危険にさらされていますか。どの質問をするかの選択は木の外見、子どもの快適度、アート作品について話を作ることへの興味による。子どもたちの中には、喜んでより詳しく話す者もいれば、もう少し詳しくと要求すると不快さを感じる者もいる。表現能力が限られているケニーのような子どもには、優しく励まして考えさせてよいが、限度を尊重しなければならない。質問に応じて、または自発的に子どもが作る物語は、子どもの懸念・情緒・対処様式に関して多くのことを明らかにする。

　ケニーは自分の木の描画について説明するのに困惑してみえたので、彼の不安が高まると逆効果となるため、物語を作ることを最初は強いなかった。しかし3回目のセッションまでには、より落ち着き、不安が少なくなった。行動不安の軽減が、ケニーの主要な治療目標であり、彼はこの目標への最初の小さい一歩を踏み出したのであった。

嵐の前と最中と後の木

　ケニーは雨の中の人を描くことを拒否した。人間を描くことは、多くの子どもたちに非常に困難である。過度に困難と知覚する課題に取り組むには、ケニーの不安はあまりにも強かった。私は彼が人間を描くのを嫌ったことを支持し、嵐の中の木（Miller, 1997）を描けるか尋ねた。ケニーは続けて少し異なる状態にある2つの木を描いた。1つは「見えない雷の石」の嵐に反応している木（図8.7参照）であり、もう1つは「それによってちぎられたところのある」木であった（図8.8参照）。これらの絵は、家庭におけるケニーの怒りと不安が増大していくことを反映しているようであった。私がケニーに、嵐が木にどのような影響を与えたかをもっと話すように促すと、彼は言葉では答えなかった。その代わり、「カタパルト（石弓）の木」（図8.9参照）と後で描写したものを描いた。彼は私に、嵐が木を傷つけていたので木が怒り、攻撃して爆発するところだと言った。彼はその様子を説明的な身ぶりと爆発音と共に私に話し、その間中、笑い、明らかに楽しそうであった。

　ケニーはこれまで、楽しめるほど十分にくつろいでいなかった。これは彼があまりにゲームの勝敗を気にするため、ゲームを楽しめないことを知っている両親の懸念であった。嵐に関する一連の木を完成してからケニーは私に、怒りを静める方法

第8章 子どもとの取り組み・査定・情報取得　143

を知っているかと質問した。私はすぐに自分の考えを答えずに，彼自身が怒りを静める方法を見つけたことがあるかと尋ねた。すると彼はやや機械的な声で「10まで数える」と答えた。私がその方法に効果があったかと質問すると，彼は「いつもじゃない」と答えた。彼の両親が怒りを処理するこの方法を提案していたようであったが，ケニーは怒りに取り巻かれ孤独を感じていたため実行できなかったのである。私は彼に怒りで孤独を感じるのは大変つらいだろうから，10まで数える方法は効果がないかもしれないと説明した。そしてケニーに両親が彼を助けてくれるかどうかを尋ねると，両親はケニーに腹を立て助けてくれないと答えた。ケニーの両親はストレスにおかれていたので，彼に安らぎを与えることが難しかった。これは夫婦間と養育に関するセラピーで対処する必要があった。私はケニーに，何かかわいいぬいぐるみを持っていて，抱きしめるようなことはないのかとさらに尋ねた。彼は「クラッキー」というニワトリのぬいぐるみが好きで，それを抱きしめると気分が良くなることがあると話した。一連の樹木画とそれに続く対話を通じて，混乱と回復の探究がなされた。次の数回のセッションにおいて，ケニーは崩壊していく木と回復しつつある木を描いた。彼は混乱の中での生き残りについて描き，両親との喧嘩に関する自分の感情に等しいイメージを創造した。ケニーが脆弱性と，落ち着きと回復を得る方法を見出そうとの欲求を持続的に経験していることを，彼と私は共に学んだ。

　ミラー（Miller, 1997）は嵐の前と最中と後の投影的樹木画により，患者の危機との関係が喚起されることで治療が促進されると述べた。ケニーの場合，危機は両親の不仲への怒りと自分の悩みを和らげられないことに関係しているようであった。彼が課題の完成に続き自発的に自分の怒りを話したことから，アートの主題はこの経験への連想を明らかに刺激していた。

　ケニーのアートセラピーのセッションと共に，両親との相談のセッションも行われた。そこでケニーの不安についての私の理解を伝えた。両親はケニーがベッドに入った後で言い争い，その際ケニーが親の注意をひこうとすると話した。これが3人にとって手に負えない怒りにつながっていた。ケニーは親と自身の積み重なった苦悩を，圧倒的と感じているようだと話し合った。これに続き，両親は自分たちへのセラピーに集中することを決断した。アートセラピーの査定の所見では，両親の争いの減少がケニーの怒りと不安への対処を助けることを示唆していた。ケニーはあと数回，アートの表現を通じて困難を詳しく探り我慢することに焦点を当てたセッションを受けた。ケニーの短期間のアートセラピーにおける経験では，構造化され

た中立的な指示と流動的な材料の使用が彼の心配事の表現を促進した。終了にあたって両親は，家庭環境における不安の減少と，ケニーの情緒的欲求により大きな支持を与えることを約束した。

雨中人物画：友達か敵か？

　上述のように，「雨の中の人を描いてください」（Vernis, Lichtenberg, & Henrich, 1997）という指示を嫌だと感じる子どももいる。しかし絵の具を与えると，この指示は統制できる度合いが少ない材料の使用により，流動的な環境で人間の形を描く優れた機会となる。雨中の人間を完成させる過程は，潜在的に統制を失うことと葛藤する枠組みを与える。このため多くの子どもはこの課題に興味を示すが，楽しまず，取り組まない子どももいる。主題は比較的中立であるが，絵の具が人間の形を包んでしまう恐れから，この過程がストレスとなる子どももいる。人間を描くこと（絵の具ではさらに）は，多くの子どもたちが描く技能がないと信じている課題である。子どもによっては高い柔軟性をもってこの課題に取り組む者もいるが，非常な硬直性を示す者もいる。

　雨の中の人を絵の具で描くのは，ストレスへの対処，あるいは創造的な適応を行う能力についての情報を与え得る。この課題は子どもがストレスへ対処する方法を査定するとされているが，必ずしも雨がストレスとなるからではない。人間を描いたり絵の具を用いることも，同じようにストレスとなるであろう。どちらにしろ，反応は公式的に解釈すべきでない。ゴロム（Golomb, 2011）が指摘したように，1つの描画は「それだけでは診断的妥当性のある1つの解釈を提供しない」(p.82)。人間の描画が得意でない子どもたちは無関心であったり，能力がないと感じたりし，他のアート活動よりも低い水準の支配性を表す可能性が高い。これを自動的に機能する能力が低いサインと解釈すべきではない。

　その子どもにとって，どの活動が有意義で興味をもつかを知ることと同様，どのような活動が不快として知覚されるかを知ることは常に重要である。これは不快な経験に対処する際に習慣となっている方法についての情報をセラピストに与え，今後の治療の焦点を定められる。子どもたちが喜ぶ活動を計画することが効果的であることは疑いもない。不快な活動を意図的に提供することは勧められないが，様々な指示を行わなければ子どもの好みを知り得ない。非常に価値のある治療的作業が生じるのは，苛立たしい，または満足がいかない指示を完成させた際に，子どもが「聞いてもらえた」と感じる場合である。

第8章　子どもとの取り組み・査定・情報取得　　145

［図8.10　キースによる雨中人物画］

　アスペルガー症候群と診断された12歳のキース（第3章で述べた）は，雨の中の人物を描いている間，抑制されているように見えた（図8.10参照）。この絵は彼の他のアート作品よりも硬く，創造性が少なかった。この指示を完成するのはどうだったかと尋ねると，彼は絵の具と本当の人を描く両方の点で，この活動が好きでないと答えた。そこで私は彼が不快と感じ，この主題への興味がないことを尊重し，関心をもっていることを伝えた。

　対照的であるが，両親の離婚後に不安が高まり，怒りやすくなって危険となり，アートセラピーに連れてこられた8歳の「クリッシー」は，雨の中の人物を絵の具で描く指示に対し，キースと非常に違った反応をした。彼女が喜んで描いたのは，自分が雨を楽しんでいるという絵であり（図8.11参照），柔軟性と創造性が表れた。彼女は日常生活では犠牲にされていると感じながらも，この描画の中に，楽しいことが好きで創造的な強さをもつことを明らかにした。破壊された家庭生活に直面して，彼女が雨と戸外を楽しむ絵を描くことは，彼女の強く，楽しいことが好きな面を補強していた。嵐を楽しんでいる自画像は彼女に安らぎを与えた。この幸福な頃の思い出は，力強さの感情を与え，その後のセッションでのアート作品を通じて，自分の恐怖を共有する勇気を彼女に与えたのである。

家屋画

　多くの子どもたちにとって，家を描くことは中立的な主題であるが，子どもによっては苦痛であった両親の離婚，ホームレス，虐待の経験，家庭内暴力の目撃の記憶

［図8.11　クリッシーによる雨中人物画］

を引き起こす。家を描くことの要求により，子どもは現実か想像に基づいた頑丈な構造の絵を描き，個人あるいは家族の困難な問題について明らかになったことに関するある程度の統制を経験できる。自分の経験の直接的な表現を描く機会を喜ぶ子どももいるが，このような課題に気が滅入る子どももいる。現実の生活場面を描く子どもがいれば，想像的な作品によって隠すことを選ぶ子どももいる。たとえば恐怖心と不安の強い8歳の「カラ」に家を描くように求めたところ，彼女は手の込んだ城（図8.12参照）を描いた。この城は怪物に脅かされていて，安全システム，番兵，ワニでいっぱいの堀も描かれていた。このきわめて詳細で単色の絵は，精力的に描かれ，楽しみながら完成された。彼女の様子は不安の目的意識への転換を反映していた。彼女は強い恐怖と，防護手段を確立しようとの困難を伝えた。家でカラは誘拐犯と怪物への恐怖で無力に感じ，必死になって親につきまとい離れなかった。こうした恐怖を率直に話すように求めると，彼女はパニックとなり非常に感情的になった。アートセラピーのセッションの方向は，象徴的な絵を描かせて，それについて話すよう促すことで，彼女を脅かす課題への支配性を獲得させることに焦点をあてた。これによって彼女は最終的に問題について話せるようになり，彼女の生活における恐怖をより落ち着いて支配できるようになった。

［図8.12　カラによる守れた城］

子どもたちを査定する一般的指針

　アートの指示に関するいくつかの可能性を述べたが，個々の子どもの欲求と特徴に応じて，その子どもに意義があり，個性化された表現を引き出す手段を見出すことが重要である。上述の事例や提案は公式化を意図したものではなく，考えるための資料である。子どもによって異なる安全性への欲求を尊重しながら，個々の子どもの独自の見方への個別化されたアプローチに置き換えられるものはない。一般的には，その子どもの創造性と連想を得られる簡単な主題と材料を提供することが役立つ。換言すると，アートセラピストは子どもから個人的な反応をあまり引き出せないため，手が込んだ革新的なアートの方法を導入する必要はない。

　初期のセッションの展開としては，きわめて多くの可能性が存在する。ある子どもはよく話し，想像的な物語を自由に作成するが，個人的な話になると黙り込んでしまう。現在の問題について率直に話したり描いたりする子どももいる。中には落ち着かなくなり，全く話さない子どももいる。威張る子どもがいれば，受動的で過度に従順な子どももいる。ある子どもは失敗の恐れから固くなるし，ある子どもは非常に熱心であるが，情緒と結びついていない。子どもによっては定規の使用に固執する一方，自由奔放に行う子どももいる。厳しい規則や制限で安心する子どもも

いれば，そういう場合に恐れを抱く子どももいる。人間関係やアートの過程が初期のセッションにおいて展開するので，治療の焦点が芽生え始める。

　治療に通うすべての子どもに共通するのは，彼らが困難に苦しんでいることである。彼らは，より効果的に対処する強さを発達させるためにセラピーを必要とする。初期の査定とセラピーは，強みと個人的関心を中心に行うと最も効果的である。これは同調し，創造性を育成し，その子どもに合った計画を作成することで達成される。子どものアートセラピーの表現の最善の測定ツールは，アートの言葉と子どもの発達の流れを理解する，きめ細かく同調できる人である。

　アートの表現は理解されるための1つの方法であり，他者とのつながりを促進する。この要素は子どものアートセラピーにおける治療と査定の中心である。標準化された方法（Gantt & Tabone, 1998; Silver, 2007）が用いられても，個別化した方法（Kramer, 2000; Ulman, 1975）が用いられても，アートセラピーの査定は独特の創造的な反応を引き起こす。ウルマン（Ulman, 1975）はアートに基づいた査定は「標準化された投影テストよりも科学性が少ないが，より正確である」という同僚の言葉を引用した。アートの表現を通じて明らかになる，個性化された個人的な表現と様式は，わずかな例外があっても，豊富な情報を与える。アートの視覚的言語は内容と形式において，人間の経験の個別的側面と普遍的側面の両方を伝える。

第9章

親との
取り組み・情報取得

アートセラピーと促進する環境

　30年以上前にクレイマー（Kramer, 1977）はアートセラピストの役割が，主にパーソナリティの変化を促進する強力な手段であるアートの材料と形式を通じ，子どもたちの内的緊張を再現し解決を支持することだと述べた。現在は，多くのアートセラピストにとって，純粋にこの役割のみを担うことは難しいが，アートセラピストが主要なセラピストとして雇用されたり，カウンセラーの免許を有している場合でも，この感受性を維持することが望まれる。良くも悪くも，多くのアートセラピストは，以前はソーシャルワーカー，心理学者，さらには精神科医が有していた役割を引き受けている。このために子どもを取り巻く多くの要因を概観し，統合する必要がある。

　個々の子どもの周りには両親・同胞・教師・ケースワーカー・医師・弁護士など多くの人々がいる。向精神薬はそれ自体の働きを有しているが，本質的に，発育遅滞・体重の問題・不眠などの問題に役立つ場合もあれば引き起こす場合もあり，もう1つの「クライエント」となりうる。

　これらのあらゆる複雑な要因にもかかわらず，アートの表現は子どもたちにとってコミュニケーションの中心的手段であり，最も重要な要因を明らかにし，それに焦点づけることができる。潜在的に混乱したすべての構成要素に迷いやすいが，問題の誠実な表現や強みを促進する手段として，セラピーの中心にアート表現を使用することは非常に有益である。アートセラピストは成長を助長し，子どもが視覚的言語で伝えるメッセージの理解をもたらすために，アートの過程を用いる優れた立場にある。この特別の立場は，治療過程を支持する親や他の人々を援助する手段としてもまた用いられる。要するに，セラピストは子どもの象徴的言語を，子どもの周りの人々に対して翻訳できるのである。

150　　第IV部　子どもと親への合わせ方

過度の同一視の落とし穴

　私はアートと創造性の推進派であるだけでなく，私の個人的経験や臨床的な仕事は，私にアートが個人の強みを発達させるのに比類のない非常に効果的な手段であることを教えてきた。私は子どもの頃，学校で多くの時間を興味をもたずに過ごし，絵を描いていられたらいいのにと思っていた。私は退屈な教師の犠牲者だと強く感じていたので，その経験によって，同じように感じる子どもたちに共感できる。この同一視は子どもたちが効果的に困難に取り組むのを助けているが，抑制しなければならない。子どものクライエントへの過度の同一視は，生活領域の多くで子どもが満足と成功を経験するのを助けることのできる，親という主要な資源を弱体化させることになる。さらに子どもへの過度の同一視は，しばしばセラピスト自身の児童期における葛藤を示す警告である。このような傾向に気づくことは，自己の成熟と臨床的作業の高まりを促し，多くの面での成長を堅固にする。

　私の院生時の研修では，私は子どもを対象とし，親との接触はソーシャルワーカーが責任をもつように構成されていた。この比較的限定された枠組みの中でさえ，私の情緒的反応は強烈であった。子どものアートセラピーでの表現は記憶を非常に喚起しやすく，過度の同一視（「私のクライエントと私は意地悪な親に対して結びつけられている」）と共に生じがちな，救助するという空想（「私がこの子どもの親であればよいのに」）を引き起こす傾向がある。私は建設的な臨床に集中するために，自分の情緒的反応に気づき，それを抑制する必要性を認識した。経験の浅いセラピストにとって，これは難しい場合がある。ロビンズ（Robbins, 1994）はアートセラピストが，非言語的コミュニケーションの情緒的に強力な影響に基づく，途方もなく大きい挑戦に直面することを指摘した。表現の非言語的な様式を理解するだけでなく，心を混乱させるようなイメージ，特に虐待や混乱のイメージが明白に，または象徴的に伝えられる場合，それに耐えることは困難である。

親とセラピストの関係：繊細な領域

　専門家として私は，子どもを対象とする仕事の多くで，親との連携を必要としてきた。「現実の世界」では，親は子どものセラピーにおいて避けて通れない事実であると学んだ。これは，それ自体でも複雑で難しい子どもに焦点づけたアプローチが，より大きな体系の一部であるという突然の気づきであった。しかし，親を含めるこ

第9章　親との取り組み・情報取得　　151

とで，子どもが治療で得たものを生活に統合できる可能性が高められる。私は子どものアート表現を翻訳する特異な役割をもち，親子の結びつきを強めるために象徴的表現を引き出し，内容を説明することで親子の溝を埋める機会を与えられた（Shore, 2000）。

　子どものアートセラピストが行う仕事の中で，親との連携は複雑で矛盾した情緒の潜在的温床と関わるため，困難を伴う側面である。これは非常に難しく，強固な精神を必要とする。ノビックら（K. K. Novick & Novick, 2005）は親との連携に関し，セラピストは「私たち全員が苦労する親への深く強い逆転移」（p.14）によって，大きな抵抗・ためらい・回避・先送りを引き起こすと述べている。セラピストや親にとり，発達していく子どもに害を与える可能性ほどつらい経験はない。ほとんど例外なく，問題をもつ子どもたちの親は罪悪感と脆弱性を感じ，誤りと失敗の感情が偏在する。子どものセラピストは，親自身の個人的な問題については周辺的にしか援助できないこともあり，親とセラピストの関係は複雑であり，かなり注意すべきである。

　子どもに影響を与える親の役割に，どの程度，親が関心を抱き責任をもてるかは，治療の効率に大きく影響する。親が治療の過程と目標の価値を信じて協力できる場合，子どもの治療はより効果的になる。それぞれの家族は世代を経て発展してきた文化をもっている。その文化に入る際，十分な尊敬と感受性をもち，思い込みや判断を捨てる必要がある。場合によっては，親が実際に子どもに害を与えてきたとの思いによって，親との連携を不快に感じるかもしれない。また，セラピスト自身の反抗心や未解決な初期の人間関係が原因となる場合もある。こうした反応はクライエントに取り組む際に起こる自然な反応であり，除去することは難しい。したがって，子どものクライエントの親と効果的な交流を維持するためには自己内省が欠かせない。

初期の査定過程における親の関与

　子どもとのセッションに先立ち，親だけとの面接が勧められる。これは親が気がかりなことを自由に話せる機会となり，背景となる情報が得られ，子どもが存在し発達してきた対人環境に関する情報が明らかになる。親の話だけでなく，行動，非言語的な手がかり，対人関係の様式に十分に注意を払うことで，子どもたちの生活全般の状況に関する多くの情報を得られる。シュミット・ネブン（Schmidt Neven,

2010) は「最初の面接が問題と解決を含んでいる」(p.67) と述べたが，これは家族がセラピストとの最初の面接において中心となる問題を伝え，問題の特定によって解決が示唆される過程である。たとえば親が子どもたちの排便や飲食習慣に関する強い不安を伝えた場合，家庭内に不安が常に存在することを意味するかもしれない。子どもの問題は部分的には家族の不安に由来する可能性があり，不安の影響が治療の焦点となることがある。親との最初の面接における重要な側面は，できるだけ多く観察し，傾聴し，理解することである。これは親が子どもと取り組み信頼し，さらに家族の対人関係様式の感覚を自覚し，子どもの経験への深い理解を援助するのに大いに役立つ。

　子どもの長所や短所と治療が必要な理由について，準備なしに親に尋ねることも役に立つが，早期の発達，主な養育者，友達との関係，医学的な問題，学業，個人的な興味の領域に関連する質問をすることもまた重要である。この面接において，記録をとったりインテイクの様式を完成した方がよい。非常にもめている離婚の場合は，より建設的な取り組みを行うために，別々に親と会うことがしばしば望ましい。夫婦間の憎悪は子どもに最善の事柄への焦点づけの妨げとなることが多い。

構造の明確化

　アートセラピーと子どもの治療過程に関して親を教育することは，親との最初の面接で重要な要素である。子どものアートセラピーの役割を親に説明するのは困難な場合がある。すなわち一般大衆にはほとんど理解されていないアプローチについて忍耐強く教育し，骨の折れる状況を用心深く通り，アートセラピーの価値を説明して売り込み，理解と誠実な尊敬を与えるという一見両立しない課題の組み合わせに取り組む必要がある。何を期待できるかの教育は安心感を与え，セラピストの能力と信頼度の水準を明確に表す。親がセラピストを信頼するようになれば，治療はより円滑に進む。同時に，子どもに関しては親が専門家であるとの考えを伝えることが重要である。治療過程を通じて，親の能力，愛情，健全な本能は繰り返し認めなければならない。誠実にこれを行うためには，親の葛藤，脆弱性，統制の必要性といった領域で，親と共感する努力を最大限行う必要がある。

　アートセラピストと違い，親はアートの力と重要性を信じてはいない。したがって親にアートの治療的な用い方を理解してもらうことが必要である。これは親の価値観を知り，共感することで最も達成しやすい。そうして初めて，アートセラピー

を通して子どもに声を与える利点について、親の支持を得ることができる。子どものアートセラピーによる査定と治療についての説明をいくらか行うことも重要である。このために一定の説明を作成しておくことは役立つが、その情報は個々の家族特有の必要性と治療に対して抱いている理解と態度に合わせなくてはならない。

私が一般に親に話しているのは、子どもへの私のアプローチは1人1人に合わせたものであって、初期の査定を45分から50分までの2〜3回のセッションで行うことである。続けて私は、子どもたちが様々なアートの材料を用いて、想像したり現実に基づいた連想を生じるようないろいろなアートの指示に反応する機会を与えることを説明する。また、ある子どもは現実に基づいた主題を描くのを好み、他の子どもは空想的な主題を描くと落ち着くが、どちらも子どもの心配や好みを明らかにすると親に話すことが役立つ。さらに子どもへの私の理解は、親のもつ理解と非常に似ている可能性が高く、親の知覚や葛藤に対し、さらなる洞察を加えたいと望んでいると説明する。親は最初の面接を通して、何が期待できるか、どのように自分の子どもに伝えるかを理解し、また、子どもの査定後に親ともう1度会う予定を立てておく。

子どもとの初期のアートセラピーのセッションに次いで、親との第2回目の面接で、親としての心配や葛藤を強調し認めながら、子どもについて学んだことを説明し、適切であれば今後のアートセラピーの計画を勧める。また親や家族や学校による調整の可能性も考える。この時点でアドバイスを与えるのは注意すべきである。特に強く求められた場合はアドバイスが有益な時もあるが、たいていの場合、親の考えを引き出す方が好ましい。親はこれまでの経験に基づき、どのような介入なら行えるかを最もよく知っている。この方法は、親に自信をもたせるのに役立ち、セラピストが魔法のような解決をするとの想像を最小限に抑えられる。アートセラピーの治療的アプローチの重要な部分である自己強化は、親の能力を支持する際も中心となる。

これが継続治療の始まりである場合、治療過程には協働が必要であると親が知ることが役立つ。協働の構造は子どもに最も建設的になると考えられるものと同様に、親がどの程度の介入を望むかにもよる。理想的には、親を主要な資源として用いることで、親が自分の子どもの必要性への敏感さを高めるだけでなく、自信と有効性をもつよう援助でき、治療過程を向上して促進することにつながる。ウィニコットに治療された子どもの親は、セラピストが親の知恵を信頼することで「セラピストにのけ者にされたとか、セラピストは敵か競争相手だ」との気持ちから守られたと

述べた（Winnicott, 1977, p.199）。

同情，尊敬，信頼する能力

　親自身が子どもであったのはそれほど昔ではないことを，セラピストが覚えておくことは役立つ。親は自分の原家族における子どもとしての自分自身の経験に基づいた仕方で，しばしば本能で動いたり反応したりする。行動の問題をもつ子どもとの生活は，著しいストレスや反応を引き起こし，それに伴う恥を弱めるための支援が必要となる。親が援助を求めるのは，確立された様式を変えようという願望を示唆し，これは勇気を必要とする仕事である。

　治療が強制された場合，親が憤慨していることが多く，セラピストの協力者となることを嫌がる可能性が高い。このような場合，現在の制度で不当に扱われていると感じている親に同情することが役に立つが，子どもへの虐待やネグレクトを容認しないように留意すべきである。子どもを傷つけている親に同情することは困難であるため，セラピストにとって挑戦となる。セラピストは多様な視点をもち，たいてい当事者それぞれが，間違った扱いを受けていると感じていることを理解できるよう努めなければならない。

　子どもの治療過程は，親がセラピストに抱く感情に著しく影響されるので，親の信頼を得ようとの努力には十分な価値がある。内省や協働ができる親は治療過程に役立つが，積極的に取り組めない親は大きな問題となる。後者の場合，治療を持続するのであれば，子どもへの目標を下げなければならない。焦点は，子どもの発達ではなく，進行中の家族のストレスを子どもが扱えるよう援助することとなる。

子どもと親の関係の明瞭化

　これまでの章の主要な焦点は主な情報源として，多くのことが子どものアートの表現を眺め理解することで得られると述べた。子どもについて知るための他の価値がある情報源は，子どもの親への反応を見るだけでなく，子どもの親の話を聞き観察することである。子どもたちはアートを用いて，親の離婚についての怒りを伝えた9歳の男の子による図9.1のように，生活経験を表現する仕方で親を描写したりする。あるいは図9.2のように，自分の感情状態を偽装して表現する子どももいる（Rubin, 2005）。後者の絵は同じ男の子が3カ月後に完成した絵であり，性格が合わない結婚相手による痛ましい結果として，ライオンと鳥の部分からなる動物の苦悩を描いたアート作品である。図9.1は問題を率直な仕方で伝え，離婚の際の母親の

［図9.1　9歳の男の子による両親の離婚の描写］

怒りと父親の哀願を見た男の子の悲惨な経験を表している。

　図9.2は親の関係がいかに内面化されたかを示している。これらの感情に直面できず，痛みの「叫び」を発する雑種の生き物を描くことで巧みに置き換えられている。親の行動はしばしば子どもに取り入れられ，直接的あるいは間接的に表現されるであろう。同様に親は直接的または間接的コミュニケーションを通じて，子どもの強みと問題の描写をするかもしれない。間接的な親のコミュニケーションの例をあげると，セッションに出席しなかったり，セラピストをいじめたり，個人的な要求のために子どもの治療時間を独占しようとしたりする。これらの相互作用は親子関係という対人関係の経験をよく伝えている。子どもが感じていることと，セラピストが感じることは類似している可能性を検討することは役立つ。換言すれば，セラピストが低く評価されていると感じたり，怒りや不安を感じる場合，子どもが親に関して感じていることに似ているかもしれない。セラピストが反応を観察し理解しようと努める時，これが共感性を高め，親と子ども両方への感受性を高め得る。

実例：薬物依存の親の犠牲

　10歳の「カリ」は不安が強く，自尊心の低い少女であった。彼女の父親は交通渋滞とかスーパーマーケットのレジの待ち時間が長かったなどの理由をつけて，セッションが終わった彼女を迎えに来るのに繰り返し遅刻し，アルコールの匂いをさせてい

［図9.2　9歳の男の子によるライオンと鳥が混ざった生き物］

た。セッションにおいてカリはいつも粘土でハートと花を作り，虹を描いたり，自分の名前を色つきのマーカーで綴ったりしていた。これらの活動は彼女を落ち着かせたが，カリがよい考えや問題解決スキルをもたせる方法を考えるのは難しかった。カリは何度か，父親が遅れたのはこっそりビールを買っていたからだと，苦々しくつぶやいていた。

　私はセッションが終わりに近づくにつれ，私自身が不安を感じるのに気づいた。そして，延長の可能性と気まずさをどう処理するかが気になって，無力感を抱いていた。私は次のクライエントのセッションが遅れることと，どれくらいかわからない時間，カリを待合室で1人にすることに罪悪感を抱いていた。この自分の反応への気づきによって，私の経験がカリの感情に似ている可能性が高かったため，カリは父親のアルコールに関連した信頼性の欠如への対処が困難であることについての洞察を得た。これにより私は彼女の怒りとあきらめを共有することが可能となり，カリについては困難なことを避け，安全と統制だけに集中する必要があるとの私の理解を高めた。彼女の治療目標は支援・不安の軽減であり，父親への尊敬と失望・放棄の共存する感情に耐えるのに示した強みの水準を認識することであった。

　遅刻に直面させた時，カリの父親はもっと責任を持つと約束したが，彼が行動を変えることは不可能であった。結局，私は母親がカリを迎えに来られるために，アポイントメントの時間を変更した。これは直近のストレッサーを和らげ，セッショ

ンの終わりについての私の不安を軽減させた。子どもたちが親の機能不全によって非常に悩んでいる際，目標は彼らが不安を和らげる方法を見出すのを援助することに限られるかもしれない。カリの事例では，何らかの内的統制が感じられるよう，同じ主題を繰り返すアート作品を創造する必要性を支持することを含んでいた。彼女がアート面でほとんどリスクを冒さなかったことは，統制されたデザインを創造する機会が役立たないという意味ではない。私の役割は彼女が経験している無力感が理解されていると感じ，秩序と安全性を促進するための経験の構造化を促すことであった。父親のアルコール依存症は，私もまた変えるのに無力な難しい現実であった。父親と母親と話したところ，この時点では，この破滅的な問題を彼らが対処できないことは明らかであった。

　親の薬物乱用は，いつも困難や悲劇を引き起こす，対処が難しい強力な要因である。このような状態はセラピスト側に，子どもが抱くのと同じように，しばしば無力感と絶望感をもたせる。このような状況では私のアートセラピーには価値がなく，逃げ出したいと思うこともあった。おそらく，これは人生が安易なはずだという誤った考えに基づく逃避の空想であろう。興味深いことには，このような思考方法はまた薬物乱用者の特徴であり，家族システムはある意味で伝染性を有しているといえる。強い結びつきが治療関係の一部である時，家族の対処様式を取り込むのは自然である。この点に関するセラピスト側の自己観察は，価値のある洞察を与える。カリと取り組んでいて，苦痛な対人関係の雰囲気における要求の対処に，ある程度成功を感じるカリの必要性を尊重し，支持的治療の焦点を定めるのに役立った。

アート作品の親との共有

　子どもは自分のアート作品をセッションの終わりに，しばしば自発的に親に見せることがある。時間の経過につれて，作品を見せることについて子どもと共に計画したり考えたりできるが，その決定は子どもに委ねると強調することが多い。これにより，子どもが治療セッションを親との関係において統合する機会を与え，また，子どもやアートセラピーの過程や治療への関心に対する親の態度が観察できる。

　一般に親を治療過程に含めることは有益であるが，アートの共有が勧められない時もあるだろう。これはその時点での共有があまりにも不安定な場合である。たとえば子どもが表現のより深い水準に関して確認と励ましを必要としている時に，親が作品の可愛さや美しさの側面を認識するだけであれば，しばらくの間は子どもに親とアート作品を共有させない方がよい。

子どものアートセラピーの作品の共有は，治療目標にいかに役立つかということと，作品の理解を建設的に用いる親の能力に関する査定に基づく。子どものアートを親と共有することが役に立たない事例も多い。しばしば，子どもの必要性に関して，親のより良い同調を促進するために，アートからのメッセージを穏やかに翻訳する方が治療に有益である。自分の子どもからのコミュニケーションを誤解しがちな親は，理解できないであろうアートの表現から保護しなければならない。たとえば子どもの時に身体的に虐待された親は，子どもが争いの状況を描いた際に，自分自身の脆弱性が触発され，子どもの攻撃性の建設的な表現を見ることができず，過度に反応する場合がある。アートセラピストのアートの言葉に関する流暢性は，親に対する子どもの要求を敏感に伝えるために用いられるツールとなる。

失望に耐えること

子どものアートセラピストは，どのような場合に治療の機会を逸したと感じるかよくわかっている。治療場面において，非常に妥協的な水準の支援しか行えない理由としては，経済上の理由がよく挙げられる。さらに，親との連携はかなりの「散らかり」を含み，この散らかり具合は子どもがセッション中に作成するアート作品の乱雑さよりも不快である。外来の場面では，積極的関与の欠如がよくある妨げである。親が自分の子どものための治療を支持できない理由は様々であり，スケジュールが合わない，親が頼りにならない，治療を恥ずかしく思う，専門家を信頼できない，夫婦間に争いがある，即効性の欠如を受容できない，自分の子どもの大きな変化に結局は耐えられないことなどがあろう。こういった失望する経験はよくあるが，文献上の例示は少ない。多くの刊行物が成功した事例に焦点を当てていることは，臨床家の不安や疑いを高めやすい。親に取り組ませることに失敗した場合は，セラピスト側が感受性や気づきを高めることで防げたかどうかを検証することが常に重要である。以下の2つの事例は，親の取り組みの欠如が治療の中断につながった事例である。

母親と父親の対立

親の対立は関係するすべての人々に困難な状態を作り出す。これは子どもに破壊的行動を引き起こし，子どものセラピストに苦悩を生じさせる。両親の間に挟まれるセラピストの経験は，しばしば子どもの苦闘に匹敵する。自分の母親に向けられた激しい怒りの発散が原因で治療に出席した9歳の女の子「ブリタニー」はこのよ

［図9.3　ブリタニーによる燃えている階段］

うな例であった．仕事が非常に多忙な父親は，子育て，家事，また家族関係にほとんど無責任であった．ブリタニーの怒りと攻撃を含む多くの問題について，母親と父親は互いを非難していた．ある時，私が面接室の扉を開けた時，ブリタニーと母親が面接室への階段を上がってくる音が聞こえた．母親は携帯電話でブリタニーの父親に怒りながら話していた．彼女は電話をあきれた表情で見ながら，私にぞんざいに挨拶した．ブリタニーは私の面接室の扉を閉じてから，階段を上がってくる時に描く絵についてすばらしいアイデアを思いついたと述べた．彼女は「世界に通じる階段が燃えている」と言って，逆上したように，炎と燃えてしまった階段だと説明したものをなぐりがきした．初めは興奮していたが，描いているうちに彼女の作品は次第に統制され，用紙の下方に整った文字を描いて終った．この絵は明らかに彼女の両親の対立が描かれ（図9.3参照），少し前に彼女が見聞きした電話での激しい会話の毒性の強さを反映していた．この子どもの視覚的コミュニケーションは，両親の対立が子どもの不安と攻撃を引き起こしているとの示唆に対する親の反応とよく似ていた．私は不安定な環境の表現についてブリタニーを支持することはできたが，自分の子どもの混乱に親を共感させようとの試みに関しては，私は無力感を抱き，傷つきやすく感じた．私がブリタニーに与えた支持は彼女が落ち着ける捌け口を与えたが，親の対立場面で生活するストレスを最小限減少させるだけであった．私はブリタニーが怒りの爆発を減らすために，内的な動揺を安全に表現することへの援助を焦点とした，控えめな目標に甘んじる必要があった．ブリタニーは両親の

対立に直面した際に，自分のエネルギーを温存するため一生懸命に努力しなければ
ならなかった。彼女のアートの表現は，自分がそこで生き残ろうと苦闘していた親
の対立に関する，比喩的な言及を含んでいた。「世界への階段が燃えている」という
不安定なイメージは，私の部屋への階段を上がってきた時のことだりでなく，沸騰
している大鍋のような親の対立の内面化を象徴的に描いているようであった。

　悲しいことに両親の離婚後でさえも，激しい親の対立は続いた。この子どもを援
助する私の能力は非常に限られていた。私がどちらの親と会っても，親の対立を示
さないようにと促す試みは歓迎されなかった。片方の親に味方することは夫婦の不
和を強めてしまったであろう。その一方で，親の対立をブリタニーに目撃させない
ようにとの私の勧告は，親の憤りを引き起こした。親は互いに相手が悪いと確信を
抱いていた。見込みのない状態で，きちんとした終わりもなくセラピーは終わった。
私は怒りと無力を感じた。これは親の交戦地帯に捉えられた子どもを対象として，
やるせない感情を抱いた最初の（あるいは最後の）経験ではない。良くも悪くも私
自身の感情は，頼るものがない怒りと無力感という子どもの経験と重なっていた。
ブリタニーとの取り組みで，彼女のアートとそれへの私の理解は，彼女の激しい情
緒を受け入れる容器となっていた。私は爆発的な傾向を軽減するため，いわば圧力
釜から蒸気を抜くのを助けることに焦点づけた治療目標で満足せざるをえなかった。
結局私もまた，問題行動の除去に不成功だった非難の対象となったであろう。要す
るに，激しい不調和が家族を終わりにする際，配偶者や子どもたちが感じる（Waller-
stien et al., 2000）のと同じように，私は使い捨てと見なされたと感じた。

治療に対する親の支持の喪失

　多動や内気の傾向，身体的特徴，特殊な態度や才能のような遺伝的要因は，これ
らの性質を共有する実の親は十分理解できるだろう。実の親は子どもの人生の遺伝
的側面や生活史についての理解を提供できる。このことは子どもと親の役割につい
て親が明確に言葉で描写したり，セラピストが観察したり関係性の中で経験する，
親の行動や相互作用によって伝えられる。たとえばセッションの開始時に子どもか
ら離れることを心配する親が時に見られる。このような不安の質は子どもの問題を
反映するかもしれない。これは親と子どもが共有している不安に対する一般的な生
物学的傾向，子どもが1人になりどう反応するかという親の恐れ，セラピストに代
わられるという親の不安感，セラピストからの批判への恐れ，セラピストの援助能
力への不信，子どもの病的恐怖への親の反動，その他様々な可能性に関連している。

第9章　親との取り組み・情報取得　　161

［図9.4　フラニーによる怪我をした鳥］

　こうした親の反応は，十分尊重して取り扱い，心配を認めることが最善である。時には親の様式が子どもの助けとならず，治療目標を害するかもしれない。以下の事例では，不安の存在が人間関係や生理学的・遺伝的原因を示唆する要因であった。

　不安の強い親にどの程度寛大であったり落ち着かせるのが，子どもの治療に最も役立つかを見つけ出すのは容易ではない。2年前に生命を脅かした腸障害に関する不安に基づく虚弱な8歳の「フラニー」は，この適例である。彼女の状態は激しい体重減少を起こし，食べ物・強盗・見知らぬ人への恐怖が続いていた。フラニーはしばしば，活動へ参加したがらなかったため，母親は自分の娘がセッションに出席することを恐れていると考えていた。きわめて声が小さかったが，フラニーは進んでセッションに出席し，アートの過程に固有の自立の感覚に喜びを感じていた。自分自身を描くように求められると，給餌装置にいる怪我をした鳥を窓から見た経験を描いた（図9.4参照）。鳥は色彩豊かで目につきやすいが，フラニーは自分自身を下方右隅に座っている小さな姿で描いた。彼女はこの美しい鳥は，彼女が与えた水と食物によって回復していくと説明した。小さく不格好に見える自分自身のイメージを描き，中央の怪我をした鳥に焦点を合わせることで，フラニーは自分が自立と統制の感覚を感じられる方法で，自分自身の脆弱性を安全に伝えていた。

　また，色彩を豊かに使い，実験的で包含的なデザインを絵の具で描くことも彼女にとって治療的に統制を獲得する手段となった（図9.5に例示）。彼女のアートの過程はよく考えられており，彼女の強みを強化するためにフラニーが決断する能力について，私たちは話し合った。フラニーに自分が望むものの絵を描くように求めた

［図9.5　フラニーによる色彩豊かな絵］

時，彼女は病気と悪い食べ物と強盗から自分を守ってくれる熊を描いた。それから自分の恐怖をより率直に話した（図9.6参照）。3回のセッションの後，迎合的で独立心を欠いていたフラニーは，家で以前より少し遠慮せず話し，自立し始めた。私は彼女の自己活性化が進むにつれ，より独立を求めて怒った反抗や否定的な言動が増えたことに気づいた。もっともなことだが，フラニーの親はこのことに動揺した。私は今は大変な時であっても，健康な解決に至る改善の印であると親を納得させようとしてもできなかった。両親は私が彼女に良いことよりも害を与えたと明らかに思っていた。親は私に時間をとらせたことに礼を述べ治療をやめたが，私は治療が良い方に進んでいると考えていたので，驚き困惑した。

　突然の終了となった時，何がうまくいかなかったか確認できない場合もよくある。しかし，どのように異なる介入を取り得たかを考える機会となるであろう。この事例の場合，特に怒りっぽさや反抗が予想外に伴ったため，フラニーの両親はフラニーが力をもつ感覚を得ることを歓迎するだろうという私の想定が間違っていたのかと思った。私はフラニーが医学的危機になった時の親の気苦労の程度を見落としていたかもしれない。私はこのセッションに母親を含めていたなら，フラニーの恐怖心や脆弱性の感情を克服する試みとなる自己主張の水準の高まりをもっと受容するように，穏やかに励ませたとも考えた。私は必要とされていた親の支持の水準を誤解していたかもしれない。おそらくフラニーからの否定的な表現やフラニーの過去の医学的危機のトラウマの衝撃への母親の恐れを私が過少評価したのであろう。最終的に私はこの困難を両親と乗り越えることができないことを受け入れた。

第9章　親との取り組み・情報取得　　163

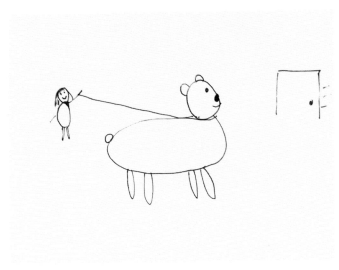

［図9.6　フラニーによる守られた熊］

　両親と子どもをがっかりさせたと感じることは非常に悲しかった。こうした経験はこの仕事で必然的に生じる。望む程度にまで援助することは必ずしも可能ではない。この治療経験が私の望んだほど有益でなかったことに落胆させられたが，両親との連携の複雑さへの理解を深めることができた。突然の治療終了にも関わらず，フラニーのアートセラピーの経験が彼女の自信を高め，自分自身を信頼できる能力を生じたことを期待した。臨床的な仕事の多くの側面と同じく，これは答えがわからない問のままである。突然の終了は子どものセラピストが定期的に扱わなければならない，より痛ましい経験の1つである。

協働と指導による相互依存の向上

　前記の例に明らかなように，家族内でどの程度の独立性が許容されるかを尋ねることは考慮すべき重要な要因である。子どもたちの成長過程は両親から徐々に独立していくことを含む。許容される，または促される独立性の程度には文化的差異があるが，個々の家族は独自の愛着の様式をもち，健全な独立と考えられる範囲は様々であるので，最も健全な独立の水準を特定するのはしばしば困難である。どの水準の相互依存が成長を促し，あるいは成長を妨げてストレスを生じるかの程度を査定

することは重要であり，これは文化そして個人への感受性を必要とする過程である。

　セラピストと両親の相互の支持により，子どもを援助する効果的なチームアプローチを行うのが理想である。7歳の男の子「イワン」は学校ではいじめられ，その怒りを自分の6歳の弟に発散していた。彼は内向的で友だちがほとんどいなかった。彼を治療していて，私は彼が弟に強い怒りを感じていることがわかった。もっと親に注目され，大切にされ，特権を得たいという長年のイワンの望みが，母親の気づいていない激しい同胞との競争意識と結びついていた。セッション中にイワンはよく，弟が特に大切にされているのではないかと気にすることで頭がいっぱいで，アートセラピーに集中するのが困難であった。彼は苦労と愛情不足の感情によりリスクを冒しにくくなったが，これはセッションにおいて，焦点が定まらず，急いで完成させようとする努力に明らかであった。たとえば彼は粘土で母親の名前を示したいい加減な文字を作ったが，より想像的な制作を行えなかった。これは自分の母親への切望と愛情と共に，母親からもっと得たいという精彩のない感情と望みを明らかに伝えていた。

　イワンは家庭において多くの注目を求めなかった。彼の従順さは穏やかさと誤解されていた。私がイワンが弟に嫉妬し，自分への特別な注目を望んでいると母親に説明した時，彼女に深く触れるところがあったようで，イワンにもっと注目するように努めると述べた。母親がただちに行った計画はイワンが登校中に特別のカップケーキを作ることであり，その後，彼女は定期的にイワンにだけ時間を使おうとした。その次のセッションでイワンは，学校から帰宅した時に作られていたカップケーキについて話した際，はれやかに微笑し，カップケーキを持っている自分と大きなカップケーキが置かれたテーブルを粘土で作った（図9.7参照）。これを完成した際，彼は初めて作り方の技法についての私の提案を受け入れた。このアート作品は依然として平坦でやや計画性はないが，以前のアート作品よりも中身が充実して自己を表し，弟が大切にされる心配へのこだわりが減少していた。親とセラピストとの協働により，彼が自分の努力を用いる能力を積極的に促進した。作品の成功は自身を信じる彼の能力を強化した。イワンの母親は「親への指導」（Chethik, 1989, p.219）にもよく応え，これは彼女の自尊心を強め，また子どものセラピーの治療目標への支持を生み出した。

［図9.7　イアンによる特別なカップケーキ］

奮闘が強みとなる

　子どもたちは大人の心配事から守られねばならないと一般に信じられているが，不可能な場合もある。多くの場合子どもたちは，親が直面する苦難に基づく経済的，対人的，その他複雑なストレッサーに気をとられ，子どもがこうした心配事に注目するのを防ぐのは現実的でない。このような場合の目標は，現実の枠組みの中で強みを発達させることを強調する。たとえば7歳の「スティーブン」は，身体に障害のある母親がひどく倒れて気を失った時，救急車を呼ぶための911（日本の119）に電話した賢明な男の子であった。スティーブンに以前から存在するさらなるストレスは，死亡原因を知らされていなかったが，乳児の時に父親が薬物の過剰摂取で死んだ事実に関連していた。スティーブンの母親は歩けない自分の身体障害の状態と，過活動で反抗的な息子の取り扱いに苦しんでいた。彼女はスティーブンをしつけようとして厳しく批判的であったが，これは彼の拒絶的な態度に火に油を注いでいた。私が初めて会った時，母親と息子はかなり惨めであった。スティーブンは理屈っぽく興奮していて，抑うつ的で怒った母親が作った規則や期待に従えなかった。この小さい男の子が母親の生命を救ったことに私は胸が痛み驚かされた。

　母親と息子は共に，部分的にのみ明らかだった，未解決のトラウマがあった。母親の身体障害のため，スティーブンが自分をコントロールできなくなることはほとんど許されなかった。しかし私のオフィスで，母親は動かずに座り，感情を害して彼に注意する一方，スティーブンは蛍のように走り回っていた。こうした問題に関わらず，スティーブンは学校では順調で，仲間や教師に好かれていた。彼の行動上

［図9.8　スティーブンによる赤ちゃんの木］

の問題は家庭に限られ，これは一般的に混乱が広がっていないことを示す。これは母親が何か正しいことをして来たしるしであると話すと，母親の相当苦しい生活の重荷が少し軽減されたようであった。

　治療の構造にはスティーブンの母親と毎週接触することを含んでいたが，歩行困難な身体障害で来所が難しい際は，時に電話でのセッションも行った。またスティーブンのセッションも週1回で，彼は初めの間，積極的に取り組んだ。最初のアート作品は，木を描くようにという求めに応じて作成された（図9.8参照）。これは「小さい木」と描写された絵で，丸太に使用するために伐採者に両親が切り落とされた赤ちゃんの木の絵であった。私がスティーブンに赤ちゃんの木は両親を失ってどう感じただろうと尋ねると，この子はその場面を見ておらず，両親の死亡を知らないので幸せだと答えた。そして彼は「いずれにせよ赤ちゃんは楽しめる」と説明した。私が赤ちゃんの木は非常に勇敢だと言うと，スティーブンは同意した。この後，彼は黒のマーカーで正確な形のネコを描いたが，あまり上手でないと言って破ってしまった。

　その後も完全主義と自己軽視から，彼はアート作品を壊さずに最後まで完成することができなかった。次の3カ月間，スティーブンはアート作品を完成させずに物置に隠れ，何もしたくないと繰り返していた。私は1人で座り，断続的な彼の反抗的な声を聞きながら，彼が何かをする用意ができるまで待っているし，彼が非常に落胆しているのがわかると繰り返し返事した。それにもかかわらず，彼は進んでセッションに出席し，セッションが彼に意味をもつようであった。彼の活動の拒否に耐

第9章　親との取り組み・情報取得　　167

えるのは骨が折れたが，私は極端な拒否の表現が彼に必要と認めていた。私はスティーブンの行動を，経験した喪失を表現して統制する方法と，母親を自分の拒否的な行動に1人で対処することから解放する方法であると考えていた。

　スティーブンの母親とのセッションで私は，親としての彼女の経験に焦点を向けた。私は彼女が自分の息子に批判的過ぎることに不満で，彼により肯定的な強化を与えるように穏やかに促した。しかしこれは母親自身が失望・困難・自己非難を感じているので効果がなかった。私は母親に彼女自身の親について尋ね，これがより生産的な方向を示した。彼女は子どもの時に自分の親がどれだけいつも自分に対して批判的で，正しいことが何もできないと感じさせられたか話した。さらに親の批判は現在も続き，精神障害があって自殺した配偶者を選んだことや，行動が混乱している彼女の息子の取り扱い方や，彼女の身体障害に集中していた。私は彼女の悲しみや繰り返された失敗の感情に同情するようになった。私は彼女のスティーブンへの批判的態度に悩まされていたが，彼のために犠牲にされているという気持ちを理解できた。私は母親の絶望感と不満を理解する手段として，スティーブンのセッションでの極端な拒否的な反応から直接に得た知識を用いた。

　親のセッションでは，このような賢明で不安が強く反抗的な子どもの養育が難しいことについて，かなりの支持を与えた。私たちが話し合うほど母親は，模範とする人がいないので，どうすれば建設的な親になれるかわからないことについて，より打ち解けて話すようになった。スティーブンと母親の苦痛は明白であった。私の仕事はよく聞いて，彼らが修復のために自分の資源を用いるのを援助する方法を見出すことであった。この過程において母親について次第に考えることができ，彼女が面倒見がよく知的な人であることに，私は本当に印象づけられた。そしてスティーブンは苦痛を私にぶつけるにつれ，自分の母親により思いやり深く行動し始めた。

　3カ月の後，スティーブンは物置を出る準備ができ，粘土を使いたいと思うと述べた。私は彼の求めに喜び，何かできあがった作品を完成させるよりも，粘土に慣れるのが良いのではないかと安心させた。数カ月間にわたり，スティーブンは粘土で作った顔を怒りながら壊した。彼がこれらの顔が醜くて悪くて死ぬに値すると述べるにつれ，深い悲しみと自己軽視という彼の感情は次第に形を与えられた。この期間中，私は彼の表現の情緒的性質を「この男は自分を本当に悪いと感じているね」といった言葉で映し出した。時には「彼は自分が悪いように感じているが，何も悪いことはしていなかったようだね」と言ったりもした。そういう時，スティーブンは冷酷に顔を壊し，私は悲痛と悲しみをはっきりと述べた。スティーブンにとって，

自分のストレスと深い悲しみを処理する手段として，この過程を繰り返すのは明らかに役立っていた。私の役割は，スティーブンの自分が悪いという感情と名のない恐怖を構造的で扱いやすい形に変換するのを援助することであった。わだかまったままにすると，トラウマや深い悲しみの衝撃は感情をむしばんでいく。スティーブンの場合，これは手に余る不安となっていた。

　スティーブンの母親に肯定的であった私の態度を反映し，彼女は息子に対し次第に肯定的で支持的になってきた。ここには二重の転移が含まれているというのが正しいであろう。「養育転移」というチェシック（Chethik, 1989）の考えがここに働いていて，「セラピストは問題の多い成人にとって養育する親として機能し，この『栄養』によって親がより適切に自分の子どもを取り扱える」(p.233)という枠組みを組み込んでいた。同じように，スティーブンがあたりちらした時，私は興奮しやすさに耐えられる親と同等のものとなっていた。

　以前スティーブンの母親は彼の援助のために，自分の批判的な母親に頼ってきたので，非難の循環が続いていた。スティーブンのセッションで明らかになったこと（悪いと見なされた罪のない粘土の顔に関して）に基づき，彼が母親の医学的問題や自分の父親の死さえも自分の責任だと信じている可能性があると思えると，私は彼の母親に話した。母親はそう考えたことがこれまでなかったが，母親自身が常に自分を責めていたので，このことを理解できると話した。私たちの取り組みの過程において，スティーブンを非常に好いていて，彼の激しいエネルギーをスポーツの活動に向けるよう促した近所の人など，母親は息子の援助のために頼ることのできる他の大人を見出すことが次第にできるようになった。これはスティーブンのバスケットボールへの情熱的な興味へとつながった。

　スティーブンが自分の強みにより気づいた頃，彼は粘土でブロッコリーの茎のような人物を作りだした。この人物は数回のセッションにわたり保存され用いられた肯定的な男性像であり，これについてスティーブンは彼の出生から始まる苦難や克服の物語を作りだした。これらは親の疾患や死亡と，バスケットボールのプロ選手になろうとする困難を含んでいた。私たちが「ブロッコリー」と呼んだ人物は多くの挫折をしたが，最終的にはトップ選手となった。スティーブンはブロッコリーの家とバスケットボールコートなどの，大まかで未発達な周囲の様子も作った。この人物が1人で生活し十分に独立していたことは注目すべきことで，子どもながらにブロッコリーがどのように自分自身の面倒を見なければならないかについて私に話させた。これは，極端な喪失と苦難に対処する方法を見出す必要があった，スティー

［図9.9　泳いでいる魚：共同作品］

ブンの状況に明らかに等しかった。すなわち彼を大きなストレスにおき，彼の年齢を大きく超えた強みを必要とする課題であった。

　終わりの頃のセッションでスティーブンは再び絵を描きたいという気持ちを表した。彼は油性パステルを選んで使い，彼が興味をもつ熱帯魚を描こうとした。初めのうち彼はこの材料が汚れやすいのにがっかりして作品を壊し，初期のセッションの自滅的な完全主義に逆戻りし，彼の脆弱性を思い出させた。私たちの机の上には，彼のくしゃくしゃにされた多くの労作があった。私はくしゃくしゃの用紙を丁寧に伸ばし，背景の水だと言って塗り始め，用紙のしわが海のようになっていると指摘した。彼はこれに大きな興味を抱き，私たちが並んで作業できるように，中央に1本の黒色の線を描くよう私に頼んだ。それから彼は1匹の魚を描き，私はそれをまねて描いたが，これは彼の表現への評価を伝えたので，明らかに彼を喜ばせた。スティーブンは続けて1匹の小さな魚を描き，これは私の心を動かした（図9.9参照）。私はこの一緒にいる2匹の魚は，一緒に描いている私たちを思い起こさせ，彼と母親が私と会ってきた時間でスティーブンを援助できたことが，私にとって大きな意味があったと話した。

　その次と最終のセッションでスティーブンは水彩画の魚を描きたいと言って，非常に注意し深く考えながら描いた（図9.10参照）。完成した際に，その魚の性質について話すように私が求めると，彼は魚が1匹で泳ぎ回り，時々他の魚と会っているが，たいていの場合は独立して自分で餌を見つけていると述べた。私たちは，この魚を描いた男の子と同じように，これらの性質は，この魚が非常に頭がよくて能力があることを示すと意見が合った。

［図9.10　スティーブンによる魚］

　スティーブンと母親にとって，どちらも私の支持を用いるのを促す治療経験が有益であった。スティーブンのアートセラピーは彼が破滅的な恐怖と深い悲しみを解放し，最終的には自律と強みの増加をもたらした。親の関与が重大な構成要素であるのは，これが有意義な親子のつながりへの可能性を強めるからである。母親と子どもは共に，著しい自己非難を含む難題を受容するものとして治療関係を用い，これらの感情を互いに抱いて強め合う傾向を軽減させるのに役立った。治療が終わっても，問題や未解決の領域が残っていたが，今後も続く成長の可能性が始まっていた。治療の終わりに，たいまつはセラピストから親に引き継がれたのである。スティーブンと母親に対して，トラウマと深い悲しみの処理は，重要で避け難い人生の現実として残っていくであろうが，これまでの進歩は，彼らは支持が与えられると，このような問題に打ち勝つ強みを得たことを示していた。これは状況が理想から遠く離れ，柔軟性と悲劇の受容が必要な事例である。当初，最も緊急の課題は，激しく深い悲しみから生じた大きな自己憎悪に対処することであった。これは親子が有するかなりの強みを利用することを可能にした。スティーブンに父親の死に関してもっと話すべきか，これを話し合う正しい時はいつか，そもそも話すべきなのかという問題はまだ検討されていなかった。

　理論的にはスティーブンはもっと気楽になり，母親は身体状態が良好になる機会が与えられることが好ましいであろう。しかし苦悩からの自由は彼の現実ではなかった。この事例では，子ども側の高い水準の独立性が，生きていくのに必要であった。彼の状況での「奮闘」は，これらの強みを最大にし，これが治療過程の重要な基盤となった。

まとめ

　親はアートセラピーの潜在的な協力者であり，その影響は計り知れないほど役に立つことがあるが，その影響力は大きく，情動を非常に喚起する。アートセラピーにおける最善の状況での関係は，子どもたちの継続した成長と安全感を確実にし，親の自信を高めるために，親の強みを利用して，子どもたちが発達の混乱を修復する機会を提供する。ともかく両親を積極的に含めることは，子どもの治療的取り組みの向上に使用できる情報を提供する。個々の家族に対して，どのようにアプローチするのが最善であるかは予測ができない。時には満足できる結果となるが，期待はずれの結果になることもあり，一見些細な治療効果でさえも尊重することが重要となる。しばしば「ハリウッドの映画のような」幸せな結末が望まれるが，現実には不可能である。すなわち成長・奮闘・葛藤が治療過程を終えてからも続くのである。

第V部

アートに基づく同調：
修復の促進

第10章

メンタライゼーション，トラウマ，愛着とアートセラピーのナラティブ

発達・セラピー・共同体におけるメンタライゼーション

　メンタライゼーション（mentalization）は比較的新しい用語であるが，治療や人間関係の経験に関する過程の成分としては新しいものではない。この心理社会的機能は人間の関係性と同じように大変古くからある。1990年代に，この概念は自閉症と統合失調症の研究に応用された（Allen & Fonagy, 2006）。より最近ではフォナギー（Fonagy et al., 2004）はメンタライゼーションを，親子関係と治療的関係に生じる，心理社会的発達における愛着に基づく側面と述べた。それは相互内省の能力や感情状態を共有する能力を含む。人間が自己の継続を確実にするための愛着の役割に関するボウルビィ（Bowlby, 1988）の研究は，現在の研究の基礎となった。またショア（Schore, 2003）は，自己の発達における親子の対人的愛着の役割を，神経生物学に基づいて支持する研究をまとめた。愛着に関連する乳児の脳の発達は，他者に向けられた機能をもつ領域である前頭葉の拡大を含んでいる（Fonagy et al, 2004）。人生の初期に発達する関係能力は，後の共同体意識の基礎となる。

　メンタライゼーションは子どもと養育者間の安全な愛着関係において，人生の最初の6年間に徐々に獲得され，自己と他者の考えや感情を理解する能力を含んでいる。これは情緒を統制し人間関係に取り組む基礎となる（Bateman & Fonagy, 2006）。メンタライゼーションは世代を経て伝えられる。すなわち共感や情緒を統制できない親は，自分の赤ちゃんを内省的に取り扱ったり反応したりできず，これは対人関係の切断の循環として次の世代にも繰り返されていく。この現象の潜在的な影響に関する知識は，セラピストが対人関係の強みを育成する治療を行う際の起動力となる。最終的に，他者を気にかけて理解する能力は個人と社会を助ける。

　ミュニック（Munich, 2006）はメンタライゼーションの心理社会的発達の流れを次のように定義している。すなわちメンタライゼーションの初期の基盤は乳児期に

形成され，高水準の情緒の喚起を伴う働きかけや反応によって特徴づけられる。応答的な養育者は，自分の赤ちゃんに反応状態の自己認識を育ませるように，内省して反応する。安全な愛着を受ける場面で就学前の子どもたちは，内省的で可塑性のある思考，共感，他者への現実的な同調といったメンタライゼーションの初期の指標を経験する。自己や他者に関する象徴的・想像的・解釈的思考は，表象的・自伝的な作用を伴うことによって，「適切なメンタライゼーション」を示す（Munich, 2006, p.145）。子どもは遊びやアート作品を通じて象徴的な表現に取り組むことで，メンタライゼーションの発展の基礎を強めていく。想像的で象徴的な過程は，養育者による自己の状態の内省や確認と同様，他者を「読み取り」相互関係を体験できるといった，後の人間関係の能力に寄与する。メンタライゼーションは「自己や他者の意図する精神状態の現実的な査定を行える能力だけでなく，他者の情緒的経験を共感できる能力」を含む（Kernberg, 2012, p.65）。

メンタライゼーションと発達する脳

　本書の初めの方で述べたように，ショア（2003）は脳の発達に関する研究を収集し，右半球の情緒に焦点づけられた経験に左半球の認知的理解が続くように，右半球と左半球の脳の発達が交互に行われることを明らかにした。人生の最初の10〜18カ月において，この交互に起こる過程によって，子どもは情緒的経験と身体的経験を理解できるようになる。それは関係性に依存した神経学的発達の側面でもある。乳児が表現する欲求に基づく状態に対し，親が応答し，内省し，強化することで，乳児は自分自身の心と他者の心を理解する能力を発達させ始める。これらは感情を調整し，共感を経験し，対人関係を適切に処理するのを助ける自己の重要な成分である。このようなメンタライゼーションの能力は関係性の中で働き，セラピーによって促進することができる。

　　心理療法のすべては具体的にはメンタライゼーションを行うものである。セラピストは一般に（a）患者との愛着関係の確立を目標とし，（b）この関係を用いて心理状態の理解を焦点とした人間関係を創造し，（c）（多くは暗黙のうちに）患者の自己が意図的で現実的なものとセラピストが認識し，患者によって生じたものと明白に知覚される状況を作ろうとする（Fonagy et al., 2004, p.368）。

176　　第Ⅴ部　アートに基づく同調：修復の促進

認知的あるいは力動的指向のセラピストはメンタライゼーションを強調した治療目標と方法を明確に組み込んでいる（Allen & Fonagy, 2006）。メンタライゼーションの機能がしばしば弱体化しているトラウマや愛着の崩壊の治療に，この概念は特に有効である。

メンタライゼーションの崩壊

安定した自我の確立には早期の関係性が非常に重要であるため，早期の愛着の崩壊を経験した子どもは一貫した自伝的なナラティブ能力を発達させられない可能性がある。同様にトラウマは，安心と安全に結びつく機能である自己の一貫性を崩壊させる。トラウマと崩壊した愛着は，まとまりがある自己の経験に必要な，自身の状態を統合して表現する能力を妨げる原因となる（Schore, 1994）。トラウマ的な経験と崩壊した愛着は「健常な過程を病理的構造に変える自己状態の境界の硬化」を引き起こす（Bromberg, 2011, p.47）。

激しいトラウマのある子どもたちは，しばしば長期にわたり，損傷を与える経験と共に暮らしてきている。複雑なトラウマは経験や関係性を一貫して理解する能力を妨げる，混乱した状態に特徴づけられる。この水準の混乱は不適切で破壊的な行動だけでなく，激怒したり支離滅裂であったり，あるいは自信のない状態を引き起こす（van der Kolk, 2005）。

現実への対立としての想像

象徴的な表現は，心をかき乱す主題を少し個人的な距離をおいて伝えることを可能にし，トラウマや早期の愛着の崩壊に由来する不安と混乱を経験している子どもへの治療にとって，有益な構成要素である。既述のように，想像的で象徴的な表現に取り組む能力は，子どもが満足のいく関係性を発達させる基礎であり，自己や他者を理解するための訓練の場を提供する。セラピストは子どもが象徴的な表現を現実生活での重要な経験と結びつけるように促すが，それは反動と不安の水準を軽減した結果，子どもがこのような内省に耐える準備ができた場合のみである。

初期のアートセラピストの1人であるマーガレット・ナウムブルグ（Margaret Naumburg）は，意義ある視覚的ナラティブの発達に関する事例を記述し，セラピーの焦点としてのメンタライゼーションを例証した。ナウムブルグの『アートセラピー序説（An Introduction to Art Therapy）第1版』の序文で，ルイス（Lewis, 1973）は，このアプローチを「混合し不完全に理解された感情を，作文の形式で明確に秩

序づけて述べようと試みる方法」と説明した（p.v）。ナウムブルグ（1973）の事例研究は，治療関係の文脈において，どのようにアート表現が反応状態を反射して組織化する手段となり，反応状態が徐々に一貫した視覚的ナラティブに変化していくかを例示した。これは発達上の崩壊に基づく混乱を修復する手段である。アートの産物は，内省過程を促進し，内的状態の確認を与えることで，共有された自己の理解を構築できる表現である。アートと関係性の過程は自己作用を強化し，子どもの行動問題を軽減させる。

アートセラピーのナラティブとメンタライゼーション

一連のメンタライゼーションの促進

　子どものアートセラピストは，子どもが混乱した情緒状態を理解する機会を与え，また，発達の機能・意義ある表現・反応状態の描写が強調され，それらを関係性において理解するため，メンタライゼーションへの焦点を組み込む。この過程は以前の圧倒的な経験状態を象徴化し，その状態を徐々に一貫性のある自己表現のナラティブと置き換えることを伴う。激しいトラウマを経験してきた子どもにとって，セラピーは一貫性のある自伝的なナラティブを作り出す状況を与える。情緒や個人的主題を徐々に明白に表現する能力は，治療の進展を示す。アートセラピストはこの過程において，意義のある表現を引き出し，導いていく。

アートの過程によるナラティブの起源の創造

　次の挿話は安定化と，トラウマによるストレスの共有をし始めることが焦点となった出会いについてである。これはトラウマ的な反応の開示を表現して統制する際の材料の使用を例示している。この事例では期間が短かったため，目標は非常に限られたものとする必要があった。

　「ジェイコブ」は数年にわたり継父から身体的に虐待されてきて，当時は里親と暮らしていた虚弱な7歳の男の子であった。彼の母親は彼を暴力から守ってこなかった。私が初めてジェイコブに会った時，彼は怯えて見え，まとまりのない様子で遠くを見つめていた。最初，彼は繰り返し幾何学的な形や点を鉛筆で描き，目を合わせるのを避けていた。これらの絵は強い不安を抑え回避しようとの試みを示していた。ジェイコブは継父に殴打され何本か肋骨を折った後，里親に養育されてきたと悲しそうに私に話した。私が継父について話すように彼に求めると，彼は「非常に

178　第Ⅴ部　アートに基づく同調：修復の促進

［図10.1　ジェイコブによる継父］

恐ろしい口をしたとても大きい人」だと答えた。ジェイコブに継父を描くかと尋ねたところ，彼は描くことに興味を示した。そして，ゆっくり丁寧に図10.1を完成させたが，描きながら継父が虐待する様子を述べていた。彼はほとんど毎日継父に叩かれ，常に恐怖を感じていたため，逃げ出したいと望んでいたと話した。ジェイコブは危害を加える継父の強さは描写できなかったが，もろい人間を描いて自身の恐怖の感情を大いに伝え，加害者の継父に対して怯えて無力な状態にあることを表していた。彼は黙って継父の武器の棍棒を描き，磨かれて見えるよう，非常に強い筆圧で棍棒を繰り返し黒く塗り，残忍さと苦痛を伝えた。私は「これは子どもが切り抜けるには恐ろしくて間違ったことだよね」と言うと，ジェイコブは「こんなことが起こらなければよかったのに」と言った。彼は鉛筆を上下逆にして，棍棒を描いたのと同じような圧力で棍棒を消そうとした。しかし非常に多く塗り重ねたためにこの努力はむなしく，「消すことができない。どこかへ行かせることができればいいのに」と言った。用紙が破れ始めると，彼は「どこへも行ってくれない」と言った。

　私が彼に，しばしば叩かれることについて考えるか尋ねると，今でもなお恐ろしくてずいぶんそのことを考えると答えた。私はジェイコブに記憶は消えなくても，今は安全なのだから，しばらくすれば恐ろしい感情を止めることができると話した。私の役割はジェイコブが圧倒的な記憶の統合を経験するためのナラティブを創造し始めるのを助け，もはや実際の身体的危険がないことを認識することで安心感を確立する方法を教えることであった。成人として，私はこの脅かされた子どもに現実を伝え，自己と他者について正確に参照する基礎を与える立場にあった。これは統制の感覚を得て，自伝的なナラティブを確立する初めの段階であった。

フォナギーら（2004）によると，セラピストの鏡映は，感情を自己調整する学習の促進のために，主観的な感情状態を内省する過程の基礎となると説明している。ジェイコブのセッションは里親への移行を援助する目的をもった危機管理指向的な作業であったので，彼への私の接触は4セッションのみであった。永続する安全感を形成するために，ジェイコブは環境の安全性を経験し，自分の内的状態を人間関係に基づいて理解する継続した機会を経験する必要があった。

　「ストレスはメンタライゼーションの敵である」とホームズ（Holmes, 2006, p.35）は述べた。恐怖が内面化された状態を経験している子どもの治療は，統制と自己防御の機会を与えることによって，ストレスの軽減が最初の目標となることが多い。このような機会を与えることは統合を高めることを助長し，ストレスへの反応を少なくするのに役立つ。統制しやすい材料はこの過程で子どもを援助し，無力感と混乱の感情を中和するのに有益である。

トラウマの結果に対するメンタライゼーションのためのナラティブの利用

　次の事例研究は，トラウマの修復を促進するためのツールとして，アートセラピーに基づくナラティブを用いた例である。クライエントがもつ創造的で象徴的な性質が，激しい性的虐待のために生じた圧倒的な反応の統御を助ける基礎となった。この事例での治療過程は，子どもが十分な支持を受け，治療期間中に安全性を感じていた事実により大いに助けられた。さらに彼女は安全な愛着の生活史と安定したパーソナリティをもっており，これらは過度の混乱を経験することなく困難に直面できる強みであった。

　「クリスタル」はアートセラピーを週1回，約10カ月受けた8歳の女の子であった。彼女の両親は離婚し，彼女は前の夏の4週間，実父のところにいた。この時クリスタルは実父のガールフレンドの息子である16歳の少年に繰り返しレイプされた。彼女は恥ずかしく思っていたのと，加害者により脅かされていたので，その虐待を数カ月間隠していた。学校で彼女の性的な行動についての懸念が生じたことがあったが，彼女がレイプされた経験を友人に話して，この情報が最終的に母親に明らかになり，母親は警察に届け出たのである。

もはや気ままではない

　私がこの家族と最初に出会った時，クリスタルの母親と10歳代の姉は激怒していたが，クリスタルは悲しそうで諦めている様子であった。彼女はレイプのせいで，

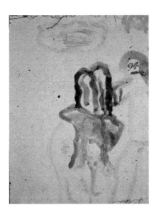

［図10.2　クリスタルによる「悪い男」］

もはや気ままな子どものように感じられず，父親が加害者の側に立っていたので，最大の恐れは永久に父親との関係を失うことであると陰気な調子で説明した。確証があったにも関わらず，父親はレイプを疑問視していた。クリスタルの母親と姉は，加害者であるガールフレンドの息子が最小限の司法的処置となるように，父親が努力したと信じていた。その結果，息子は単に保護観察となり，加害者の集団治療に参加させられるだけになった。加害者と司法体系に向けられた母親と姉の怒りの激烈さはクリスタルを保護する強い力であったが，これはまた自分自身のナラティブを発展させるクリスタルの能力を妨げていた。

　クリスタルは著しく混乱しているようではなかった。彼女は進んでアート表現に取り組み，自分で生み出すプロジェクトに対して多くのアイデアを有しており，これは主体性が多くの領域で強いことを示していた。彼女は複雑なトラウマに苦しんでいたのではなく，人生の1カ月間に生じたトラウマの出来事によって苦しんでいた。長期にわたるトラウマの犠牲者達は全体的なパーソナリティ機能に，より重度の障害を示し，これは「発達におけるトラウマ障害」と呼ばれている（van der Kolk, 2005）。

　アートセラピーによる治療の初期に，クリスタルは「悪い男」と名づけた絵を描き（図10.2参照），男に叩かれている犬だと描写した。私がこの絵では何が起こっているのか尋ねると，彼女は「犬はとても怖がり耳がまっすぐに立っていて，体から血が流れ出ている」と説明した。私が「このかわいそうな小さな犬にとってひど

いことですね。どうしてこんなことをする人がいるのでしょう」と言うと，クリスタルは「この男は犬より力が強くて意地悪だから」と理由を述べた。私たちはその男への怒りを共有した。アートセラピーにおける親密な対人関係の結び付きの中で，クリスタルは現実的な自己表現ではなく，彼女の虐待経験を象徴的に示す，無力な被害者への憤りを表出した。このアート作品では，絵の具の使用が情緒内容の流動的な表現を可能にし，流れやすい絵の具が犬の出血を反映していた。クリスタルは，この表現によって，自分自身の脆弱性からある程度距離をおいて，恐怖を表現するタスクを達成することができた。彼女のナラティブは情緒と結びつき，よくまとまっており，これは彼女がレイプされた自分自身の経験を説明した時には不可能なことであった。

　内省的で可塑性のある思考，共感，自己と他者への現実的な同調のような，メンタライゼーションに基づく機能は人間関係の内容を探究することで促進される。幼い子どもが相互的に象徴的な遊びを順序立てて行っていくのと同じように，これはクリスタルがメンタライズする準備ができていない状況を，より直接的に個人的なナラティブで伝える能力をもつ後年の発達への練習ということができる。

　複雑なトラウマをもつ子どもたちと違い，クリスタルはトラウマの経験を思い出させるものに簡単に誘発されることはなく，自分の反応を調節できた。彼女は分離と無感覚により，圧倒的な情緒との距離を保つことができた。ブロンバーグ（Bromberg, 2003）は解離を健常で潜在的な心の防衛機能とし，トラウマへの防衛として「自己の許容量を著しく越え，時に健常性を失いそうなものを知覚することから心を分離する」（p.561）と述べた。分離という防御的な影響によって，クリスタルが良好に機能する能力は，多くの領域において損なわれず維持されていた。これに加えて彼女のトラウマは重かったが，彼女を支持する周囲の状況と家族への安全な愛着の生活史が重要な緩衝となったのである。彼女は友人や興味をもち，学校ではよく機能していた。両親の離婚と低い経済状態は，働いているひとり親の子どもであることと同じように，以前から存在するストレッサーであった。彼女の母親と姉の支持の結果，彼女は子ども時代を不当に奪われ，もっと報いられてよいことを理解していた。同時に彼女は口では言えないほど傷つけられ苦しめられたと感じ，自分がもてなかった父親の支持を求めることで頭がいっぱいであった。彼女はこの心配によって眠れないと言っていた。おそらく彼女の沈んだ様子は，あまりにも恐ろしくて口にできない虐待自体についての漠然とした，明白にできない，恐ろしい記憶を含んでいたのであろう。

メンタライズの能力の促進

　クリスタルが楽しんでいた活動の1つは物語，特に怖い物語を読むことであった。私の治療的アプローチは，こういった挿絵入りの短い物語や章立ての本への彼女の好みに応えることであった。このような共感的対応は自己の発達を促進する環境となる。

　最初のこの種の活動は，物語の基礎として，ウィニコット（Winnicott, 1971b）のスクィグルの技法を翻案したものであった。私はこの「ゲーム」へのルールを以下のように説明した。

1. 私たちは互いに異なったカラーマーカーを使って，交互に目を閉じてスクィグルを描きます。
2. そのスクィグルを相手に渡します（受け取った人はそれを思うように回転させてかまいません）。受け取った人はそれに何かを描き加えて，何かの絵に変えます。
3. それが何かを書き留めます。
4. 大きな1枚の紙に絵を集めた後，一緒にすべての絵を含んだ物語を書きます。

　「星人間」（図10.3）はこの技法を用いた例で，クリスタルが挿絵付きのナラティブを作成するのに役立った。この物語のもとになった絵は2匹のねずみ，2匹の蛇，何人かの友人，2匹の鳥，カーリーという名前の女の子と星人間であった。彼女が話し，私が書きとった物語には，私が与えた文もいくつか含まれている。私が与えた内容は傍点で示してあり，被害者の過失性の欠如と無力感に焦点づけた。

　　カーリーという女の子がいました。彼女は自分のヘビが死んだのでふさぎ込んでいました。彼女のお父さんは彼女のヘビが彼の鳥を食べたので非常に怒っていましたが，彼女の誕生日に別のヘビをくれました。彼女の友人はネズミをくれました。別の友人はぬいぐるみの星人間をくれました。これは普通の星人間ではありませんでした。それは話すことができました。本物で，おなかをこすると生きました。翌日彼女は自分の部屋に行って，おなかをこすりました。すると星人間は「ずいぶん長い間話していなかったんだ。ありがとう」と言いました。カーリーは彼が話したのを聞いて驚きました。彼女が叫ぶと星人間も

第10章　メンタライゼーション，トラウマ，愛着とアートセラピーのナラティブ　183

［図10.3 クリスタルによるスクィグルのゲームと物語］

叫びました。彼は「僕は出会ったこの鳥と問題があるんだ。この鳥は僕にとても意地悪だった。私の目をつついて，脇腹の一部を壊そうとして，彼が僕にさせたいことをさせようとしたんだ。」「どうしてあなたは自分の鋭い脇腹で彼をつつかなかったの？」「彼の方が強かったし，鋭いくちばしを持っていたから。」その鳥の名前はハロルドでした。「おい，ちょっと待って。彼は私たちの鳥だよ。私はこのことをお父さんに言うよ」。星人間は「ちょっと待って」と言いました。カーリーは彼が言ったことが聞こえませんでした。星人間はおなかをこすられた後，1人になると死んでしまうかもしれませんでした。翌日，カーリーは星人間のおなかをこすりましたが，彼は何も答えませんでした。彼女は何が起こったのか不思議に思いましたが，最終的に彼が死んでいることに気づきました。その日彼女は泣き続けましたが，少なくともぬいぐるみの星人間自体はまだ持っていました。

まとまりのないイメージを用いて，筋の通ったナラティブを作る過程は，以前はまとまりがなかった状態をうまく取り扱うための構造を創造するという，治療の全体的過程を維持する満足できる活動であった。この物語の主題は襲撃・裏切り・取り返しのつかない喪失・放棄であった。私たちがこの物語を完成した後，私は中心

［図10.4　クリスタルによる「かかし」］

人物のカーリーが星人間を失っただけでなく，彼女の父親が助けてくれなかったことで，どれほど悲しかっただろうと話した。私の促しによって，私たちは星人間が残忍に取り扱われ殺されたことが，どれほどひどかったかを話し合った。私はカーリーがこの喪失を生き抜くには，相当な強さを持っていたに違いないと話した。

　クリスタルは物語の登場人物への同情を抱いていたが，自身の情緒とは著しく分離していた。私はこの物語が彼女のトラウマを想起させると言いたい誘惑にかられたが，象徴的なナラティブを経て次第に明白になってきた適切な怒り・悲しみ・悲哀の感情への結び付きを壊したくなかったため，待つことに決めた。

　彼女の母親と姉が示した憤りに，父親からの放棄・否定そして確認の欠如があいまって，クリスタルの情緒を陰うつにし続けていた。彼女は母親たちが怒っていることを気にしており，彼女自身の混乱した感情から自身や他の人を守るのに分離が役立っていた。私は再び，トラウマと必然的に結び付いている恥の深い感情が，「トラウマという自身に対する衝撃的な不測の感覚によって生じた激しい感情の充満から」（Bromberg, 2003, p.567）の防衛手段としての無感覚によって緩衝されていることに気づいた。トラウマとなる出来事の恐怖に直面することは，著しい脆弱性と混乱を引き起こすので，記憶や感情からの分離は自己を生存させ得る緩衝になる。自伝的な主題との統合を促す前に，置き換えられた情緒を一貫性を高めて表現することで，それを明らかにする過程を調整する統制力をクライエントに提供できる。

　私は絵を描いて恐ろしい物語を考案し，それに関するナラティブを作るための構造を提供した。必然的に，展開された物語は比喩によって，レイプの苦痛・恐怖・恥を表現していた。「かかし」（図10.4）はこの過程の例である。クリスタルはこの

第10章　メンタライゼーション，トラウマ，愛着とアートセラピーのナラティブ

光景を，杭に据えられたくない「かかし」に恥ずかしがらせるためのエイプリルフールのいたずらと描写した。この絵は杭で股間を突き刺され「私はこれが嫌だ」と言い放っている裸で孤立した人物を描いていた。恥と屈辱の雰囲気が表れていた。しかしクリスタルは身体の位置と明らかに裸であることが問題なことに気づいていなかった。むしろ彼女はかかしが柱にくくりつけられていて登校できないと述べていた。彼女はかかしが恐れていたように，かかしの学校の友人がこの光景を見ると話していた。様式化された太陽の顔が上に浮かんで，「わぁー」と言っているのは，暴露と嘲笑の雰囲気を強調している。

　激しい恥に取り組む際，他の人との結び付きを求めるのは困難である。かかしが恥ずかしい思いをして傷つけられた時にどんなに孤独を感じたか，それが傷害と続いて起こった孤独が一緒になった結果「二重の打撃」となったかについて私は話しはじめた。私たちは秘密にしておくことを理解できるが，それは感情をますます悪くする可能性があると話し合った。私は恐怖と恥ずかしさのため，人々が虐待を秘密にするのはよくあることだと言った。問題に巻き込まれたり，信じてもらえなかったりするかもしれないと考えるからである。クリスタルには，必然的に深い恥と自己への懐疑を生じるトラウマと喪失の経験（Herman, 1997）に，父親の裏切りが合わさっていた。ナラティブの絵と物語は，レイプの経験と象徴的に等価なものを作り上げ，以前は圧倒的過ぎて耐えられなかった感情の発散を刺激した。重要なことに，これは共有された対人関係の経験であり，激しいトラウマに固有の以前の孤独な状態を補うものであった。

再演のメンタライゼーション

　あるセッションでクリスタルは私の部屋に巻いてあった大きな白紙に気づき，中を埋めたいから，彼女の体の線をたどって写してほしいと求めた。私はクリスタルに対し，この活動は立ち入りすぎだという心配を伝えたが，そうしたいという彼女の熱意が上回った。そして彼女は巻いた白紙を広げて床の上に寝ころんだ。私は慎重に彼女の腕を写し始めた時，彼女が非常に怖がっているのに気づき，クリスタルに本当に続けたいのか尋ねた。すると彼女は体の敷き写しをやめたいと答えた。私はこの活動を行うのを許したことに対し，唖然とし罪悪感を覚えた。クリスタルは青ざめて震えていた。私は，この行動が彼女の体にレイプされた感情を想起させたようであったので，この経験が非常に恐ろしかったに違いないと考えた。彼女は確かにレイプに似ていると感じたと言った。

私が彼女に話すと，彼女の顔色が戻ってきた。私は彼女に慰めだけでなく，トラウマの結果生じることの理解を与えた。私はどのように虐待されたかを思い出させられた際に，長い間不安に感じ続けることはよくあるので，体の敷き写しが間違った行動に感じたのは理解できると説明した。私はレイプされることは大人にとっても耐え難いこと，まして子どもに経験させては決していけないことだと付け加えた。私は「今回は不安に感じることを止めることができましたが，レイプは力で圧倒されたので，あなたは止めることができなかったでしょう」と言った。この時点でクリスタルは，身体的苦痛について，さらには加害者がいかに彼女を見くびり，傷つけ，脅迫したかについて，より詳しく私に話した。私はそれが彼女にとって非常に恐ろしかったに違いなく，そのため数カ月黙っていたのだろうと認め，ただその沈黙が彼女の気分をさらに悪くしたようだと述べた。私はクリスタルの順向の能力を強化し，レイプの間自分を守れなかったのが彼女の責任ではないことを確認した。私は彼女がこの経験に対処する強さをどうにか見出したのだと話した。私がセッションで通常話すよりも多く話したのは，クリスタルは私の説明を十分に吸収し，母親が小さな子どもに対して圧倒的な苦悩を整然と理解させるための援助を思わせる仕方で，クリスタルが極端な恐怖を整然とした（メンタライズした）ナラティブに置き換え始められると感じたからである。

　クリスタルに見られた安心は，トラウマに類似していた体の線をたどる試みの経験が，修復のために用いられたことを示していた。私はこの活動をさせたことに罪悪感を覚えたが，最終的に，安心できて内省的な関係において安全な再現を行う状況が作られ，支配と再統合の感覚を得させられたことに気づいた。私はクリスタルに対し，この活動は気分が良くなかったが，自身の恐怖を1人で抱え続けないよう，私と共有する準備がいくらかできていたに違いないと話した。メンタライジングの機能がかかわったこの出会いは，トラウマに基づく治療において，不快感は必要な部分であることも例示している。

　トラウマをもつ人々は，自身を防衛する能力を失ったり，犠牲となった際の経験を意図することなく再生することがある。このセッションにおける私の反応は，クリスタルが自らの強みを信頼すると共に，一貫性のあるナラティブを作ることへの援助に焦点づけた。もちろん彼女は，レイプされた経験に由来する極度の挑戦に直面し続けるであろう。しかし彼女がこれらの挑戦を処理する方法を見出せるであろうことは，ますます可能性が高まってきているようだった。

　その後，身体を描く方法で安全に感じられるものはないだろうかとクリスタルに

尋ねた。彼女は興奮した調子で「わかった。身体についての本を作ろう」と言った。これに続くセッションで，彼女は個別の身体部分をコメントをつけながら単色でそれぞれ紙全体に描き，一冊の本にするつもりであった。身体部分の絵は，良好な身体状態に関する気づきの共有という，メンタライゼーションの過程を含んでいた。「これは腕を曲げるのを助ける」という注釈をつけた肘の絵や，「歩いたり走ったり立ったりするため」という注釈のある足の絵などが描かれ，強く均整がよくとれていたが，飾り気がなく分離していた。クリスタルに別々であることについて尋ねると，「変だね」と言い，身体部分について教えるためには，一度に1つの部分を取り上げる必要があると付け加えた。彼女はさらに，個々の部分を完成させた後に，全身を描くかもしれないと述べた。

　残念なことに，クリスタルの母親の自動車事故で生じた緊急事態で，セッションに来る手段が妨げられ，治療は突然終わった。突然の終了は，家族が多くのプレッシャーに対処しようと苦労している子どもを対象とする際，よく起こることである。クリスタルの場合，有意義な治療的作業がすでに行われていた。彼女はショックと分離の状態から，主体性と内省ができる状態へと次第に進んでいた。治療関係とアートの過程は，さらに続く発達への基礎となった。

　当初，クリスタルは自分の情感と身体感覚から分離していた。彼女・母親・姉は危機的状態にあったので，私の目標は家族3人全員の不安を軽減し，クリスタルに「安全ではあるが，安全すぎない」（Bromberg, 2011, p.104）仕方で自分を表現する安心感を得させるのを援助することであった。私は絶えずストレスの兆候を探し，それらを内省して彼女に伝えようとした。これは保護と治療のためのリスクの均衡をとる過程であった。重いトラウマを抱いてきたことから生じた混乱を補うために，いつか彼女がさらなる統合を得られるように導くための予測を行った。

　クリスタルは幸福を破壊し，父親との関係を喪失することにつながった，激しく侵襲的な性的虐待を経験したが，彼女の一生を通じて存在してきた多くの内的・外的な保護要因を有していた。彼女がアートセラピーを受けていた間，彼女は何人かの家族の愛情と保護に囲まれていた。これらの要因は彼女が治療過程をうまく利用するのに役立った。彼女が明白で個人的に意義あるナラティブを発展させ，脆弱性を共有できたのは，彼女の強みと共に，有意義な相互の内省に治療の焦点をあてたからであった。最適な状況下では，このような過程が展開する方法は個人化され，自分で生み出す表現と治療の状況の両者に基づく。これは関係性に基づくメンタライゼーションに固有の内省過程に一致している。

安全性の欠如とトラウマ：歪められたナラティブは準拠枠への最善の希望かもしれない

　上述の例と異なり，次の挿話は環境の安全性の欠如が治療過程へ与える影響を示している。子どもが家庭環境において，どの程度安全を感じ，支持されているかは，治療に取り組む程度に深い影響を有している。子どもが家庭内で進行中の虐待や混乱によって恐怖の中で暮らしている場合，自伝的なナラティブを組織化できる可能性はより低い。こういう場合，不安状態が高いため，治療の期待を縮小する必要がある。理想的には，治療の1つの焦点は，事例の管理によって家庭環境内での安全性を高めることであるが，残念ながらこのような努力は必ずしも成功しない。以下の事例は，自伝的なナラティブが，混乱した虐待的な家族関係に関連して当惑している子どもについてである。実際の出来事は最後まで明白にならず，関係は混乱したままであったが，治療の焦点は子どもの知覚を内省し確かめることで，自己作用をできる限り高めるようにすることであった。

　「アビー」は賢明な4歳児であり，児童保護サービス機関から，確定はできなかった性的虐待の主張により，法令に基づいて治療に紹介されてきた。さらに私は児童保護サービス機関から，アビーの家では彼女の継父が彼女の母親に対して家庭内暴力をふるっていたことを知らされていた。アビーは母親と継父と乳児の義理の弟と暮らしていた。アビーの実父が，彼女が訪問してきた時に，継父に愛撫された経験を話したと報告していた。母親は最初のセッションに彼女を伴ってきた。私が紹介されてきた理由を尋ねた時，母親はアビーに説明を求めた。するとアビーは「継父が私の大事なところを触ったから」と答えた。母親が「本当にそうしたの？」と疑うように答えた。するとアビーは「そんなことはしていない」と非常に混乱した様子で話した。この出会いは，アビーの治療を行った年に明らかになり続けた，曖昧で混乱したナラティブを示していた。

　次に私たちは家庭でどのように物事が進んでいるかについて話した。アビーの母親は，娘の不確かな虐待の申し立てによって，夫が引っ越しをさせられたことをよく思っておらず，養育に関連した必要性を考えると，これはストレスとなっていると説明した。またアビーと母親は，飼い犬が最近死んで2人を非常に動揺させたと話した。母親の説明では，性的虐待の申し立ては前夫のでっち上げで，彼が母親の現在の夫を好まないためにアビーにこの嘘をつかせていると確信していた。私が彼女の夫が彼女に暴力をふるう報告について尋ねると，彼女はこれはもはや問題ではないと答えた。アビーの母親はアビーをセッションに連れてくるのに協調的ではあっ

［図10.5　アビーによる道］

たが，私を信頼していないことは明白であった。

　最初のセッションの間，アビーはデザインを作るために絵の具を使うことを求めた。図10.5に示した絵には，彼女は大きな絵筆を用いた。彼女の優れて繊細な運動技能と早熟性は明らかであった。彼女の材料と会話の統制力は注目に値した。十分に統合されたデザインを注意深く完成させた後，彼女は私の目を見て，まじめに大人っぽい調子で「私はあなたにお話をします。これは道の物語です。私はお父さんを訪ねた時，この道を一緒にぐるぐる回っていました。この道はどこにも通じていません。それはただぐるぐる回っているのです」と話した。この時点で，彼女は絵筆を手に取り，循環した動きで繰り返し「道」の上を塗っていった。「私たちはこの道をぐるぐる回り続けるだけで，どこかに着くことはありませんでした。私の犬がその前に死んだのです。これについて私たちは話していました」と言った。彼女の声の調子はずっと権威的であった。私は「とても難しくて混乱しているようね」と述べた。私は十分にはこの物語を理解できなかったが，アビーが自己状態に関するナラティブを作成するのを援助し始めるために，私は感情の経験を共有した。彼女の犬の死への着目は，私たちが共に真実と知っていた出来事に関する悲哀を明確に伝えていた。

　私がアビーの描写を，現実に基づく特定の出来事に結び付けられることは，ほとんどなかった。アビーは道がどこにあってその日どのようなことが起こったのか，といった質問には答えなかった。彼女は現実生活についての特定の情報を明らかにせずに苦悩を表現し，危険と混乱の比喩的な表現を作成した。たとえば，道を描いたセッションの後の方で，彼女は図10.6のワニでいっぱいの沼地の絵を完成させた。彼女は「注意して」「ワニがあなたを食べて，あなたは泥の中に消えてしまう」と

［図10.6　アビーによるワニのいる沼］

［図10.7　アビーによるクモ］

言った。私は彼女の詳細な状況を知らなかったが，象徴的な表現によって彼女の心理状態が理解でき，ナラティブの感情的な内容を確かめ深く考えることができた。私は泥だらけの沼地は非常に恐ろしいし当惑させられる場所だと言うと，彼女はこれに同意した。

　この後のセッションにおいては，アビーがさらに圧倒されるのを防ぐため，統制しやすい材料を提供した。彼女は図10.7のように，色を塗って多くのクモを切り抜いた。彼女はその恐ろしい性質について述べ，私を危険に誘い込むかもしれないと警告した。私が彼女にどのくらい怖がるべきかと尋ねると，「とても怖がるべき」と言った。私が被害者の役割を演じて恐怖の叫び声をあげると，彼女はクモを捕まえて私を助けた。ヴァン・デア・コーク（van der Kolk, 2003）は，トラウマを支配し

［図10.8　アビーによる意地悪ないとこ］

始めるために，人々はトラウマに内在する情緒的無力感を直接的に否認する経験をする必要があると強調している。アビーは私を怖がらせてから助けることで，自身の無力感を軽減した。さらに，これによって私は彼女の脆弱性を理解し，経験を彼女にもう一度明確に話すことで，より一貫性のある自己状態を共同して作る過程を行うことができた。

　ある時点で，アビーは性的虐待をかなり反映するイメージを作成したため，そのイメージは想像上の場所と人しか含んでいなかったが，私は児童保護サービス機関に連絡した。図10.8は「私の意地悪ないとこのマチルダ」を描いており，アビーは大きな目が空中にぼんやり浮かんでいる不快な地域に彼女を訪問したと主張していた。アビーは演劇的な声で「意地悪ないとこのマチルダは顔がついている大きな舌をもっていて，相手を舌でなめる。彼女はおなかにも顔がある」と言った。舌は威嚇的な人物の脚の間に描かれている。アビーは小さい方の人物を自分だと説明し，空の圧迫的な目と，混合した不穏ないとこのマチルダのイメージの両方に悩まされていると述べた。そのイメージは心理的な恐怖を伝えていた。私がマチルダは本当に存在するのか尋ねると，アビーは「本当よ。でも私が誰かに言ったと彼女に知られたら大きなトラブルに巻き込まるから，誰にも言わないで」と言った。私は誰かが危険な場合は秘密を守らないよと答えた。アビーは動揺したように見えず，それを折りたたんで裏に私と彼女だけが理解できる暗号で書くから，まだ秘密のままだと主張した。彼女は回りくどくわかりにくい言葉で話し，隅の方に筆記体をまねて書いた。それから彼女は，紙を折り曲げた四角の他2カ所に，色を使った「暗号」の数字や文字や形を作った（図10.9）。彼女はこの「秘密の絵」を折りたたんで安全な

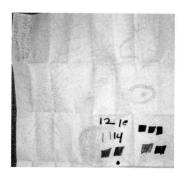

［図10.9　アビーによる暗号］

場所に置くように頼んだので，私はそうした。

　このセッションの直後，私はアビーの両親に電話して，いとこのこと，またアビーをいじめる可能性のある子どもやベビーシッターについて尋ねた。私は質問を通して，アビーにはいとこのマチルダがいないことを知った。実際のところ，彼女にいとこはおらず，どちらの親も，要注意の可能性がある人物を思いつかなかった。私はこの絵の内容を児童保護サービス機関に報告し，アビーの治療措置が延長された。その後のセッションにおいて，アビーは暗号を使い続け，これは彼女の不安で脅かされた状態を表現するための中立地帯となっていたようである。

　図10.10は，児童保護サービス機関がアビーのケースをもはや進行中ではないと考えて，治療が終了する前の最後の2〜3週間にフェルトペンで作成された絵である。これは「悪魔の家と私の家」と描写された2軒の家を注意深く描いたイメージである。絵を説明するにあたり，アビーの調子はおどけた様子でもあり恐ろしそうな様子でもあった。彼女は左側の家が悪魔の家で，右側が彼女の家だと言った。恐ろしい物語を話すのに伝統的に用いられるような演劇的な調子で彼女は「気をつけてね。悪魔は罠を持っていて，あなたを隠れ家に連れて行くから」と話した。私がもう1軒の家について尋ねると，「私の家は安全なの。そこではあなたに何も起こらないから」と答えた。私は安全な場所があることへの安心を表明し，しかし，もう1つの場所があると知っているのは怖いと反応した。さらなる話し合いは，不安全な家に捕まることを避けられるかどうかについての，アビーの漠然として急に変化する説明に関連していた。

　家の描写はアビーの両親のそれぞれの家と，彼らの争いをアビーが内面化した経

［図10.10　アビーによる2軒の家］

験の比喩であったのか。それは性的虐待について，もしくは家庭内暴力を見たことに言及していたのか。自分自身が傷つけられたり悪いと思う感情を象徴していたのか。この事例には明白な答えのない多数の問題が認められた。明確であったのは，アビーが恐怖・混乱・無力感についての内的状態を共有することで，一貫性と理解されているという感覚を得ることができ，有益であったことである。現実に基づいたナラティブを確立する能力は損なわれていたが，現実と象徴的に等価であるものを通じてコミュニケーションすることが，メンタライゼーションを育成するために用いることのできる選択肢としてあった。

　アビーが伝えたアートの主題とナラティブには，しばしば恐ろしげな性質があったが，私たちの交流は高度に年齢相応の遊びと想像の楽しみに特徴づけられていた。これは彼女が直面した恐怖と絶望に対する重要な対抗手段であった。言うまでもないが，この事例は私にとって当惑と怒りの感情，さらには助けたいという幻想を引き出した困難な事例であった。この事例を振り返る際，集中するのが困難であった。すなわち記憶が分離した空虚さに吸収されたように，私は資料の大きな部分を繰り返し見逃した。これがトラウマのナラティブの力である。トラウマのある子どもを対象としていた際，私はレイプや虐待的な関係に巻き込まれる悪夢をよく見た。治療過程におけるこの型の強力な材料は，セラピストに「メンタライズされていない反応」を生じさせる可能性がある（Holmes, 2006, p.34）。こういった反応に気づいておくことで，共感と同調を高められる。しかし，もし気づかない場合，セラピストの安定と有効性を妨げてしまう可能性がある。

愛着の崩壊を修復するメンタライゼーションの過程

　次の事例は愛着の崩壊を経験した子どもたちについてである。上の挿話のように，対人関係の文脈で精神状態の一貫した理解を高めるために自伝的なナラティブを発達させることが目標であった。トラウマに関する例は危険を表現し安全性を確立することに焦点をおくことが多いが，愛着に焦点づけられたナラティブは，基本的信頼感と欲求の充足に関連することが多い。

　自己の内省は親と乳児との関係で発達する事実により，早期の愛着の崩壊を経験した子どもたちは，基本的欲求を認知して表現することが困難である。このような場合，アートセラピーによる治療が，自己主張や共感といったより高度な発達課題の基礎となる，欲求に基づいた自己状態を表現するナラティブを子どもに発展させる援助に焦点づける。次の事例は基本的欲求の表現に必要な言葉を子どもに発達させる援助に焦点をあてた事例である。

　チャーリーは以前に第3章で紹介した抑うつ的な6歳の子どもである。彼は度重なる母親の精神科への入院，不安定さ，重度のトラウマによるストレス症状により，早期の関係性の崩壊を経験し，それが続いていた。第3章で述べたように，チャーリーはコミュニケーションをとったり，自発的な行動に取り組む能力が非常に制限されていた。彼の主体性の感覚は未発達で，ほとんど意見を表明しなかった。発達機能は母親のたびたびの不在の経験によって妨げられており，これは母親との身体的な分離だけでなく，彼女の精神的な解離と抑うつによる不在から生じていたと理解できる。これらの困難にかかわらず，チャーリーの母親は息子が危機にあることを認識し，彼のために治療を求めていた。母親はかなり虚弱なようであったが，明らかに息子を気づかい愛する母親であった。チャーリーは軽い付き合いで生まれた子どもであり，父親との接触はなかった。彼女が入院で不在の際には特に，母親の兄弟が，チャーリーをかなり支えていた。

　第3章で，○と×の記号の代わりに動物を用いたチャーリーとの三目並べのゲームについて述べた（図3.11参照）。数回のセッションにわたって行ったこの過程を通して，チャーリーは対人相互作用を含む自発的なナラティブの表現に取り組むようになった。私は小さなリスクを取るように優しく励ましつつ，忍耐強く考えさせるようにしていった。私たちは繰り返しこのゲームで遊んだ。チャーリーが引っ込み思案の状態から離れる勇気を見出した時，私は彼に楽しんで工夫するよう誘い続けた。彼に動物に名前を付けることを求めると，長い間考えたりためらったりしてから，彼はそれらを「黒」や「コウモリ」と呼んだ。チャーリーは図3.11の右側に，

［図10.11　嵐：協働アート作品］

再び私の励ましの結果，枝角か王冠に似た想像的な装飾を含んだ人間の顔のイメージを付け加えた。さらに，爪を持った進化したうさぎを描き，もっと簡単に跳ぶのに役立つと説明した。活動が進むにつれ，チャーリーの動物の絵は詳細になり発達してきた。これはゆっくりで骨が折れたが，チャーリーにとって相互的で楽しく，統合的な過程であった。私はチャーリーを，彼の発達経験において一貫しては促進されてこなかった陽気な相互作用へ招くため，（用紙の下方部分に）猫・うさぎ・アヒルのイメージを描いた。私の役割はショア（Schore, 2003）が，関係性に基づく修復に役立たせるための「右脳には右脳への」コミュニケーションと記述したことの促進であった。この枠組みの中で，内省的で柔軟で象徴的な思考に関するメンタライゼーションの過程が促された。

　図10.11も協働的経験の例であり，私の貢献がより少なく，より制限の少ない表現をチャーリーが行った例である。私はウィニコット（Winnicott, 1971b）のスクィグルの技術の構造の一部を取り入れたが，スクィグルに基づかない描画を加えることを促した。できあがった挿し絵付きのナラティブは，チャーリーが嵐，サーファーと高波，雲，そして「リトルシーザーピザの配達人」を描いた混沌とした風景であった。私が寄与したものには竜巻が含まれており，これをひどい嵐にしたいというチャーリーの望みをさらに発展させるために付け加えた。私はまた，協働して作成した家の構造の一部を描いた。すべての絵を眺めながら，私は興味深い物語があるようにみえると話した。抑うつ的な声の調子でチャーリーは，物語の作り方を知らないと言った。私は，それぞれの絵を見て何を思い出させるかを言うだけだと話し

た。2〜3分の沈黙後，彼はニヤニヤ笑い，「3つのおしりをもった雲」と言った。私が「そう書いてほしい？」と言うと彼はうなずいた。物語に対するこの貢献はチャーリーが，たわいもなく赤ちゃんのようなことをするのが許容されていると感じるようになったことを示唆する。同時に，彼は言葉を書いてほしいという望みを認める認知的能力・組織化能力を用いた。私が特定された雲のイメージの上に「3つのおしりを持った雲」と書いた後，チャーリーは困ったように「それは実際は不可能なこと。雲にはおしりがない」と言った。私は賛成し，私たちはこれを作り上げているだけで，本当である必要はないと安心させた。チャーリーは私の元気づける見方に加わり，スペルは違っていたが「これは想像上のものだから」と書いた。

　フォナギーら（2004）は「現実との遊び」（p.253）に関する早期の経験が，後に自己や他者の状態を読み取る（メンタライジング）能力となる基礎を構成すると推測する。大人は「子どもが自身の想像や考えが大人の心に思い描かれるのを見て，再び自己に取り入れ，自身の考えの表象として用いられるよう，調子を合わせる」（p.266）必要がある。チャーリーは大人の心を「借りる」という重要な発達段階を経験する機会を奪われてきていた。私は彼が想像と現実の状態の両方を明白にする際に，より大きな安全性と柔軟性を経験できるよう，空想に取り組むことを支持した。

　私の励ましはチャーリーにとって，嵐のナラティブを引き続き作り，私が用紙の上部にキーワードを書くのを求めることへの許可となった。この過程の最後に，彼は私にこれらの言葉を線で消すことを求めた。これはチャーリーが受けてきた混沌の水準を考えると，これは秩序を維持する手段として特に重要な経験であったようだ。チャーリーは私の質問に答えて物語を話した。たとえば私が「この嵐の中で何が起こっているの？」と聞くと，チャーリーは嵐が荒れ狂っていて，家は大きな水たまりに囲まれていると述べた。彼は絵についてさらに私の質問に答え，ピザを配達するためにリトルシーザーの配達人はその家に行かねばならないと言った。私がリトルシーザーの配達人はこのような嵐の中で働かねばならないことをどう感じているか尋ねると，チャーリーは「彼は時々空腹なので，非常につらい」と答えた。この登場人物がどれほどつらい生活を送っているかについて話し合った後，チャーリーは人物の上の領域を指さして，私に「リトルシーザーのピザ配達人。彼は時々空腹」と書くように頼んだ。チャーリーが私を見て「ピザの配達人は食べ物がないのに，いつも嵐の中を出かけて他の人に食べ物を持って行かなければならない」と言った時，お互い悲しく思う瞬間があった。チャーリーは満たされていない欲求の経験を共有し，私は強い願望と絶望という関連した感情を内省して伝えた。

第10章　メンタライゼーション，トラウマ，愛着とアートセラピーのナラティブ　197

この相互過程は，しばしば欠乏や放棄に直面したチャーリーのこれまでの発達過程に欠如してきた，関係性の系列を促進するのに有意義であった。この共有経験への私たちの取り組みは，チャーリーの特徴であった受動性と無力感と比べ，満足で意味のある感情をもたらした。

基本的信頼への取り組み

　本書の第Ⅰ部で，早期の発達に関連して基本的信頼の概念について探究した。この基礎的な機能の達成に失敗することは，後年の人生で克服できない問題を生じる可能性がある。欲求が満たされないという早期の経験が広範にわたると，対人関係において傷ついたり激怒したりする経験が持続することがある。「エバ」は11カ月で養子となった6歳の女の子であり，引き取られる前に著しいネグレクトを経験していた。1年生となった彼女は，賢く，他の子どもと張り合える生徒であったが，仲間を嘲笑し，家ではべたべたし怯えていた。シングルマザーでよく機能している養母は，行動的な介入も説得しようとする試みも，エバの怒りと恐怖を軽減するのに役立ってこなかったと説明した。エバのくっついて離れない行動と仲間を尊敬できないことは，愛着の崩壊による問題となる症状である。彼女の決断力と勤勉さは発達面での強みと見ることができたが，彼女が他者より勝りたいとの強い欲求は敵意として表れていた。彼女が表す優越感は自己愛的機制であり，初期の関係性におけるネグレクトから生じた，放棄されることや愛されていないと感じることへの激しい恐怖から自己を守るものであった。

　初期のセッションにおいて，エバは学問的な能力を見せびらかした。彼女は粘土で何か作成するのではなく，小さいかたまりを取り上げ，詳細で反復的なパターンにして算数の能力を示す構造を作った。仲間との間で問題を起こした得意げで優越的な態度で，彼女はこういった説明が「一番よくできる」と述べ，私が愚かであると示唆した。エバをもっと創造的な取り組みに導くために，彼女からの怒りに満ちた一瞥に耐えながら，私は使われていない粘土の一部をつぶした。私は柔らかい粘土から何が作り出せそうか尋ね，時には粘土を押しつぶすことで，それが何かに見えてくるので，アイデアを得ることができると彼女に言った。彼女は，私が彼女のために何かを作るべきだと傲慢に述べた。

　私は一方では，彼女がさらに私を低く評価したり拒否しないよう，彼女の望みに応じたいと思った。他方，私は彼女が創造的な自己表現のリスクを冒すことで成功体験を得られるよう，自分で挑戦する必要があると考えた。彼女の自己中心主義に

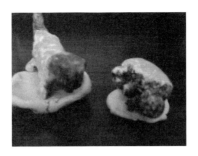

［図10.12　エバによる母猫と子猫］

訴えられるよう，私は愚かすぎて何も作れないように振る舞った。このようにした理由は，初期のネグレクトと放棄の経験から，彼女は低く評価され捨てられることへの深い恐怖をもっていたため，私が無力を装うと彼女が私をより信頼すると考えたからである。愚かに振る舞うことによって，私は彼女の自身への最悪の恐れを具現化したのである。これによって彼女は脅かされるのではなく，満足できる仕方で失敗を理解することができた。

　エバは初めて確信がないようにみえたが，慎重に子猫を作り始めた。彼女は「小さい子猫」をかなり上手に作って色を塗った。私が質問すると，彼女はそれが「1匹でいる」と説明した。私がそれはどこに住んでいて誰が世話をしているか尋ねると，彼女は知らないと答え，質問に対してやや苛立ったようであった。しかし私は続けて，子猫がそれほど小さくてひとりぼっちでいることに対して，どう言っているかと聞いた。すると彼女は小さく「ニャー」と言った。私は子猫がおそらく，悲しくて怒っているだろうと言った。彼女がこれに反対しなかったので，それを助けるために何かできるか尋ねた。彼女は寝転べる毛布を喜ぶかもしれないと答え，粘土で注意深く毛布を作った。このように無生物的な手段でしか慰めを提供しないことで，彼女は内面化された放棄の感覚を伝えた。

　私はエバの母親に対し，粘土の子猫における関係性の主題をエバに発達させる援助が彼女にできると思うと説明し，次のセッションに招いた。私は子猫がとても小さく孤独にみえることへの心配を2人に話し，エバの母親は同意した。母親の励ましと援助によって，エバは「子猫のために自分の毛布をもった母猫」を作り始めた（図10.12参照）。私の指示のもと，エバと母親は，赤ちゃんは世話を必要としていて1人でおいておけないので，その母猫が子猫の世話をすることについて話し合った。

私はエバと母親が子猫と母猫のようで，たとえばエバがなおも抱きしめられ，よい食べ物を与えられ，夜に寝かせてもらう必要があることの話し合いを促した。私はエバは時々怖くなるかもしれないが，母親が落ち着かされるのではないかと言った。エバはこれを否定し，怒って無口になった。母親が怖がってもかまわないと言うと，エバは口をとがらせながら彼女の膝に座った。これは基本的信頼に関する問題を話し合って理解する方法を見出す最初の段階であり，エバの反動性と，脆弱性の示唆に耐えられないことを考えると，忍耐深くアプローチする必要性は明白であった。

　短期間の治療を通して，エバの人生の初期に損なわれていた安全性と関心を強調した，愛着に焦点づけたナラティブを高めるのに，エバの母親は重要な資源であった。私はエバの母親に対し，この状況においては多くの忍耐と共感が親に要求されることへの理解を伝えた。これは，子どもがあまりに耐えがたく感じる精神状態を，認めて内省する機会を創造することを含んでいる。深い不信感の経験は，自己内省を妨げる。自己の状態を忍耐する状況を作り出すのは，かなり難しいことである。「感情のメンタライゼーション」（Fonagy et al., 004, p.316）は，耐えられない経験を，より低い反動性をもたらす小さく，より耐えやすい変化に分けていく方法を見つけることを含む。

　私はエバがメンタライズされた経験として感情の内容を経験し始められるように，エバの母親が反応状態をこのように内省できるよう援助したいと思った。献身的で愛情深い親として，彼女はエバの自己状態を少しずつ，穏やかに考えて対応することを続けそうであり，これは親子関係において行われることが最善の課題であった。よくあることだが，この子どもの経過に関する結果が未知であることを私は耐える必要があった。なぜなら私は彼女の進行中の発達において，小さな役割を果たすだけであったからだ。

異なる事例における相対的な目標

　人間，特に子どもは，常に未完成の状態であり，セラピーが何らかの方法で発達の進行を正せる。子どもにメンタライゼーションを基礎とした焦点をあてる場合，目標は個々の状況に対して定められる。たとえば最初の事例のクリスタルへの目標は，特定のトラウマ経験に関する支配感をもたらす援助であった。これに対し，トラウマの状況が漠然として偏在していたアビーの事例では，より一貫して内的ナラティブへの能力を高めることが焦点であった。チャーリーとエバの事例では，早期

の関係的愛着の崩壊から生じた，欲求に基づく自己状態を表現するナラティブを発達させることに焦点をあてた。自己主張や共感のような，より高度の発達課題は，これらの子どもたちには現実的でなかったであろう。

　要するに，メンタライゼーションに基づくアートセラピーに関する前記の例は，愛着の崩壊とトラウマのストレスに関するものであった。象徴的主題を含む自伝的ナラティブ，アートの材料の個人的に有意義な使用，現実に基づく表現は，精神状態を調整する基盤となる対人関係における共有と，相互理解の手段を構成していた。したがってこれらのナラティブは，より成功した行動や対人関係の機能の基礎となった。

第11章

頑強さの構築：
発達の崩壊の修復

頑強さの重要性

　頑強な構造は脅威に耐えうるが，基礎が弱い構造は免疫が欠如している。人間における頑強さとは何かを考えるにあたり，建築構造の比喩が用いられてきた。たとえば足場（Bruner, 1987, p.74）は，言語と対処能力を発達させている子どもに親が意識を貸与することである。子どもが自身を支えられる水準の強みを獲得すると，親は本能的に，かつ徐々に足場を取り除いていく。ケイ（Kaye, 1982）は乳児を，2人が結合された単位として相互に作用する，ワークショップにおける名匠（親）の徒弟と表現した。親は乳児の発達能力と合致した規制能力の高まりを期待する。技能が統合されるにつれ，親による管理の必要性は少なくなる。同様に，アートセラピーの治療の過程において，目標は常に，高められた頑強さをもって挑戦に直面できるよう，子どもを強めることである。アートセラピーの介入は子どものパーソナリティ構造を安定させ堅固にするための足場として役立つだろう。

　本章は1つのアートセラピーの事例に関連し，子どもの成熟と治療過程に関する様々な視点を統合する。すなわち心理社会的段階・愛着の発達・文化・性差・保護要因とリスク要因・メンタライゼーションの機能を検討する。アートの言葉への同調と関係性の状態を治療の進行に沿って探る。この概観は，治療段階における発達的・創造的・関係的成長についての見地を与える。

治療の段階

　ルービン（2005）の子どものアートセラピーのモデルは，長期にわたる子どものアートセラピーの過程を概念化するのに役立つ，一連の段階を説明している。短期間のアートセラピーにおいては，必ずしも段階の系列すべては現れないが，いくつ

202　　第Ⅴ部　アートに基づく同調：修復の促進

かの段階は明白である。一連の段階にはテスト・信頼・リスクへの挑戦・コミュニケーション・直面・理解・受容・対処・分離が含まれている。これらの段階は大部分が直線的であるが，ルービンは段階が必然的に重複し，混ざり合い，ある程度の退行を含むことを強調している。次の事例においては，治療の段階が子どもの成長と並行して進むことが明らかである。

10歳の少年「ロイド」

　ロイドは10歳の時から約2年間のアートセラピーを受けた。彼は親切で魅力的であり，やや内気な4年生で，シングルマザーと12歳の兄と住んでいた。彼の学業は良くなく，友だちはほとんどいなかったが，仲間が彼を好まないわけではなかった。さらに，彼は兄と大部分の時間を過ごしていたが，兄からいじめを受けていた。ロイドの母親からの報告によると，彼女が薬物中毒で親として失格であったため，ロイドは人生の早期において虐待とネグレクトを経験していた。さらに彼女からのネグレクトだけでなく，ロイドは3～4歳の頃まで，道徳的によくない多くの人々にさらされ，その中には言語的・身体的な虐待を行った父親が含まれていた。ロイドの母親は以前は危険な人生を歩んでいた，賢く思いやりのある脆弱な人であった。彼女は子どもの保護権を失うリスクがあったため，ロイドが4歳の時に薬物使用をやめようとした。ロイドと兄は父親と時折接触があったが，父親は薬物乱用と他にも高リスクな行動を続けていた。

　母親によると，ロイドは自尊感情が低く，抑うつ的で，自分を守ることができず，さらに大便失禁をしがちであった。彼は夜間も昼間も腸の「事故」を起こし，それを恥ずかしく思っていた。初期の面接において，ロイドの母親と私は，大便失禁に関して小児科から援助を得ることを話し合った。彼は診察を受け，医学的原因は否定された。その後，栄養的・行動的方法による，腸を調節するための医学的援助が続いた。

リスク要因
　ロイドには親の薬物乱用と不安定さ，ひとり親家庭での生活，初期の虐待，おそらく診断されていない学習障害に起因した学習機能の低さ，経済的貧困，世代をまたいだ虐待パターンといった多くの打撃があった。ロイドの治療を行った期間，安全でない地域での居住，引き続きのネグレクト，攻撃的で犯罪行為や薬物乱用を行

う家族成員との接触など，進行中の様々な経済的・社会的ストレッサーがあった。はっきりとものを言う兄と対照的に，ロイドは要求が少なく，しばしば兄の支配の受動的な被害者となっていた。

保護要因

　ロイドには多くの打撃があったが，ユーモアのセンスの良さや好感のもてる性格といった顕著な強みもあった。彼の静かな態度は謙虚でのんびりしていて，一緒にいて心地よかった。学習機能の低さは知性の欠如ではなく，おそらく抑うつと学習上の問題に由来していた。彼の母親はネグレクトしがちではあったが，薬物に依存している時でさえも支持的で愛情をもっており，これによってロイドは関係性の重要性をいくぶんか理解できていた。さらに逆境を経験することで，控えめで穏やかな温かみを醸し出す，要求が少なく感謝を表す態度が形成されたのかもしれない。彼は大便失禁が原因で，他の子どもと距離を保っていた。こうすることで面子を保つことはできたが，孤立していた。これは一種の防護であったが，対価は恥ずかしく孤独に感じることであった。以下の節で説明するように，アートセラピーの治療によってロイドの創造性と機知が明らかになった。

ロイドによる自己開示の開始

　最初のセッションにおいて，ロイドは大きな白いボード（4フィート×6フィート：約1.2m×1.8m）を使った。彼はこのボードを使って，かなり個人的なアート作品をいくつか完成させた。この材料を魅力的にしたのは，ボードの大きさに由来する力と統制の感覚，消去可能であること，先生の役割との連想であった。彼はこの遊戯的な試みに対する感謝を伝えた。ロイドの謙虚で，楽しいことを好む性質は私から温かみを引き出し，セラピーにおける支持的なつながりを確立するのに役立った。第5章でみたように，好感のもてる性格といった保護要因は治療の過程を促進する。最初の絵は，風景を描くという私からの提案に基づいて描かれた。ロイドはホラーやゴブリンやお化けを描くことに興味があると説明し，25分ほど静かに描き続けた（図11.1参照）。ロイドは，この過程によって刺激された想像的なナラティブに没頭しているようであったので，私は絵についての物語を作るよう促した。ロイドは書くことに困難があるのを知っていたため，私が書き取ることにし，物語を話すよう求めた。彼は考え込みながら，ぞっとする主題を詳しく陽気に話し，以下の物語を作った。

［図11.1　ロイドによるお化け屋敷］

　昔々，お化けやゴブリンなど，様々なものが住んでいる家がありました。ある日，誰かが殺され，そのお化けがここに永遠に取りつきました。彼は前庭の「死んだ」木のすぐ近くに埋められました。夜は暗く三日月が出ていて，雷鳴が聞こえ，稲妻が見えました。突然，3人のお化けが現れ，屋敷に住んでいたすべての人を殺しました。男の子1人，女の子1人，そして男女の両性質をもつ人1人でした。

　彼は途中「半分男の子で半分女の子に生まれた人のことを何と言いますか？」と聞いた。私が正しい言葉を思い出させると，彼は微笑んだ。ロイドは「死んだ」という単語のまわりに引用符をつけるよう求めたが，それは木が映画『オズの魔法使い』に出てくる，通行人を捕まえてあざける木のようであるからと言った。
　私たちは物語について話した。物語が不安にさせると言うと，ロイドは成功して喜んでいるようであった。彼は受動的で攻撃の受け手になることに慣れていたため，心を乱す内容を創造するのは彼にとって新しく，力を与える経験であった。亡くなった住人について聞くと，その家へ引っ越してきたのは賢明でなかったと言った。彼らが危険について知っていたか尋ねると，彼は「おそらく知らなかった」と答えた。男女の両性質をもつ人について私が興味をもつと，彼は恥ずかしかった。家族における年下で劣勢な男性として，おそらく男らしさに関する懸念があると思われた。特に彼の人生において父親を含む男性の多くが攻撃的であることを考慮すると，この主題は繊細な領域であり，避ける必要性を尊重した。絵と物語には混乱・危険・世代間にわたる破壊的な力といった主題が表現されていた。こういった自伝的な主題は直接的に表現すると圧倒的すぎたであろうが，象徴的な形式を用いることで，

［図11.2　ロイドによる「変なやつ」の絵］

個人的関連のある内容を安全に伝えることが可能となった。

　図11.2は次のセッションにおいて，同じように消すことのできる白いボードに描かれた。ロイドは人間を描き始めたが，途中で「形のおかしな，愚かで脳にダメージのある男」にすることに決めた。彼によると，この絵は「細くてヨロヨロする足とグチャグチャの服を着た変なやつ」である。ロイドは「変なやつ」の歪んだ話し方を表現するために変な音を立てた。この役割を演じることで，彼は最も恐れていることを擬人化して制御することができた。これによって彼が被害者と自身を同一視し，さらには作り出した身代わりに向けられる攻撃性に共感していることが明らかになった。この機会は彼にとって，被害者と加害者の役割の両方を無害に遊戯的に演じる，またとない機会となった。私は「変なやつ」を気づかう立場を保ち，誰か彼を好きな人がいるか，彼は何か得意なことがあるかと聞いた。それに対してロイドは「変なやつ」は愚かすぎて，自分に能力がないことや，他人からのあざけりに気づかないため，かなりの惨めさを味わわずにすんでいると答えた。私は彼がかなり孤独で，それにどのように対処しているのかと言った。ロイドは答えなかったが，この想像上の人物にとって状況はどうであるかを考えているようにみえた。

　このセッションの後の方で，ロイドは私に，前の日に自転車に乗っていた際に車にぶつけられ，緊急治療室に連れていかれて脳震盪の疑いで頭部エックス線写真を撮られたと伝えた。私の質問に答えて，ロイドはまだ頭痛がして怖いと明らかにした。彼は頭に怪我をしたか教えられていなかったため，そのことが心配だと言った。私が母親に聞いてみるべきだと言うと，彼はその方法を考えもしていなかったよう

である。彼は恐ろしい経験に1人で耐えることに慣れていた。セッションの最後に，彼の母親に参加するよう呼び，事故とエックス線検査の結果について話し合うよう促した。主に私がロイドの代わりに話すこととなったのは，穏やかに促しても，ロイドは言葉を見つけられないようであったからだ。ロイドの母親は，医者がロイドにエックス線検査の結果を話したと思っていたと言った。彼女は彼を慰め，すぐに伝えなかったことを大変申し訳なく思っていると言った。脳の損傷の疑いはなく，かなり軽い脳震盪だと言われると，ロイドは非常に安心したようであった。

　「変なやつ」のイメージは，孤独で損傷があり，理解できるコミュニケーション手段をもたないことを具現化していた。私はロイドに，困難な経験に直面した際は支持を引き出すよう足場を与えていた。乳児の頃から人生を通して，愛着行動は苦悩を覚えた際に支持を求めることを含む（Marvin & Britner, 1999）。高い水準の安全性を経験する子どもとは異なり，ロイドは怖いと感じた際に助けを求めることができなかった。人生の早期において，ロイドは引きこもることを覚え，潜在的に有害な侵害やさらなる放棄から自身を守り，落ち着かせる手段としていた。彼は進行中の苦悩に直面していない際は他者とつながることができたが，最も必要な時にはそうすることができなかった。私は親がしばしば近くにおらず，予測不能で攻撃的な状況において，人を避ける対人関係の様式が発達したことの知恵を理解することができた。治療関係の焦点は，ロイドがアートの言葉を触媒として使って，内部で働いているモデルを変え始めるよう援助することであった。

　治療の初期の部分は，ルービン（2005）が述べた治療の初期段階に従い，テスト・信頼・リスクへの挑戦・コミュニケーションを行った。常軌を逸した家族経験・危険・自己卑下といった痛々しい主題に関する面白く創造的な表現を通し，ロイドは彼について私が知ることができるようにしただけでなく，自分でも自身について知ることができた。私の反射により，ロイドが以前は得ることのできなかった安全性の水準が確立され，より主体的な表現を行う基礎となった。これは，自己内省とコミュニケーション能力のさらなる成熟の基礎となる愛情の鏡映を含む，早期のメンタライゼーションの過程（Fonagy et al., 2004）になぞらえられる。

損傷と絶望への直面

　初期のセッションでロイドは，孤独・危険・妨害といった主題を描くのに，たやすく制御できる材料を用いたが，その後，大きな紙（30インチ×42インチ：約75cm×105cm）に絵の具を用いることに興味を示した。絵の具によって，落ち着かせる

［図11.3　ロイドによる不思議な森］

　遊戯的な表現を行うのと同時に，実験的なことを行う機会が得られた。図11.3は心地良い環境を提供する，流れるような緑と紫の葉のある不思議な森として描かれ始めた。ロイドが描くにつれ，絵の具の色はますます暗くなり，これにロイドは関心をもった。彼は植物・花・鳥を示唆していた明るい色や形が，色を失っていくのを観察しながら，「このままにして茶色にしてしまう」と言った。この実験は彼にとって明らかに落ち着かせるものであった。それは制御を保つことと失うことの境界を示していたため，自身の腸の問題を思い起こさせる過程であった。大腸失禁とは異なり，絵の具は私的でも恥ずかしくもなく，共有できる中立的なものであった。
　ロイドの描いたイメージが消滅していくのに関与するのは落ち着かなかった。私は乱雑な茶色に覆われていく可能性に恐怖を感じ，ロイドが形を保てるよう援助しようとした。「森を助ける方法はある？」と私は聞き，いったん大きな絵から離れて見てみようと提案した。彼は美しい不思議な森は泥に取って代わられ始めたと答えた。私が絵が伝える雰囲気を説明する題をつけようと提案すると，彼は「気の沈んだ」と言い，スペルは違っていたが，そのように書いた。それから「気が沈んで，汚くて，もの寂しい」と言った。絵についてどう思うか尋ねると，森を失うのは寂しいが，「もの寂しい雰囲気の絵」を作るのに良く頑張ったと思うと答えた。この過程では身体的・情緒的状態を大きく共有することになり，治療上で「抱える」環境があると，初期の葛藤を象徴的に再訪して異なる結果を経験する機会となるとロビン（Robbin, 2000a）が述べたことを思い起こさせる。
　この絵を描いた後，ロイドは大便失禁が治った。これは絵を描く過程によって治ったというのではなく，大きな状況の一部であったと考えられる。ロイドの自己調節能力は，母親の世話と小児科の治療によって改善してきたようで，生理学的および

行動的な部分での改善が始まっていた。この絵はロイドにとって，散らかり・絶望・様々な水準の制御を表現するのに支持されていると感じられる感覚的・身体的経験であり，腸の機能に等しいものを表現していた。彼が「気の沈んだ」という言葉を書いた時，彼は制御を失うことに屈するのではなく，決定的な行動を示し，経験を明示することにした。この絵を描く過程は，制御を失うことによる損傷の感覚だけでなく，主体性を高めることで回復を達成した。

　これまでのところ，ロイドのアート作品は消せるボードに描かれ，絵の具の実験的な使用を主に行っていたため，一時的な性質をもつものであった。主題はかなり刺激的ではあるが遊び心があり，個人的な経験を直接探求するものではなかった。これは統制の感覚を可能にし，圧倒されることからの保護となっていた。徐々に，より積極的にリスクへ挑戦し，苦悩に直面することができるようになり，変装や遊戯的な実験の使用をやめることができた。初期の活動によって，より大きな挑戦を行う基礎が確立された。より頑強な基礎によって，ロイドは自身を主体とする能力を高めていた。その結果，彼は以前に比べ受動的・引きこもりがち・人を避けがちといったことがなくなり，これは兄と過ごす時間を減らし，困難に直面した際に助けを求める能力の高まりに明白に表れていた。困難への直面・コミュニケーション・理解の高まりは，ルービン（2005）による子どものアートセラピーにおける中期の段階を反映している。

　これに続く治療の期間では，ルービン（2005）による受容・対処・分離という後期の段階を組み入れた。これらの過程は短期間のセラピーや，極度の苦悩を経験している子どもに対しては起こらない場合も多い。後期の過程はセラピーの進行と個人の発達的獲得を示す。以前のロイドの作品は，ナラティブ表現（図11.1と図11.2）と積極的な制御と制御の喪失への屈服の対照（図11.3）によって，思いや考えを作り出すことが強調されていた。

現実の人生経験に関する主題

　ロイドはパステルを使って18インチ×24インチ（約45cm×60cm）の紙に絵を描くことに興味を示した。彼は図11.4を静かに夢中になって描き，私にイメージが何を示すと思うか聞いた。私は確信はないが，割れたガラスと血のようにみえると言った。ロイドは私の正確な知覚によって，正当だと認められたと感じたようで，これは誰かが窓から突き落とされた後の様子だと説明した。「男は傷だらけだった」と彼は言った。私がそういう状況を見たことがあるのか聞くと，彼は医療や犯罪シー

［図11.4　ロイドによる割れたガラス］

ンを含むテレビ番組で見たことがあると述べた。それから彼は，夜遅くまでテレビを見て起きていて，怖かったので寝付けなかったと言った。私はそのようなイメージは強力で人を怖がらせると認めた後，そういった番組を見ないようにした方がいいのではと彼に尋ねた。彼はこのことについて，彼を助けるために私に母親と話してほしいと言った。

そしてロイドは私に，父親（1カ月に1回ほど会っていた）が脅迫的で乱暴なため，彼のことが時々怖いと話した。その後のセッションにおいて，ロイドは父親から受けた身体的虐待と自尊心を傷つける扱いに関する，初期の記憶について共有した。私はこの家庭に，世代を超えた虐待的で高リスクの行動パターンが見られることに気づいていた。ロイドには危険から身を守る方法を見つける能力が発達していなかったため，被害者となる経験をしていた。ロイドは怖いテレビを見るかどうか自分で決められると考えたこともなかった。また，ロイドの母親は彼を守る必要があると考えたこともなかった。これは家族にネグレクトと保護の欠如が蔓延していたからであった。

図11.5の「お化けの木」も黙ったまま完成された。私が絵について尋ねると，ロイドはそれがフクロウの住む気味の悪い木で，冷たくわびしい夜であると言った。さらに，この風景はハロウィンの後で，「僕の誕生日の夜。雨が降っていて寒いから，誰も誕生日会に来ることができない」と話した。私は絵からは確かに孤独な雰囲気が伝わってくると言った。この絵についてどう思うか聞くと，ロイドは絵が神秘的で幽霊が出るように見えて，表現しようとしていた雰囲気を伝えているので好きだと答えた。皮肉なことに，孤独と放棄の表象を作り出して共有することは，無

［図11.5　ロイドによる「お化けの木」］

力で孤立して感じることへの対抗手段であった。イメージは最初の絵（図11.1）で描かれた死んだ木を至近距離から描いたように見える。後から描かれた方の絵には，個人的な発達が反映されており，アートセラピーの過程で可能なことが時間の経過と共に深まっていくことが示されている。混乱や経験状態の表明に対する許容度の増加は，対人的発達の水準の高まりを示す。これまでの章で探究したように，自己内省，さらには情緒状態を一貫して表現して伝える能力の高まりは，メンタライゼーション能力を示している。

絶望の撤廃

　ロイドは2人の人物を描こうとするはっきりとした意思をもって，炭を使った絵を完成させた（図2.1参照）。第2章で述べたように，私をモデルにできるよう，彼は私に腕を前に伸ばすように求めた。これはポーズをその場で捉えるための，行動を描く方法に似ていると私が述べると，彼はマティスに関する学校の授業で習ったことに刺激されたと言い，さらに，アートは調和を伝えることができると述べた。私は特定の人物を描こうとしたのか，主題は一般的であるか聞いた。ロイドは絵が彼と私の関係性を象徴的に示していると言った。私たちは，関係性の中で彼が感じていたように，支持されていると感じることの重要性について話し合った。この時ロイドは初めてアートに肯定的な感情を示し，これは恐怖や放棄といった以前の主題から変化していた。私は，彼が治療を通して支持を経験しただけでなく，私と定

期的に会ってきたことにより，より支持的となった母親に頼ることができるようになったという観察を共有した。ロイドの母親はこの時，ロイドが学習障害をもっているか判断するための教育的評価を受けたいと主張するようになっていた。ロイドの創造的ビジョンと関係性の状態に関する私の関心と支持，さらには彼の母親が保護的な影響を与える能力を身につけていったことで，ロイドの絶望感が軽減されていた。私たち2人の絵は私への信頼性の高まりを示すだけでなく，彼自身への信頼性の高まりも示唆していた。さらに，学校での美術の授業を組み入れたことからわかるように，彼の資源を用いる新たな能力が示されていた。

静寂のイメージ

　ロイドは静かで引きこもりがちではあったが，セッション中に以前よりも頻繁に，家族・社会・学校での経験を話すようになった。図11.6は家族内での落ち着かなさを説明する状況で描かれた。彼は兄の「乱暴さ」に圧倒されていることを言葉で伝えた。これはロイドの生活においてストレッサーとなっていた。なぜなら，彼は怯えていただけでなく，トラブルに巻き込まれることを恐れていたからである。彼はスーパーマーケットのショッピングカートを盗むといった，問題となる行動を一緒にするようにという兄からの強制に常に直面していた。さらに，彼の拡大家族間では，薬物乱用・憤り・非難が蔓延しており，緊張があると話した。彼は田舎への家族ドライブについて話し，家族の中の緊張のせいで重苦しく感じたと言った。彼は非常に気分が悪かったが，綺麗な日没と大きな力強い木を車窓から見たと話した。彼は「とても綺麗なものを見ると，気分が良くなる」と言った。

　上述の風景を自信をもって描いた後，彼は飛び上がって待合室に出て行った。すぐに戻ってきて，彼は待合室に飾ってあったピカソの複写に基づいた空を飛ぶ鳩の絵を描いた。彼はイメージを完成させる過程で，何回か複写を見に戻った。彼はこの絵にとても満足し，気分が「悪い」時には気分を良くするために，風景と鳩のイメージを思い出すようにすると述べた。私はそのようなビジョンを作り出し，苦悩への慰めの必要性を予想できる力が必要だと彼の気持ちを汲み取って応えた。

　私のアプローチは，ロイドが堅実性の感覚を発達させていくよう，ロイドの経験状態を深く考えて認めるために，アートと関係性の過程を用いることを強調した。ロイドが治療を開始した時，彼はすでに引きこもって自分に頼ることで，自分を落ち着かせる能力をもっていた。治療の過程によって，彼は困難に1人で直面する憂鬱さを軽減することができた。彼は自身の経験を以前より多く共有できるようにな

［図11.6　ロイドによる静かな風景］

り，肯定的な感情の表現と，対処方法について自身で判断して良いという信念につながった。他者に対するコミュニケーション能力，他者とのつながりが増したことで，ロイドは，家族の中では機能している方である母親の弟とつながりを確立することができた。

分離と差し迫った喪失への直面

　治療が終わったのは，私が新しい職を得たため事務所を離れることになったからである。アートセラピーの出会いにおいては，痛みと美しさの両方が有意義な表現に変容され，深い水準の親密性が形成される。したがって，治療の終了がセラピストとクライエントの両者にとって，強い情動を引き起こすのは当然である。セラピーの終了の衝撃に注意を払うことで，関係性に基づくこれらの経験を尊重することは重要である。終了段階は，終結に積極的に取り組み，分離を健全に経験できるようにする他にない機会を提供する。J.ノビックとノビック（J. Novick & Novick, 2006）によると，終了への意識的なアプローチをとることで，セラピーへの満足度を高められ，患者が成長を続け，人生における挑戦に適応していく準備ができたと感じる可能性を高められる。ヌチョ（Nucho, 2003）は終了段階が，先行研究において軽視されてきたと指摘している。このことは，アートセラピストが治療上の発達のために，悲嘆と達成という固有の経験を用いる可能性に悪影響を及ぼす。長期間の治療では，激しい反応を予期し，セラピーのこの段階においても，治療的取り組みを行

［図11.7　ロイドによる「黄金の壺」］

う機会を捉えることが特に重要である。ルービン（2011）は，治療の終了が苦痛を伴うものであっても，潜在的に学習の機会，また分離に関する感情を変化させる機会となると強調している。この事例において，ロイドにはさらなる治療があった方がより良かったと考えられたため，終了への準備は理想的な状況ではなかった。

　私の終了へのアプローチは，はっきりと終結を認めて反応を探ることであった。私はロイドに2カ月後に事務所を去ることになったと伝え，彼の取り組みと私たちの関係を尊重しているため，去るのは困難なことであると言った。終了というのは難しいことであると話し合った。この後，ロイドに終了に関する主題の絵を描かないかと聞いた。彼はすぐに図11.7を完成させたが，これには地面についていない，陽気な色で塗られた虹の端にある金の壺が描かれていた。この絵が私とのセラピーの終了にどう関係しているのか教えてほしいとロイドに言うと，彼は以前よりも気分が非常に良くなったことを黄金の壺が表しているので，絵が主題にあっていると思うと言った。自己改善に関する彼の知覚には確かに正確性があったが，終了はしばしば，防御手段としての回避を引き起こすことを心に留めておく必要がある。さらに，ロイドの内的作業モデルには，ネグレクトへの反応であった苦悩に直面した際に退却することが含まれており，これは放棄の感情を経験することから自身を守る効果的な手段であった。よって，大きな喪失に直面する際，すぐ起こる反応は苦悩の共有の回避であることは理解できた。この対処手段にロイドが払った対価は，孤独と内部で破裂しそうな不安であった。したがって，終了に対して気にかけず，肯定的に捉えようとする試みを，私が疑うことが重要であった。私は彼が大きく成長したことに同意するが，重要な関係性が終わるのは困難なことなので，私が去ることについて，怒りや悲しみもいくらか感じたとしても理解できると言った。

［図11.8　ロイドによる終了のイメージ］

　私のコメントは，いくつかの異なる反応をしても良いことを示唆していた。私はロイドに，終了に関する絵をもう1枚描かないかと聞いた。それに対してロイドは図11.8を描き，それには私の新しい職場が，私の名前を冠した崖の端にある荒涼とした建物として描かれていた。この素早く描かれたイメージを見て，私は安全そうな場所ではないかもしれないと言い，ロイドにどう思うか尋ねた。彼は間近に迫った喪失が，崖から落とされるように感じたのかもしれないと述べた。

　終了は大きな情動を引き起こすので，有意義な治療関係の終了に関連する感情だけでなく，以前の苦痛を伴う喪失の感情も引き出しがちである。セラピストの退職に際する一時的な退行は，一般的で理解できる反応である。喪失の予測が恐怖を呼び起こし，以前の症状が戻ることがある。信頼関係の喪失は常に苦痛を伴い，分離を始めたのが私であったことが，制御の喪失と拒絶感を示唆したため，状況を悪化させた。私は彼に，現段階で私を信頼したのが良いことであったか疑問に思うのは自然なことであると伝えた。退職に関する反応を積極的に引き出し，認めるために，私はかなりの努力をはらった。

　その後のセッションにおいて，ロイドと私は，過去2年で彼がどのように変わったかについて話し合った。彼は以前よりもいじめられないようにしているし，怖がったり悲しく感じたりすることが減ったと言った。さらに，アート作品を完成させることが非常に楽しかったので，将来は画家になりたいと思うようになったと言った。私は彼はなお困難に直面することがあるものの，以前に比べて自分を守り，会話とアートを通して不安を表現し，他者にすぐに気づいて助けてもらえるようになり，困難への対処方法を学んだと述べた。ロイドに崖の絵（図11.8）の続きとして，治

［図11.9　ロイドによる治療目標へ向けた前進］

療目標に関して自身がどの位置にいると感じているかを表現してはどうかと提案した（図11.9参照）。ダイアグラムのようなイメージは前進を示し，目標の「途中」にいると説明がなされたが，同時に不安全で不安定な状態も示唆している。私たちは不安に感じた経験について，さらにはロイドを他のセラピストに担当してもらう計画について話し合った。最後の方のセッションにおいては，ロイドのアート作品を振り返った。これは葛藤・創造・成長について，じっくり考える機会となった。彼の人生における進行中の課題には，家族のストレス・貧困・学習上の困難が含まれていた。彼は学習障害と診断されていたが，思わしくないことに，利用可能なサービスが不足していた。

　最終セッションにおいて，ロイドはさようならと手を振っている絵を自発的に完成させた（図11.10参照）。これは重要な終了の現実を具体的に確かめるイメージであった。この単純な絵には，力強さと孤独さの両方が表れていた。著しい成長は認められたが，依然として直面する必要のある多くの困難が残っていた。別の観点からみると，私は貧困や世代間にわたる家族のパターンを止めることはできなかったが，ロイドが困難に対処する能力に関して頑強さを得たのは明らかであった。終了への彼の反応は，潜在的に保護要因となる，悲嘆の能力を発達させたことを示していた。

　フラリーとシェーバー（Fraley & Shaver, 1999）は愛着の崩壊，喪失を嘆く能力の欠如，精神病理の結び付きに関するボウルビィの研究成果を検討した。彼らは喪失の感情からの分離と喪失からの回復能力の欠如は，心理的・身体的リスクとなるのに対し，嘆くことのできる能力は，より肯定的な心理的適応につながると結論づけた。バイラント（Vaillant, 1985）は喪失への対処は，愛着スタイルの比喩となって

［図11.10　ロイドによる「さようなら」］

いると述べた。「精神病理は愛する者からの分離や喪失で引き起こされるのではなく，愛する者を内面化できなかったことによって引き起こされる」(p.59)。

最も理想的な状況では，存在する問題が解消された後で，子どもの両方から終了が告げられる。しかしながら，理想的な状況はめったに起こらず，この事例とは異なり，多くの終了は突然であったり無計画であったりする。しかしながら，計画的な終了を行えると，治療目標を振り返ったり，成長を強化したり，悲嘆の感情をうまくもたらしたりできる。

治療過程の概観

発達の変化

ロイドがアートセラピーを始めた時，彼には身体的な症状と抑うつ的な症状があった。孤立と分離が，恐怖・放棄・敗北の感情からの保護となっていた。ロイドは苦悩を覚えた際も愛着対象となる人物から慰めを得ようとせず，争いや困難への直面を避けていた。大腸失禁は，初期の発達に根付いた屈服と制御の相反する力に関する，身体的な葛藤に基づいていた。

防衛は自己保全手段として発達する。乳児期には引きこもりと衝動の抑制が，知覚した危険への生理学的な反応となる。ロイドの人格の構造には，運動抑制（Kestenberg, Levick, 1983における引用），「無感覚・回避・従属・感情の抑制」（Schore, 1994, p.124），凍り付き（Fraiberg, 1987）といった乳児期のストレスに基づく反応が組み込まれていた。このような対処パターンの保護的で適応性のある性質は，重視しすぎることはない。

これらの防衛は，多くの人格上の強みが損なわれないように守り，自己を圧倒しかねない状態への緩衝となる。こういった保護を手放すことは望ましくもなく，頑強さの感覚が高められるまでは可能でもない。トラウマ記憶を共有する価値はあるが，「忘れる必要性」（Alvarez, 1992, p.151）も子どもにとっては統合過程の一部である。苦痛を伴う内容からの退却期間は，遊戯的なナラティブや制御された線画を通して強みを育む基礎を確立するために必要であった。これは後に，より高い水準の自己開示に取り組むための基礎となった。

　アートセラピーの過程で，ロイドはアートの言葉を用いて，より積極的な態度をとれるようになった。彼は不穏で以前は不特定だった状態を，理解できるアート表現として示せるようになり，防衛手段の成熟は明らかであった。これによってロイドは感情状態を認知的に理解し，対処に際して自身が選択を行えると自覚する能力を得た。彼は置換・知性化・昇華・予期を含む，より高度な防衛を用いる柔軟性を発達させたが，回避と無感覚といった分離状態は続いた。より成熟していると考えられている機能を含む，防衛機制の幅の広まりは，より健全な対処方法を示す。

手法
材料と主題

　手法と主題は構築と暴露を促せる（Robbins, 1994）。構築過程は強みを補強し，暴露過程は制御の低下や自己開示の増加といった，より大きなリスクへの挑戦を促す。ロイドは制御可能な材料と，大きな線画を用いることで，平静を得て強みを構築する手段としていた。私はこれを，その後の探求の前提条件である，幼い子どもが2本の足で立ってバランスをとる発達的経験と等価のものと考えた。私が主題・材料・指示を提案した際，それらはロイドが自身がアートセラピーにおける表現の積極的で創造的な力であると感じられるよう，ロイドへの同調に基づいていた。強化の必要性とリスクへの挑戦の必要性に関して，彼の個人的な関心とレディネスの水準を共に考慮した。

　困難な過程や主題が前面にある場合，隠蔽の必要性（Rubin, 2005）を支持した。制御しづらい材料（散らかりやすい絵の具を使った大きい絵）を用いる際は，脅迫的でない主題で釣り合いをとった。これにより，ロイドの人生の早期で欠如していた発達経験である，安全な実験を促すことができた。その後ロイドは，制御と情動表現という反対の力を調整することによって，情動的な内容を伝達できた。私はロイドが，自己発達とアート過程における言葉に関する安定した基礎を確立した上で，

個人的な現実に基づく主題を直接的に表現することを促した。アート表現は成長の基礎となり，肯定的・否定的な状態の統合の基礎となった。

セラピーとしてのアート

　ロイドは絵画的発達と人格的発達を同時に示した。アートは次第に，受動性や絶望の経験を，相反する情動の均衡を確立して統合した形へ変えていく有意義な言葉となった。この枠組みにおいて，ロイドは安全に，以前は不可能であった水準の実験・リスクへの挑戦・自己表現に取り組めた。人生における発達的獲得は，葛藤と困難に対して効果的に葛藤して支配していくことで形作られる。この過程は脅威や困難を取り除くというよりむしろ，釣り合いをとっていくことである（E. Erikson, 1950）。アートセラピーは実に，アートによる昇華経験を通して，クライエントが成長できる独自の機会を提供する。「アートにおける調和は，緊張を統合して釣り合いをとることで獲得され，不和を単に取り除くことで達成されるのでは決してない」（Kramer, 1993, p.67）。アートセラピストは，観客・アシスタント・受容者といった複数の役割を担うことで，希望の要素を与えることができる。これは「材料を通して子どもに語りかけ，アート作品を作る際に生じる特定の問題を尊重し，子どものスタイルと共感し，作品が完成するまで付き合う」（p.120）ことを含む。

アートだけでは不十分

　主任セラピストとして，私の責任は関係性の強みを構築するための橋としてアートを用いることであった。アートの過程は主体性を育み，自分で調節して発言できる状況を提供した。次第に，私の役割には「セラピーとしてのアート」で獲得したものを，ロイドの現実の社会・家族・学問経験に統合する援助が含まれてきた。この治療的関係は最も重要であり，主体性と対人的つながりの利益を得ることを徐々に学べるよう，より高い水準のリスクへロイドが挑戦するのを援助するのに使われた。人生経験をアートまたは言葉で表現するだけでなく，親の関与があったことで，発達的獲得を般化する機会が増加した。

セッションの質

　アートセラピーセッションの多くの時間は沈黙が続くため，アートセラピストには忍耐強く待つことが要求される。これは無意味にみえる活動かもしれないが，この価値を過小評価すべきではない。待つことと観察することによって，気づかいと

第11章 頑強さの構築：発達の崩壊の修復　　219

同調を内省でき，これは力強い治療の動力となる。言葉による表現や行動の変化は，満足のいくセラピーの指標となり促進するかもしれないが，関係性を同調させる際に黙って創造的な取り組みを行う期間は，成長を促進するのに役立つ。アートセラピストは言葉を使わない交流と言葉を使った交流の量の釣り合いをとる挑戦に直面するが，こういった状況には明確な指針がない場合が多い。そういう場合，セラピストは子どもが主導権を握るよう，穏やかに支持する立場をとることが望ましい。セラピストは治療目標を心に留め，子どもの表現へ同調することで，いつ反射し，いつ積極的な介入を行うべきか知ることができる。

　ロイドに対して，私は受動的な静かな状態でいそうになった。彼の静かな分離状態は，人を落ち着かせる性質をもっていた。ロイドが薬物を使用したことはなかったが，私には彼の家族に蔓延した薬物使用と，孤立によって逃避するといった影響が思い起こされた。私は治療が無力感につながらないよう，努力する必要があった。私はしばしば，対人的つながりをもたらす言葉を見つけるため，いわば重い毛布の下から自分を引っ張り出そうと苦心した。対人状態の力強い引力に気づく能力は，治療的に子どもを理解し応答するのに役立つツールとなる。

メンタライゼーションとレジリエンス

　第10章で探究したように，メンタライゼーションは自己内省・主体性・自己表現力・関係性に基づく対人内省力を含む，重要な対人的発達機能である。アートセラピー治療の過程において，ロイドは以前は圧倒的であった情緒状態を共有し，観察し，熟考し，変化させることのできる一貫した表現を形作った。彼が自身の主観的な経験を心地良く感じられるようになるにつれ，主体性の感覚と情動を制御する能力が高まった。「こういった情動状態は肯定的な情動を促すことを目標とするが，否定的な情動を受容して対処するのにも役立つ」（Fonagy et al., 2004, p.436）。治療過程によって，自己と他者への関与を保ちながら，内的・外的経験を扱う能力が促進された。これらの愛着に基づく機能は，子どもにとって，より高い水準のレジリエンスと結びついた保護要因である（Sroufe et al., 2005）。第5章で述べたように，制御の中心を内部にもつことや，信頼できる大人に関わって援助を引き出す能力など，内的な保護要因は，成熟が成功する可能性を高める。

220　　第Ⅴ部　アートに基づく同調：修復の促進

男の子であるとはどういうことか

このアートセラピーの事例に明らかであった要因のうちいくつかは，特定のジェンダーに関するものであった。ただし，男の子・女の子どちらにおいても個人差が大きいため，一般化するのは危険である。しかしながら，この事例ではロイドに関して，男性的であることに関する強みと困難の両方を認めることは重要である（Haen, 2011）。アートに見られた主題の多くは，男の子であることはどういうことかという問いに関連していた。これに関する明らかな例は，治療の初期でロイドが言及した，男性と女性両方の性質をもつ人物についてである。良い手本とできる男性がほとんどいなかったことは，ロイドに重い負担となっていた。肯定的な男性イメージを内面化するのに苦心し，愛してくれる父親への憧れが，修復できない空虚さとなり，絶望と自己不信として表れていた。彼はジェンダーに関する問題に取り組み始めていたが，これは私との治療を基にした，今後の治療の焦点となりそうであった。

世代を超えた薬物乱用と貧困の文化

家族における文化は，多くの世代を超えて作り上げられ，深く根差した強力な構造をもつ。子どもはこの枠組みの中で発達する。ロイドが治療の初期において，象徴的に家族の様子と等しいものを描いた際，ロイドの家族文化の傾向を目にした。絵をお化け屋敷と説明し（図11.1参照），ロイドは「この家は……お化けやゴブリンなど，様々なものが住んでいた」と述べ，「永遠に取りつかれている」と言った。私にはこの描写が，彼の家族文化の一部となっていた恐怖と暴力性の水準を誇張しすぎてはいないと感じた。貧困状況が蔓延し，世代にわたって薬物乱用と中毒の傾向があった。経済状態が低いことは，しばしば，非常に大きな生物的・法的・社会的なリスク要因となる。こういった脆弱性は生まれる前から存在し，その子どもの生活全般に影響を及ぼす可能性がある。このような状態にある場合，医療面での適切な治療や，テレビ・遊び・教育・社会的活動の監督は途中でだめになってしまう（Brown, 2012; Widom & Nikulina, 2012）。セラピーを通して，これらの要因のいくつかがアートセラピー過程によって明らかになったため，私はロイドと母親がこれらの要因に取り組み始められるよう援助した。

成長の過程

気分良く感じたり，資源を発達させる能力は，世代にわたる貧困によって不利な影響を受ける。コンジャーら（Conger et al., 2012）は，子どもの個人的な特性を強

第11章　頑強さの構築：発達の崩壊の修復　221

化するための介入が，家族のパターンを変化させ，後の発達に肯定的な結果をもたらすことを見出した。マルキオディら（Malchiodi, Steele, & Kuban, 2008）は，逆境に対処するのに必要な強みを発達させるための，創造的介入の価値を主張した。アート作品に表現された生存に関する成功と脅威は，共に困難に対処するための粘り強さに関連すると認められた。ロイドの母親が積極的に薬物使用・虐待的関係から離れようとしたことで，より保護要因の存在する家族文化への変化が始まっていた。ロイドは堕落的な家族文化に引き込まれる可能性に気づき，より前向きになるための方法を考える能力を身につけ始めていた。敗北の文化が彼の性質に大きく影響していたので，疑いなく，彼には人生を建設的に進んで行くための支持が引き続き必要であった。

　世代を超えた対処パターンの変化は，特に共同体や学校に基づく資源が最小限しか入手可能でない場合，発展の速度はゆっくりである。この事例の場合，治療の焦点は逆境に対処する建設的な傾向を，発達中の子ども，そして家族に構築することを重視した。創造性とアートに基づくコミュニケーションが，主体性と関係性の強みを高める，一種の頑強さを促進するのに役立った。建設的な活動に取り組む能力と主体性は，敗北を予測することを学んでしまった子どもにとっては大きな達成である。外的要因は理想的とは程遠いままであったが，治療によって現実感と他者との関係性の感覚が高められた。これらはエリクソン（E. Erikson, 1950）が，ライフサイクルを通して社会との相互的な取り組みを行う能力に寄与すると述べた，健全な発達の性質である。

第12章

創造性, 包み込むこと(コンテイン), セラピストの自己の利用

　この章は, 子どもが苦悩を乗り越えるために葛藤していく中で, アートセラピストがどのように自己を用いて子どもを包み込めるかということに関する章である。セラピストは治療の関係性において, 言語的・非言語的コミュニケーション, 感覚的経験, そして相互の脆弱性に関する領域を導いていくタスクを担う。この活動的で興味深い相互作用にセラピストは参加し, 創造性・自己意識・勇気をもってその場で考えて行動する必要がある。

セラピストの関係性の様式

　理論的な指向にかかわらず, 子どものアートセラピーの質は, セラピストの関係性の様式に大きく決定づけられる。セラピストの性格の違いが, 治療上の判断にどのように影響するかを観察するのは非常に興味深い。それぞれの治療関係は独自のものであり, クライエントとセラピストの性格様式の相互作用に基づく過程が含まれる (Robbins, 2000a, 2000b)。セラピストの文化的・社会経済的背景, また家族・早期の関係性の経験は, 治療のあらゆる段階で行われる選択に強く影響する。あたかも危険な旅のように感じられる中, 各セラピストは個人的かつ堅実なアプローチに熟練しようと苦心する。

　共感・忍耐・優しさ・曖昧さに対する寛容・創造的なアート過程への情熱は, 仕事への明白な要件である。また, 関係性の経験に関する挑戦への対処に関心をもっていることも利点となる。この領域において, 実践者の基本的な性格が明らかになり, 時には以前は気づいていなかった側面が見えることもある。この仕事の特権は, 自身について学ぶ機会がほぼ常に存在することである。こういったことは長い一日の終わりには必ずしも喜ばしいことではないかもしれないが, 臨床スキルと個人的な成長の両方を促す状況を提供する。

痛みの吸収

　気づかい，助けたいと思う気持ちは，苦しみへの脆弱性を高めるが，これが職業上の潜行性の危険である。セラピストの情緒的反応はクライエントの苦悩にしばしば並行する。こうなった場合，クライエントの苦悩が一時的にセラピストに預けられ，その状況に圧倒されずに積極的に処理することに，プロとしての生き残りがかかっていることを，セラピストは認識する必要がある。確かに，極端な絶望に直面している子どもを目にするのは悲劇的であり，強い反応は，ほとんど避けられない。逆説的に，これらの経験に耐えることは回復につながり，セラピストが力を得て実例となり，子どもの臨床的前進を補強する過程となる。

　効果的な自己回復のためのセラピストの手段は，クライエントへの治療と同様，個性化されている。しかしながら，一般的に初めの段階は，受けた苦痛の水準を認めることである。これを無視する危険性は，それが不安と抑うつにつながり，クライエントの苦痛に耐えられる能力を低下させ，治療を中断させる可能性があることである。専門家として幸福でいられるかどうかは，対応策を積極的に探せるかにかかっている。アスリートが身体的調整によって持久力を得るが，子どものアートセラピストは，心を乱す臨床状態の影響に耐えて取り組むことで，有意義で個人的な強みを得る。スーパーヴィジョンと教育分析による支援が必要な場合もしばしばある。

子どもの葛藤を許容する

　援助を行うかどうか，アートの過程をどの程度制御するかは，子どものアートセラピストにとって常に存在する問題である。子どもは大人に援助を依存しているが，自身を信頼することを学ぶ必要もある。提供すべき制御や援助の量は，しばしば不明瞭である。最善の答えを決定するには，援助，または援助の欠如が，治療の過程にどのように影響するかを評価する必要がある。セラピストの中には子どもに代わろうとしないよう大きな努力をする必要がある者もいれば，子どもに葛藤させることを許容するのを厭わない者もいる。これらの傾向は，早期の経験によって調整された生来の人格の特徴の影響を受ける。能動的・受動的な関係性の様式はどちらも，利点があれば欠点もある。困難な過程に自由に進めるセラピストは創造的な活動を促進するのが得意で，より積極的なセラピストは必要な際に支持的な構造を与えることが得意な傾向がある。最も重要なことは，自身の対人様式を熟知しておくことであり，それによってクライエントの個々の必要性を支持するために調整していくことを学ぶ状況を作り出せる。

アート材料に対する態度

　子どもの頃，私はアート材料を多くはもっていなかった。私は捨てられた紙にボールペンで絵を描き，ストッキングのパッケージの中にある厚紙で紙の人形を作って満足していた。その後，私は単純なアート材料を評価するようになった。しかし，同じ傾向をもたないクライエントもいるので，私は自分ではなくクライエント独自の好みに合った材料を用いることが，最も有益であることを見出した。幸い，アートを学ぶにあたり，私は多様な材料の使用を経験してよく知っているため，クライエントの様々な好みを理解する手段となっている。

　このため，アートセラピストは多様なアート過程を個人的に経験しておくことが重要である。介入方法は，クライエントが創造的な取り組みが外部の権威から押し付けられたものではなく，自身に由来するものだと感じる際に最も効果的である。様々なアート材料と方法を知っておくことと，自己意識をもつことで，自身の傾向を排除して，それぞれの子ども独自の必要性・応答・結びつきを促進する余地ができる。「アートセラピストのアプローチと目標は，それぞれの個人によって変わる。その人が完全には機能できていない領域において，セラピストは知識と意図的な行為を代わりに用いる」(Kramer, 1977, p.7)。よって実践において，セラピストには臨床的知識，さらにはアーティストとしてだけでなく，関係性の中に生きる者としての自己観察能力が要求される。

材料の選択への内省

　一見重要ではなさそうな好みが，大きな洞察を与える場合がある。たとえば，私は大学院のアートセラピーの授業を教えていた際に，個人的な洞察を得た。私が黒板にチョークの小さい欠片で文字を書いていた際，学生が私の目の前にあった新しいピカピカのチョークを渡した。私は感謝したが，古い欠片を使う傾向に気づいていなかったことがわかり，学生の行動に恥ずかしくも感じた。そして私は，なぜ新しいチョークを使った方が良いのか考えた。私は自分の反応を分析するため考え，心に次のような疑問が浮かんだ。チョークの欠片を使っては何かいけなかったのだろうか。もし新しくてピカピカの方が良いなら，私が何かの点で能力が足りていなかったのか。優しい行動に対して葛藤したのは良くないことだったのか。束の間の反応をある程度理解し，私はクラスに対して，性格・早期の環境・文化が特定のアート材料に関する好みを含む好みの傾向へ与える強い影響を指摘することができた。

好みの相違は，セラピストとクライエントの間のコミュニケーションの失敗につながる。理想的には，アートセラピーのセッションにおいて，セラピストが意識を高めておくことで，誤解の可能性を最小限に抑えられる。

アート材料に関するセラピストの習慣的な関係は，自身の好みを気づかずにクライエントに押し付けてしまう可能性がある状況を作り出す。アート材料に関する感受性は，包み込むことと組織化を与える手段となる。それぞれの子どものアート材料への独自の性格的な好みを尊重することは，治療過程を深める。子どもがオイル・パステルを誤って割ってしまった時にどのような反応をするか，どれくらいの紙を使っていいと考えるか，また，新しくてピカピカのものか古くて親しみのある材料のどちらを好むか，といった機会を通して好みを確認できる。子どもの正確な気持を汲み取ることで，子どもに安全感を育み，困難に直面することを可能にする基礎が確立できる。

関係性と材料に基づく苦悩の包み込み

時にとても幼い子ども（たまにもう少し年上の）は日常の品々に比べ，アート材料に適応しないことがある。家庭内暴力をいくらか目にしたことのあった3歳の男の子は，アート材料ではなく箱入りのティッシュペーパーに引きつけられた。情熱をもって，彼は箱からティッシュを引っ張り出し，モンスターだと言ってテーブルの上に投げた。この素材のスポンジ状の柔軟性が予測不能性を示しており，これは彼が家庭で経験している不安定さに等しいものであると明らかであった。恐ろしげな唸り声をあげながら，彼はティッシュのモンスターとの争いを演じ，モンスターが彼に背くか判断しようとした。

彼が箱入りティッシュを自分の物のように使った際，私は禁止すべきかどうか苦心し「これを許していいのか。ティッシュはアート材料ではない。ティッシュを全部使ってしまったらどうしよう」と考えた。この子どもに対して，制限と許可のどちらを与えるべきかわからなかった。彼は多くの混乱を経験したことで，その後，恐怖を威張り散らすことと攻撃性で示していた。私はその箱入りティッシュをセッション中に使用するために彼に与えることに決め，部屋にあったもう1つの箱入りティッシュは彼の物ではないとはっきり伝えた。私は彼に，これは彼の箱にすると言い，それを入れておくための大きい箱を渡した。彼の求めに応じて，私はその箱に彼が，材料を侵略者から守るためのモンスターを描くのを手伝った。私が恐ろしいモンスターを描くのを手伝ってほしいという要求を満たしたのは，彼が早期の発

［図12.1　8歳の女の子による箱］

達レベルであったため，表象的な方法で描けないことに対していらいらしていたからである。あと何カ月かすれば，彼がこの能力を身に付けるとわかっていた。彼自身が選んだ素材を，私の支援のもとで用いることは，自己防衛と恐怖・攻撃性の包み込みの両方を重視すること可能にした。箱には彼が制御しようとしていたティッシュのモンスターが入っていた一方，モンスターの絵は侵略からの防衛を提供していた。この過程は恐怖を支配しようとする彼の葛藤の本質を捉えていた。

　同様に，以前の虐待に関する苦悩を経験していた8歳の女の子は，箱をアート作品，他のアート作品の保管場所，そして彼女の人生において重要な人の絵を組織化する方法として用いた。箱の外蓋には彼女の名前を組み込み，常に変えていったため階層的に描かれた絵が，箱の中には，料理によって仕切りたいという欲求が象徴的に示されたコンロが含まれていた（図12.1参照）。彼女の生活においてもセッションにおいても，彼女は過去に受けた不安で予測不能な経験のため，積極的に支配権を握る必要があった。彼女の継続的な入れ物の使用と再構成の過程は，彼女が困難を生き抜くために発達させた，不安や組織化された自己育成の傾向を，私が理解する機会となった。

　前章において，愛着に基づく機能である足場という概念について述べた。治療上の足場は関係的・環境的・身体的要因を包含する。素材はアートセラピストが提供する足場の延長とみなすことができる。子どもは成長のため，これらの影響を吸収

する。入手可能な材料を用い，治療環境の支配権を握っていく。セラピストの援助により，子どもは有意義で創造的な資源利用に没頭し，これは対人発達の重要な側面である。

　子どもの未知のビジョンに合った材料を提供することは，治療的取り組みに有益な基礎を与える。アート素材の選択には，子どもとセラピストの協力と非言語的理解が必要である。子どもに合ったアート材料を用いて，それぞれの子ども独自の治療上の必要性に合わせることには，セラピスト側の創造性と調整力が要求される。上記の例では，材料は破断を修復する手段として，安全性と組織化の概念を子どもが理解するのを助けるのに影響した。これらの事例において，子どもは創造的・関係的成長のために選んだ素材を用いた。

包み込みの形としての制限的アート表現

　内的・外的な大混乱を経験する子どもにとって，制限的な創造性は有益である。そういった子どもは，一見中身や独自性のない繰り返しのパターンやステレオタイプ的なイメージを作ることで，均衡と制御の概念の感覚を得る。このようなアート作品は退屈であるが，苦悩を経験する子どもにとって，安定した形を維持することは，狭い視野から逸脱する危険性の高い綱渡りのようなものであることを覚えておく必要がある。そのような場合，想像的または革新的な過程は困難を掘り下げすぎる可能性がある。それよりも，安定性を達成する努力が優先されるべきで，堅固さを高めることで硬直性を低下できると知っておく必要がある。これは，クレイマーが「防衛のためのアート」（Kramer, 1993, p.121）と述べたように，一見創造的ではない努力の価値を認めることを含む。堅い防衛は不安の軽減につながり，後の成長の基礎となる。

　たとえば，両親が離婚するところであった「マリー」という10歳の少女は，何列も繰り返されるハートと十字架を描いた（図12.2参照）。彼女はキリスト教原理主義の学校に通っており，両親の状況についてどう思うか尋ねると，神は離婚を認めないと答えた。それから彼女はかまわないと急いで言い，否定的な発言をしたことを恥ずかしく思っているようにみえた。両親の不貞と宗教という価値観の衝突に関する彼女の混乱した経験を，秩序立てる手助けをするのは不可能に感じた。マリーは紫・赤・ピンクのペンを選び，ハートと十字架の繰り返しのパターンを描くことに没頭した。夫婦間の対立が深すぎたため，彼女の両親は離婚・不倫について彼女に説明したり支持を与えることができなかった。私は両親が，マリーに対して複雑

228　　第Ⅴ部　アートに基づく同調：修復の促進

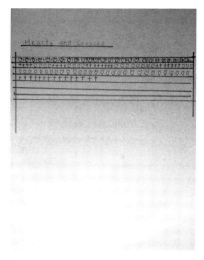

［図12.2　マリーによるハートと十字架］

な状況を説明する方法をみつける価値を見出すよう，影響を与えたいと思った。その間，マリーがより安定して感じられるよう，高い水準の制限を受け入れなければならなかった。彼女は繰り返しのパターンを描くことで，均衡を見つけるための初めの段階を踏み出していた。

関係性に関する他の問題

境界の侵害に関する関係的な包み込み

　子どもからの境界の侵害は，セラピスト側に脆弱性・攻撃性・疑いの気持ちを引き起こす。そのような場合，セラピストが自身の反応に気づいておくことで，対人関係・アートに基づく介入を行う情報を得ることができる。セラピストとクライエントの両方が心理的安全感を得られる雰囲気を作り出すことが，最も優先されることである。これは危険という感情が経験され，認められた後にのみ可能なことがしばしばある。

　7歳の「サバンナ」は3歳の頃から，母親の彼氏何人かからの性的虐待を含む深刻なトラウマを経験していた。彼女は頻繁に引っ越しさせられ，家庭内暴力にさらさ

［図12.3　サバンナによるセラピストの絵］

れていた。彼女が私のところへ来たのは，彼女のセラピストが事務所を去る予定となったからであり，代わりを受け入れるのは彼女にとって難しいだろうと私は予期していた。多くの場合，代わりとなるセラピストは子どもの怒りと知覚された放棄の矛先となる。このことを念頭に置いて，私はサバンナに前のセラピストの絵を描くよう求めた。なぜなら，喪失を処理するのを援助することで移行を楽にさせられると考えたからである。驚いたことに，サバンナは前のセラピストをいつも嫌っていたと言い，私の指示を無視した。代わりに，彼女は「アネットが私のお気に入り」と書かれたハートの隣に浮かんでいる私の絵を描いた（図12.3）。私の身体のイメージは裸を思わせる輪郭で描かれ，透明の服が上に付け加えられていた。それからサバンナは私が一番好きだと言い，私をハグし，膝の上に座ろうとした。彼女が私の唇にキスしようとしたため，私は本能的に彼女を押し返した。ショック状態で，私は非常に侵略的に感じた行動から身を守っていた。私は自分の本能的な反応に驚き，すでに傷ついた子どもを余計に傷つけているのではと心配した。同時に，私は一部では彼女のお気に入りと言われて気をよくしていた。

　深い不安がある場合，セラピストの情緒がしばしば，診断画像の指標となる（Kernberg, 2012）。私の強い嫌悪・恥・侵害の反応は，サバンナの慢性的な状態を反映している可能性が高かった。私は彼女が服を着ていない状態の私を描くのを観察し，その後に続いた身体的接触に反応したことで，心地は良くなかったが私はサバンナを「裏返しに」（Bromberg, 1998, p.127）理解するようになった。彼女は自身の永続的な汚染の感情をもって，私に浸透してきたのである。クライン（Klein, 1946）によって初めて発展させられた概念である「投影同一視」は，一方からもう一方への無意識的な状態の伝達を行う2人の過程である。対人的な（おそらく本能的な）発

達過程として，投影同一視は乳児期に起こり，この時，母親は乳児が何を感じているかを感じられ，応答的な世話を行うのに用いられる。人生を通して，投影同一視は関係において働き続ける。

　不安の強い子どもはセラピストに対して（無意識に）耐え難い感情を「預ける」ため，特に強い反応を引き出す。しかしこれは，最終的には包み込みと反射の機会を提供する。これにより，子どもは他者とどのように関係するかについて，判断を下すのに必要な認識を発達させることができる。治療における投影同一視の建設的な使用には，対人関係性における苦痛を伴う印を我慢して解読する必要がある。私がサバンナと経験したことは，トーマス（Thomas, 2001）の記述に適切に表されている。性的虐待による深い不安をもつ子どもへの投影同一視は，「距離の近さは性的制御の喪失につながるという根本的な恐怖をセラピストにもたらす」（p.22）。

　気を取り直して，私はサバンナに対し，アートセラピストとしての私の仕事上，身体的接触は許可されていないと伝えた。私は自身を守るため，その場ですぐにこのルールを作り上げた。境界が明確にされたことで，彼女の表情には恥と安心が混ざっていた。私は彼女の恥を感知し，彼女は今までこのルールを知らなかったのだから，ルールを破ったことで責められることはないと付け加えた。さらに，ルールを知る前に不安全に感じたり混乱したりするのは自然な反応だと言った。私は彼女に対し，先ほどの交流で感じた不安全さと混乱について伝えていた。彼女は言葉では反応しなかったが，より落ち着いたようにみえた。

　もっと私の絵について話すよう彼女に求めると，サバンナはハートが非常に好きで，紫が一番好きな色だと答えた。私は，これが彼女と会うのは初めてで，彼女についてもっと知りたいので，彼女の好きなものについて知ることは私にとって良いことだと言った。私は彼女に，私は対人的境界を尊重し，彼女の好みを重んじると伝えようと努力した。さらにサバンナに対し，彼女は私を知り始めたばかりなので，しばらくは彼女の私に対する考えは変化していくだろうと思っていると伝え，前のセラピストは彼女をよく思っていたに違いないと言った。また，誰かが去る時に，その人のことを許すのは難しいことを理解できると述べ，これは憎しみの感情をもたらすと思うかと聞いた。サバンナはこのことについて考えたようであったが，それ以上何も言わなかった。彼女が次に描いた絵がさらなる説明を与え，そこには彼女の人生を支配していた激しい放棄の感情，そして前のセラピストの出発への反応が描写されていた。

　サバンナは家を描いてはどうかという私の提案に非常に熱意を示した。彼女はす

［図12.4　サバンナによる放棄された女の子のいる家
（薄い黄色で描かれた元の絵から画質を向上させてある）］

ぐに黄色のマーカーを選び，図12.4に示されたイメージに集中して取り組んだ。彼女は，これは4つの部屋がある家で，すべて外から見ることができると説明した。私の質問に答えて，彼女は左上の人物像は自分の部屋にいる7歳の女の子だと言った。彼女は「ひとりぼっちで閉じ込められていて，誰も彼女を好きでなかった」。女の子はどうしてベッドに横になっているのかと聞くと，彼女は退屈していて気分が良くなく，おなかがすいているからだとサバンナは説明した。台所から彼女の部屋に，ハンバーガーのおいしそうな香りが漂ってくるが，それを食べることが許されていない。誰がハンバーガーを料理しているか聞くと，サバンナは女の子の母親が料理していたが，南極大陸に出かけてしまったと答えた。ハンバーガーは親戚のためで，彼らは家に寄るかもしれないが，女の子とは接触しないと言った。私が誰も世話をしてくれない，おなかをすかせた女の子のとても悲しい話だと言うと，サバンナは家の屋根に「おわり」という言葉を書いて絶望的なメッセージを強調した。この悲劇的な物語は，極端な放棄と無力感というサバンナの情緒的状態を伝えていた。この状態に名前をつけることは，象徴的に表された孤独な引きこもりを和らげるのに役立った。

　この出会いは，いわゆるパラサイトのように感じたものから私が自身を救い出す必要のあった，心を乱す出会いであった。私は自身の心理的安全を維持し，サバンナに私は彼女の幸福を重んじるという示唆を残した。彼女の強い脆弱性の感覚が，関係性において迫害された感覚をもたらしていた。私がこの感情に耐えて方向を変えたことで，サバンナは象徴的なアートを通した有意義な表現に，取り組むことがよりできるようになった。彼女は初めは私に性的に取り入って関係を作ろうとした

［図12.5　サバンナによるつぶされた女の子と誕生日の女の子］

が，私が方向を変えたことで，自身の情緒状態を許容し，より安全な対人コミュニケーションをとれるようになった。子どもがわざとらしく，または険悪にふるまう際，関係性に基づいた反射を与えることは圧倒的で難しい場合がある。投影の方向を変えるための治療的介入，そして包み込みを確立することで，私は自身を身体的・認知的に守ることができ，脅かされた境界を確立することに役立った。

　サバンナは4カ月間続いたアートセラピー治療の間，組織立っていない，苦悩を与えるような表現で関係し続けた。治療は突然，何回も続いていた家族の引っ越しがまた行われたことで終了した。セッションの間，私の焦点は，サバンナに表現に耐え，断片化された存在状態を統合し始めるよう援助することであった。彼女は自身の状態を統合することができなかったため，関係性を愛情があるか憎しみがあるかのどちらかとしか見ることができなかった。多くの場合，彼女の絵には極端な迫害と，その反対の完全な満足が描かれていた。彼女の防衛構造は分裂に大きく依存していた。すなわち，中立がなく，すべて良いかすべて悪いかで物事を経験していた。たとえば図12.5は，左側に穴に落ちて岩につぶされている悲しい女の子が描かれ，右側には誕生日なので喜んでいる女の子が描かれていた。右側の女の子はデコレーションケーキのろうそくを消していて，特別な風船をもらっていた。このアート作品は，サバンナの不安定な性格と混乱した人生経験を反映した極端な状態を示していた。

　最後の方のセッションにおいて，私はサバンナに対し，彼女が「考案した」活動の，粘土で作った花の顔という主題をより発展させてみるよう促した。粘土で作品を作っている途中，彼女は顔が幸福から悲しみへ，恐怖から落ち着きへと変えられることに気づいた。図12.6はそのような例の1つで，サバンナが情緒と望みの両方

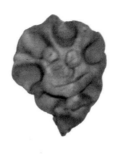

［図12.6　サバンナによる花の顔］

を帰属させた花の顔で「不安だが，アイスクリームを望んでいる」。このアート表現で彼女は，欠乏と迫害，その反対の満足という状態を伝え続けていたが，この材料を用いることは，極端な状態を制御・変更・統合する可能性を見出すのに役立った。

　治療の終了は，サバンナが引っ越しで州を離れるので，これからはセッションに出席できないという留守番電話のメッセージで起こった。この事例は，突然の終了を含め，私に強い逆転移の反応を引き起こした。私が終了を悲しく思ったのは，サバンナにとっておなじみのネグレクトと放棄の繰り返しのように思われたからである。もう一度，私は自身の反応を，状況を論理的に理解するために用いようとした。私の治療的介入は，関係性における心理的安全を与えることを重視していた。危険な感情が非常に強かったため，極端な放棄・恥・闘うか逃げるかという衝動を経験するにつれ，私は頻繁に（非論理的に）自分の生き残りが脅かされていると感じていた。

逆転移を用いた子どものアートセラピストの自己の使用

　「逆転移」は最初にフロイトによって，分析者自身の未解決の葛藤に基づく患者に対する感情で，治療過程の障害となると定義づけられた。近年，心理学の分野において，この仮定は再構成され，2人の人間の関係性の存在が認められた。したがって，今では逆転移は，セラピストの反応がクライエントの対人機能についての有益な情報を示す「窓」と捉えられている。ラッカー（Racker, 1988）の研究は，治療的関係を一方的な経験から，2人から構成されるより多面的な視点への移行を促すの

に役立った。

セラピストの反応が患者の対人様式についての情報を与えるという示唆を与えるにあたり，ラッカー（1988）は3種類の逆転移を特定した。すなわち，融和的・補足的・二次的逆転移である。融和的逆転移とは，通常の共感と肯定的な同一視である。強い不安をもたない親と子は，より複雑でないこの反応を生じる可能性が高い。過度の同一視は融和的逆転移の危険な面であるが，融和的逆転移は多くの場合，肯定的で成功した関係が働いていることを示す。

補足的逆転移は一般的に，より強い不安を伴うことが多い。なぜなら，投影同一視が関連するため，セラピストがクライエントの内的経験の耐え難い側面を感じるからである。補足的逆転移が現れる時，クライエントの関係性の動揺を前線で受けることになるセラピストは，攻撃性・報復・恐怖といった反応を経験する。これらの反応は，クライエントの日常における関係性の問題を示すため有益である。不安の強いサバンナについての上記の事例は，補足的逆転移を示していた。

一方，二次的逆転移は，第三者の影響によってセラピストが知覚する期待とプレッシャーについてである。しばしば，スーパーバイザーの存在や大学院のプログラムは，学生に強い二次的逆転移の反応を生み出す。たとえば，子どもがアート作品を家に持ち帰りたいと思っていても，アートセラピストはそれをスーパーバイザーに見せるため，または宿題として持っておく場合がある。大学院のプログラムによっては，学生のセラピストがクライエントのアート作品を持っておくよう指導するため，それが子どもの利益にならないと思われる場合，葛藤が生じる。これによって学生が迫害された感情を抱くと，傷ついたクライエントを過度に同一視してしまう可能性がある。

保険会社のために，二次的逆転移が起こることも多い。たとえば，財政面を考えた治療計画を促進し，長期の治療やアートセラピーが軽視されると，セラピストに自己疑念が起こり，治療過程に否定的な影響を与えてしまう。子どものアートセラピストにとって，親もしばしば，二次的逆転移に寄与する。第9章で述べたように，親によってセラピストが，子どものクライエントを養子にするといった幻想を抱いたり，軽んじられていると感じるといった強い反応を生じる場合がある。

包み込みの提供に関するアートに基づく挑戦

アートセラピストはアートの指示を与え，アート材料を提供し，アート作品を保管し，アート表現の力を目撃する役割を担っているため，独特の反応を経験しやす

い。初心のアートセラピストにとって，子どもがアート作品を作るのを拒否すると，必要な治療時間を満たすことを心配して，二次的逆転移が生じることがある。子どもがアート作品を捨てたり，完成させるのを拒否すると，職業的アイデンティティに関する失敗の感情を引き起こす可能性がある。

　混乱した家庭に住む子どもにアート作品を持って帰らせることは，アート作品の安全性をどの程度高めるかという疑問を生じる。クライエントが潜在的に感情を刺激したり，非常に個人的にアート作品を家に持ち帰りたいと主張する場合，セラピストは非常に落ち着かないであろうし，最善の治療的介入に関する即時の決断を迫られる。制限することは保護をもたらすが，反抗されたり，クライエントのセラピストへの信頼を損なう可能性がある。子どもがアートセラピーの作品を学校の宿題にしたいと望む場合，このことに関してその子どもを許可するべきか，プライバシーの重要性や学校とセラピーの違いについての説明を与えるべきか，セラピストは考える必要がある。内容にかかわらず，アート作品の保護を維持するという課題に直面した際，子どもの望みや欲求の背後にある理由を理解することが最も有益である。さらに，セラピスト自身の反応の理由を探ることで，最も適切な介入を明確にしていくのに役立つ。

アート作品の保護者としてのセラピスト

　アート作品を保護することはしばしば，比喩的にクライエントの自己や自尊心を保護することとみなされる。したがって，子どもがアート作品を壊したり適当に扱おうとすることは，セラピストにとってストレスであり，苦痛を引き起こす可能性がある。同時に，子どもは自身のアート作品の所有者であり，主導権を握っていると感じる必要がある。セッション終了時または治療終了時におけるアート作品の適切な処置は，非常に個別的である。アート作品を置いていくよう主張することが有益である場合もあれば，アート作品を渡すことは嘲り・暴露・アート作品の損傷といった結果をもたらすとしても，子どもの信頼を失う対価の方が大きすぎる場合もある。非常に多くの場合，子どもは治療終了時にアート作品の多くを持って帰ろうとはしない。なぜなら，それらをずっと持っておくことに関心がないからである。よってセラピストは，クライエントの治療が終わった後，これらの非常に私的な作品をどうするかという問題（この問題には明確な答えがない）に直面する。私の保管キャビネットには紛れもなく，子どものセラピーにおける作品が大量に眠っている。私がこれらの創造的で有意義なアート作品を捨てられないのは，私がそれらを

236　　第Ⅴ部　アートに基づく同調：修復の促進

重視しているからだけではない。場合によっては，子どもが後に治療に戻ってくることがあり，その際，子どもに自身の以前の成長や葛藤を把握させるのに，これらの作品が役立つことがある。場面によっては，アート作品が医療記録の一部とみなされ，その際には法律で定められた期間（少なくとも写真で）作品を保持しておく必要がある。

行動の管理を通した包み込み

行動管理・子どもからの取り上げ・意地悪になること

グループや個人を管理することにすでに熟練しているセラピストもいるが，「ダメ」と言うこと，制限を設定すること，結果を警告することは，子どものアートセラピストのほとんどが契約したことではない。アートセラピストが最も注意を向けること，すなわち創造性への招きと信頼の構築に対して，制限・ルール・結果の警告は邪魔にみえるかもしれない。しかし，外的な制御なしには，崩壊する子どもも多い。

制限を必要とした子どもの例

私のオフィスに入り，私が息をする間もなく，9歳の女の子「リリー」はすべてのキャビネットを開けて，多くのアート材料を出し始めて自分の物だと主張した。私が彼女に布・リボン・箱入りの絵の具を離すように説得した後，彼女は他の子どものアート作品が入ったキャビネットを開け始めた。そこで私は，ルールについて話し合う必要があると固く言った（実際，ほとんど怒っていた）。私は自身を大きな熊と想像し，「子どもはそれらのキャビネットを開けてはいけません。プライベートなものです。これが私がここで物事を安全に保つ方法です」と言った。

すぐに，私は自分が9歳の頃，誰かが私にそのように話したら，涙をこらえて恐怖でふるえただろうと思った。なぜなら，私は強い内的な行動制御を有しており，役に立つ人物として見られたいと強く思っていたからである。しかしリリーは，基本的欲求が満たされていなかったため，強い内的制御を有しておらず，良い子でありたいという気持ちを持っていなかった。彼女はまっすぐに立ち「私はたくさんの物がいるの！全部ほしい！」と言った。私の心は彼女の生活史をたどった。その当時は支持的な里親の家庭に住んでいたが，実の母親の親権がはく奪されるまで，何年かホームレスであった。彼女の人生は非常な困難だけでなく，社会的な行動への

第12章 創造性，包み込むこと（コンテイン），セラピストの自己の利用　237

［図12.7　リリーによる猫の王女］

肯定的な補強の欠如によって特徴づけられていた。彼女は非常に貧しいと感じ，基本的なマナーも身に付けていなかった。私は一方で，彼女の貧しい経験について知っていたため，物を渡したいと思わされたが，他方，それでは彼女の欲求の感情は満たされないことがわかっていた。自己制御に必要な構造を提供するのに，ルールと責任による安全が必要であった。もし彼女に必要以上の材料を与えたとすれば，彼女の要求が強く高慢な行動を補強してしまったであろう。多くの子どもにとって許容的な雰囲気は役立つが，リリーの場合は反対であった。

　内的制御を欠いた子どもは，制限が提供された方が安全に感じる。リリーはホームレスで母親がいないことに対する空虚さを満たそうとしていた。しかし，それは満たすことのできない空虚さであった。リリーが苦悩への耐性を身に付け始められるよう，制限を行う必要があった。彼女に座るよう穏やかに指示した後，私は色鉛筆・マーカー・紙を渡した。私は彼女が座ったので，より良い取り組みができると安心させた。そうすることで，非常な欲求の感情を制御する彼女の脆弱な能力を，相殺するための支持を与えた。

　リリーは色彩豊かな「猫の王女」の絵を描き（図12.7），その焦点は気持が落ち着く想像であった。彼女は，キスをして危険から姫を救った猫の王子と一緒にお城に住んでいる王女の物語を作った。私の支持により，彼女は破壊的で動揺した行動から，置換と空想の利用へと移行することができ，これは自身の望みを満たしたいと行動するのではなく表現する過程であった。（後に私がよく目にした）空想の頻繁な使用も，苦悶からの逃避の一種であったが，当初の衝動的で強烈な行動に比べて顕著な改善であった。

修正の必要性

　非常に愛情を欲している，または破壊的な子どもは，セラピストに，最初に行動を管理することなく，創造的な取り組みを行うことはできないという事実に直面させる。これはグループアートセラピーにおいて特に急を要することである。グループの指導者は，内的な行動制御を欠く子どもに直面した際「沈むか泳ぐか」する必要がある。多くの初心のアートセラピストにとっては非常な驚きであるが，礼儀正しい行動はもちろん，アート作品の完成は材料と自由の制限に依存する。行動管理は，繊細な人にとっては学ぶのが難しい，不可欠なスキルである。子どもの行動が，つかみ合い・投げ合い・テーブルに登ること・お互いのアート作品を壊すことにまで悪化したグループセッションを1つか2つ経験すると，通常は行動的介入の方法を学ぼうとする動機となる。方法には明確なルールを設定して守らせること，警告を与えること，予測できる報酬を与えること，注意をひこうとする小さな挑発を時には無視すること，子どもと契約を作ること，中断をすること，それぞれの子どもに一貫したアプローチをするよう他のスタッフと調整することなどがある。

　うまく順応した子どもでさえ，就寝時間・宿題・電子機器の電源を切るといった要求を管理するために，行動的制限が必要となる。強度の無秩序な行動パターンは一般に，セラピストが外的な修正を提供可能な深く固定した内的な混乱を示す。クレイマー（Kramer, 2000）が「第3の手」を，自己表現の能力を高めるためのアートへの巧みに同調した技術的な支援と述べたように，レッドルとワインマン（Redl & Wineman, 1965）は効果的な行動管理を「消毒剤による」行動修正と述べ，その上で子どもがより建設的な活動を行えるようになると述べた。行動の制限と制約は，子どもの強みへの信念と社会的行動の価値を伝える励ましと支持と共に行われる際，最も効果的となる。子どもへ伝えることは，ありのままの彼らを受け入れることであると同時に，次第に歳相応の行動を発達していく能力を信じていることである。援助の必要性を尊重しながら認め，対処する。外部の行動を支持し操作することは，内部の強みを構築するための状況を提供し，扱えないと思われていると感じることを防ぐことで，子どもへ安心を与えられる。

欠乏の包み込み

　以下では，創造性と成長を促進するために，欠乏を関係性によって包み込んだ事例について探究する。空虚さのような感じをもつ子どもに直面した際，希望を与え，欠乏の感覚を包む込む必要があった。

第9章で紹介した7歳の「イアン」は，家族や仲間からの継続的な攻撃に加え，貧困・ネグレクト・大人の監視の欠乏を経験していた。家族は，経済的な欠乏と養育の欠如があり，歳の近い兄弟間での強烈な競争があった。貧困の主題がイアンの生活には蔓延していた。デービス（Davies, 2005）とフォンテス（Fontes, 2005）が共に指摘したように，経済的な貧困は発達途上の子どもにとって，レジリエンスを低下させるリスク要因である。貧困の文化は親子に非常なストレスを与えるので，欠乏の感覚が様々な領域において現れる可能性がある。イアンの貧困は，彼の主体性と努力をする能力に影響していた。彼は非常に悲しくみえ，思考の内容と動機を欠いているようであった。動的制御が弱く，課題に集中するのが困難であったことも，不安要素であった。

　イアンはずんぐりした男の子で，常に飢えの気持ちを伝えており，しばしばスナックを持参し，セッションにおいて食べ物が頻繁に会話のトピックであった。食べている間，彼は口一杯にほおばり，リンゴや箱入りのクラッカーを徹底的に楽しんでいた。食べ終わると，多くの場合，彼はもっとあればいいのにと言った。当初，私たちが最も強くつながりを感じたのは，彼が食べるのを私が見ていた時であった。好きなものをいくつか挙げるよう求めると，彼は様々な食べ物以外，何も思いつかなかった。

　最初のセッションにおいて，イアンを家族の絵に取り組ませた時，私が感じた雰囲気は重かった。イアンはこれを嫌々，素早く完成させた。絵が粗く未発達であったため，もっと傾注させようとした。ペットについて聞くと，イアンはすぐに付け足した。私が絵の内容について尋ねると彼は戸惑ったようで，他者からの関心には慣れず動揺したようであった。完成された彼のアート作品にはすべて，失敗や混乱の感覚が表れていた。たとえば，彼が急いで完成させた家族画（図12.8）について話し合っていた際，彼の両親は4年前に離婚していたのにかかわらず，彼は別々の家庭ということへの理解をはっきりとは述べなかった。努力の欠如が蔓延していたため，イアンは認知的な障害があるのではないか，アートや私に会いに来るのを嫌がっているのではないかと考えたが，これらの推測は正確でなかった。彼はあたかも，貧困・ネグレクト・身体的攻撃・情緒的攻撃が混雑した状態の中で迷うことから生じた，霧の中に住んでいるようであった。彼の存在には，（彼自身を含めて）何も重要でないかのように，秩序や説明といった感覚がないようであった。

　最初のセッションの終わりに，イアンは棚の上の小さなアクションフィギュアに気づき，もらってもいいかと尋ねた。私はおもちゃをあげることはできないが，彼

［図12.8　イアンによる家族画］

の望みと落胆はわかると答えた。私はそれは棚の上に置いておくので，次週に来た時にもそこにあると言った。その後のセッションにおいて，彼は何回かポケットにおもちゃを隠し，盗もうとしているようであった。しかし，私が見ていることに気づくと，それを棚の上に戻した。私はイアンにそのおもちゃを与えるか苦心したが，与えないことにした。なぜなら私は彼が，手に入らないものを欲しいと望む際の，困難に対処する方法を見つけられるよう援助したいと考えたからである。私はこれが正しい選択かどうか疑いを抱いたが，これは子どもが欠乏を伝える時にセラピストがよく経験することである。私が彼におもちゃをあげたとしたら，満たされなければならないという彼の感情に同意したことになったであろう。これは，彼の内的資源を発達させることによって，空虚さを満たせるようになる希望を持つことに逆行することになっていた。私はそのおもちゃを特にほしいと思っていなかったので，彼にあげたら気分が良くなったであろう。しかし，ケチだと思われたくないという私自身の不快さを解消することは，長い目で見た際のイアンの必要性に役立たなかったであろう。多くの子どものセラピストは子どもに「賞品」を与えるが，自分で自分の賞品を作るという考えも重要である。多くの場合，治療過程の結果が後に，即時に満足感を与えなかったことが害ではなかったと追認する。

　その後の何カ月間か，私はイアンが絵と立体アート作品を完成するのを援助でき

［図12.9　イアンによる大きな紙への落書きとなぐりがき］

［図12.10　イアンとの言葉探しゲーム］

る方法で，イアンに「食べ物を与えた」。かなりの励ましがないと，彼の作品には努力と形が非常に欠けていた。彼ははじめ，彼と私の名前のスペルを，色付きの粘土を使って荒っぽく，時に見分けがつかない文字で作った。個人的な主題をより発達させるための私の穏やかな励ましの試みは，落ち着かなさと回避を引き起こした。これは私が彼は，より発展したアート発達の準備ができていないことを知るのに役立った。彼の言葉や文字への関心が高まったので，イアンが非常に大きな紙に落書きやなぐりがき（例：図12.9）をしながら言った言葉を探す碁盤の目のような言葉探しゲームを作ることを毎回するようになった。彼は「動物」「車」「誕生日」といった言葉探しゲームへの主題を思いつき，私が「落ち着かせるもの」（図12.10）や「学

［図12.11　イアンによるサイ］

校で嫌いなこと」といった治療に向けた主題を提供した。イアンにとって，それぞれのグリッドの主題に合わせた言葉を並べることを通して，経験を明確に述べることは達成であった。同時に行われた大きな落書きは，彼が私に考案したタスクによって釣り合いがとられていた（すなわち，隠れた言葉を含んだ高度に構造化された文字を彼に「食べさせる」こと）。

　治療の初期の期間に，イアンは読書が好きな良い生徒となっていた。次第に学校が好きだが，家でも学校でもいじめられるのは嫌だと話した。彼の会話の多くは，兄弟やいじめっ子との喧嘩や，悪いことをしても他の人は怒られないことに対する不公平感についてであった。

　数カ月経ってから，粘土で文字ではなく動物や人を作ってみないかという私の提案に，イアンは反応するようになった。図12.11はサイを意図した例である。フィギュアは粗く，ゆがんで，ほとんど認識できなかったが，彼はこれらに非常に価値を見出した。完成した作品は，私たちが慎重にティッシュペーパーで包んだ後，彼が家へ持ち帰った。私の助けなしには動物像の正しい足の位置や顔の特徴を特定できなかったのと同様，彼は作品を別個に包むことができなかった。これらの遅れた領域は，ネグレクトと欠之に一部関連しているように，私には思えた。イアンはお気に入りの毛布をセッションに持ってくるようになり，粘土で何を作るか考える間，それにくるまって床に横になった。私は落ち着くのはとても重要なことだと言った。

　イアンは徐々に，アート作品に意味を帰属させるという考えを受け入れられるようになった。主題は初めは不快なものであった。たとえばイアンは，母親が彼を嫌っていたので，落とされておなかをすかし，泣いている赤ちゃんを描いたり（図12.12参照），兄弟モンスターに放尿しているモンスターなどを描いた。この主題は放棄と

［図12.12　イアンによる嫌われた赤ちゃんの絵］

怒りの感情を反映していた。イアンはアート作品を通して個人的な主題を表現するにつれて，以前は隠れて蔓延していた欠乏と卑下の感覚を解放していたようである。

　イアンがパペットが好きだとしばしば言っていたので，私はいくつかのパペットを作るのを手伝った。彼が関心をもったのは，以前に短期間であるがプレイセラピーを受けたことがあり，セラピストが非常に素敵なパペットを持っていたからであった。イアンはパペットを布や他の素材から作った。完成した後，イアンは私と会話を演じた。パペットは拒否され軽視され，または放棄された人を表していた。

　あるセッションにおいて，私の助けを借りて，イアンは模型用粘土を使って指人形をいくつかと，より大きなハンドパペットを作った（図12.3参照）。彼はパペットの登場人物を様々な種類の幽霊と描写し，彼らのことをいらないと言った父親から逃げている赤ちゃんと子どもに関するシーンを演じた。彼らが去ったのは，父親がいつも彼らに意地悪であったからだと言った。大きなパペットについて「この素敵な幽霊が好き」と小さなパペットは言った。彼らは大きなパペットにもたれかかって，安心した音を出した。それから彼らは「僕たちはここにいる。大きなパペットが好き。ここは安全」と叫びながら，大きなパペットの中に登っていった。包み込みのある関係性とアート過程の結果として，主題を発展させて安全感を見出す能力が達成されていたようである。私の役割は，非常に穏やかに成長を促しながら，長い時間，定形のない表現に耐えることであった。時間の経過と共に，イアンは自身

［図12.3 イアンによるパペット］

の秩序・包み込み・象徴的表現の感覚を作り出せるようになり，彼の分離と放棄を和らげた。彼は次第に，自身の表現は重要であると信じるようになった。私は彼が自身と他者とどのように関係して信頼するかを学べるよう，彼の表現の価値に対する強い信念を伝える必要があった。

自己開示のための要求の誘導
　セラピストの自己開示は，子どもに対して強い影響を与える。思慮深く利用すると，関係性において信頼と親密さの感情を高めることができる場合もある。自己開示はクライエントの強い情緒的反応を引き起こすことがあるため，可能性のある影響を考慮することが重要である。私は自己開示の使用を制限する傾向があるが，それはクライエントの想像的過程とセッションの内容の主導権への感覚を妨害する懸念を抱いているからである。
　イアンは満たされたいという欲求に一致して，ますます頻繁に個人的な質問をするようになった。「スポーツをする？　子どもはいる？　どこで材料を買う？」などであった。私は非常に養育的な調子で「私にとても関心があるようですね」と答えた。問に答える代わりに，質問が彼に何を意味するのかを知ろうとした。私は彼に，私に子どもがいてほしいのか，いてほしくないのかと尋ねた。彼は私に子どもがいてほしくないと答え，恥ずかしそうに，理由は誕生日パーティーに来てほしいから

で，子どもがいると来られないだろうからと認めた。質問に答えないことが難しかった時，私はどうすれば治療的過程を最も支持できるか苦心した。彼の質問に答えることに，治療的価値があるか考えた。ある時点で，私はイアンに，彼の質問に答えないのは，私への関心を重んじてはいるが，セッションは彼のみに焦点を当てたいからだと伝えた。彼は，私が彼をネグレクトさせたり放棄させたりしないと聞いて，非常に落ち着いて安心したようであった。この介入は，セラピーが完全にクライエント中心であり，彼が重要であるということを教えるのに役立った。これはさらに，1週に1時間しかセラピーを受けられないことへの落胆を考えるきっかけとなった。

　欠乏の表現は子どもが経験している経済的・認知的・対人的・情緒的状況に関連する場合がある。子どもの切望と空虚さの経験は，いくつかの要因が交錯してもたらされることが多い。欠乏は資源が十分でないことを示唆する。行動上の問題は，与えられる以上のものを望む経験の結果起こる場合がある。結果として起こる症状には，窃盗・挑発・絶望感・努力の欠如などがある。欠乏的なアートイメージには，最小限の努力・制限された想像力・低い図示的発達・構成のまばらさなどが表れる。セッション中の主導権の欠如・最小限の自発的な言語やアートによる表現・傾注の欠如などにも欠乏が表れることがある。セラピストにとって，これは失敗と絶望の感情を引き起こすため，耐え難いことがある。頻繁に，セラピストの傾向は，資源の欠如で作り出された子どもの空虚さを埋めたいというものである。多くの支持を与えることは必要であるが，無差別に寛大にありたいという願望に基づいて行動するのは避けた方が良い。内的資源を欠く子どもは，次第に薬物乱用・精神医学的障害・犯罪行為の危険が高まることを覚えておくと役立つ。これにより，子どもに単に満足を求めるのではなく，苦悩への耐性を発達させ，強みを用いることを促す動機となる。

謎，曖昧さ，成長

　子どもは発達をしている途中である。アートセラピーにおける子どもの経験は，全体的な発達のほんの一部に過ぎない。セッションの間，その過程が何につながるのか見えにくい場合もある。多様なプレッシャー，さらには曖昧さや否定的情緒に対して不快感を示す社会の態度により，悲嘆や絶望を探ることが治療上の必要性である子どもに肯定的な発言を促すといった，何らかの結果を引き出そうとするプレッシャーを感じるかもしれない。治療において，クライエントの自己に対して真の支

援となるのは何かというビジョンを保持するには，強さと努力が求められる。時には迅速な解決をもたらすプレッシャーがあるため，子どもが主体性を構築すると，より社会的に行動できるようになることを覚えておくことが特に重要である。これにより，創造的な過程の謎で独自に個別化された特性を，治療における主体として守り，利用することを保証するのに役立つ。

　子どものアートセラピストの仕事における要求と報酬の両方には，時にあやふやで，しばしばストレスが多く，決して退屈しない条件が含まれる。この波乱に満ちた世界に没頭する困難に積極的に直面して生き抜くことは苦労が多く，非常な努力が必要とされる。子どもの創造性と関係的成長を育むことは，欠乏状態・世代を超えた薬物乱用・社会の残酷さなどから生じた子どもの制御できない行動といった，多くの脅威に直面することを含む。この章と本書は全体として，アートセラピストの挑戦的で曖昧で有意義な領域のつづれ織のような一連のテーマに焦点を当ててきた。これらの経験は，子どもにとって治療的成長のきっかけとなるのと同様，セラピストにとっても専門的かつ個人的な学習のきっかけとなる。

監訳者あとがき

　本書はアネット・ショア（Annette Shore）の『The Practitioner's Guide to Child Art Therapy』の全訳である。この著書の原題は「実践家のために」とあるように，アートセラピーについて実践的に書かれた本であり，これからアートセラピーを学んでいこうとする大学院生にも，すでにアートセラピストの資格を持ち，アートセラピーを実施しているベテランにも役立つように，アートセラピーの背景となる理論と実際の治療場面について解説されている。どのような症状や問題行動を持つ子どもが，実際にどのような絵を描いているのか，その絵に象徴的に込められているものは何であるのか，絵の解釈のために必要な心理学的理論が詳細に述べられているので，実際にアートセラピーを行っていくにあたって，具体的に考えていける指針となっている。

　子どもの心理療法を行うためには，発達理論を理解していることが必要である。アートセラピーにおいても，子どもが絵に込めている感情を理解し，象徴的な表現から子どもが訴えていることを解釈するためには，子どもの心の内面の発達に関する理論の理解が必須であるとショアは述べている。それらの発達理論とは，フロイトの精神分析に始まり，他者との関係の中で達成されていくエリクソンの発達課題や，早期乳幼児期におけるマーラーの発達理論，クライン，ウィニコットなどの対象関係論，ボウルビィの愛着理論など，周囲の人々との関係性の中で発達していく子どもの心についてだけでなく，神経心理学にも渡っている。

　そして，それらの理論の要点をまとめ，それを元に，子どもの描いた絵を通して子どもの内面を理解していく方法が鮮やかに示されている。まだ絵を描かない乳児期の親子関係についてマーラーの発達理論に基づいて，その時の状態がその後の人間関係のもとになることが語られ，ついで，なぐりがきで始まる幼児期の絵から，児童期，思春期・青年期の発達理論が解説されている。その中で，例えば防衛機制については，各年代の防衛の特徴が表れた絵から，アートセラピーに表れる防衛の意義について詳述されているように，年代を追って発達していく子どもの状態が具体的に説明されている。

249

また一方では，子どもの絵がどのように発達していくかについて，ローウェンフェルドやケロッグによる絵の発達研究の成果や，ルービンがまとめた絵の発達段階などが解説されている。このように子どもの発達理論と絵の発達について重要な事柄が網羅されているにも関わらず，コンパクトにまとめられている。そして，それらの理論を実践でどのように役立てているかについて，2歳から16歳までの子どもの絵が例示され，事例が挙げられて，主訴や症状，家族や周囲の人々などの背景の状況，そしてアートセラピーの実践の場面での展開について実際の絵を通して語られている。子どもの状態に合わせて，どのような材料を用意し，どのような絵が描かれるように配慮するのか，子どもにどのように話していくのか，また，親にはどのように働きかけていくのかまで，丁寧に解説されている。

　この書物に出会った時，わが国のアートセラピスト（芸術療法士・描画療法士）や，これからアートセラピーを始めたい人に是非読んでほしいと思った。本年2018年は，2015年に施行された公認心理師法に基づく最初の資格試験が実施される年である。広範な領域をカバーする公認心理師や臨床心理士の中で，アートセラピーを専門的に行っていける臨床家に向けて，精神的な発達と子どもの絵の発達が事例によって解説されている本書を早く刊行したいと思い，英語学・英語教育を専門としている高橋真理子に翻訳を依頼した。

　監訳者は長年，様々な年齢のクライエントへの心理療法を行ってきているが，その中でも幼児にはプレイセラピーの中でアートを取り入れ，児童期や青年期のクライエントにはアートセラピーを行ってきた。実践的にまとめられた本書が臨床家に役立つことを願っている。

　本書の出版に際して，金剛出版出版部長の弓手正樹氏に大変お世話になった。心から感謝したい。

2018年5月

高橋依子

文 献

Ainsworth, M. D. S. (1969). Object relations, dependency and attachment: A theoretical review of the infant-mother relationship. *Child Development*, 40, 969-1025.

Allen, J. G., & Fonagy, P. (2006). Preface. In J. G. Allen & P. Fonagy (Eds.), *Handbook of mentalization-based treatment* (pp. x-xxi). Chichester, England: Wiley.

Alvarez, A. (1992). *Live company: Psychoanalytic psychotherapy with autistic, borderline, deprived and abused children.* London, England: Tavistock/Routledge.

American Psychiatric Association. (2000). *Diagnostic and statistical manual of mental disorders* (4th ed., text rev.). Washington, DC: APA.

Bateman, A., & Fonagy, P. (2006). Mentalizing and borderline personality disorder. In J. G. Allen & P. Fonagy (Eds.), *Handbook of mentalization-based treatment* (pp. 185-200). Chichester, England: Wiley.

Bowlby, J. (1982). *Attachment and loss*: Vol. 1. Attachment. NewYork, NY: Basic Books.

Bowlby, J. (1988). *A secure base.* New York, NY: Basic Books.

Bromberg, P. M. (1998). *Standingin the spaces: Essays on clinical process, trauma, and dissociation.* Hillsdale, NJ: Analytic Press.

Bromberg, P. M. (2003). Something wicked this way comes: Trauma, dissociation, and conflict: The space where psychoanalysis, cognitive science, and neuroscience overlap. *Psychoanalytic Psychology*, 20(3), 558-574.

Bromberg, P. M. (2011). *In the shadow of the tsunami and the growth of the relational mind.* New York, NY: Routledge.

Brown, S. (2012). Poverty status and the effects of family structure on child well-being. In V. Malholmes & R. B. King (Eds.), *The Oxford handbook of poverty and child development* (pp. 54-67). NewYork, NY: Oxford University Press.

Bruner, J. (1987). *Actual minds, possible worlds.* Cambridge, MA: Harvard University Press.

Burns, R. C., & Kaufman, F. A. (1972). Actions, styles and symbols in Kinetic Family Drawings (K-F-D): An interpretive manual. New York, NY: Brunner-Routledge.

Canino, I. A., &Spurlock, J. (1994). *Culturally diverse children and adolescents: Assessment, diagnosis and treatment.* New York, NY: Guilford Books.

Chethik, M. (1989). *Techniques of child therapy: Psychodyanamic strategies.* New York, NY: Guilford Press.

Conger, K. J., Martin, M. J., Reeb, B. T., Little, W. M., Craine, J. L., Shibloski, B., & Conger, R. D. (2012). Economic hardship and its consequences across generations. In V. Malholmes & R. B. King (Eds.), *The Oxford handbook of poverty and child development* (pp. 37-53) . NewYork, NY: Oxford University Press.

Cox, M. V. (2005). *The pictorial world of the child*. Cambridge, England: Cambridge University Press.

Davies, D. (2005). *Child development: A practitioner's guide*. New York, NY: Guilford Press.

Di Leo, J. H. (1977). *Child development: Analysis and synthesis*. New York, NY: Brunner-Mazel.

Edgcumbe, R. (2000). *Anna Freud: A view of development, disturbance and therapeutic techniques*. London, England: Routledge.

Erikson, E. (1950). *Childhood and society*. New York, NY: Norton.

Erikson, E. (1968). *Identity, youth and crisis*. New York, NY: Norton.

Erikson, E. (1980). *Identity and the life cycle*. New York, NY: Norton.

Erikson, E., Erikson, J., & Kivnick, H. (1986). *Vital involvement in old age*. New York, NY: Norton.

Erikson, J. M. (1988). *Wisdom and the senses*. New York, NY: Norton.

Fonagy, P., Gergely, G., Jurist, E. L., & Target, M. (2004). *Affect regulation, mentalization, and the development of self*. New York, NY: Other Press.

Fontes, L. A. (2005). *Child abuse and culture: Working with diverse families*. New York, NY: Guilford Press.

Fraiberg, S. M. (1955). *The magic years: Understanding and handling the problems of early childhood*. New York, NY: Scribner.

Fraiberg, S. (1987). Pathological defenses in Infancy. In L. Fraiberg (Ed.), *Selected writings of Selma Fraiberg* (pp. 100-136). Columbus: Ohio State University Press.

Fraley, R. C., & Shaver, P. R. (1999). Loss and bereavement attachment theory and recent controversies concerning "griefwork" and the nature of detachment. In J. Cassidy & P. R. Shaver (Eds.), *Handbook of attachment: Theory, research and clinical applications* (pp. 735-759). New York, NY: Guilford Press.

Freud, A. (1939). *The ego and the mechanisms of defence*. NewYork, NY: International Universities Press.

Freud, A. (1946). *Psychoanalytical treatment of children*. London, England: Imago.

Freud, S. (1938). *The basic writings of Sigmund Freud* (A. A. Brill, Ed. & Trans.). New York, NY: Random House.

Friedman, L. (1999) *Identity's architect: A biography of ErikErikson*. New York, NY: Scribner.

Gantt, L., & Tabone, C. (1998). *The Formal Elements Art Therapy Scale: The rating manual*. Morgantown, WV: Gargoyle Press.

Garrity, C. B., & Barris, M. A. (1997). *Caught in the middle: Protecting children of high-conflict divorce*. San Francisco, CA: Jossey-Bass.

Golomb, C. (2003). *The child's creation of a pictorial world* (2nd ed.). Hove, England: Psychology Press.

Golomb, C. (2011). *The creation of imaginary worlds: The role of art magic and dreams in child development.* London, England: Jessica Kingsley.

Haen, C. (2011). Boys and therapy: The need for creative reformulation. In C. Haen (Ed.), *Engaging boys in treatment: Creative approaches to the therapy process* (pp. 3-40) New York, NY: Routledge.

Herman, J. (1997). *Trauma and recovery: The aftermath of violence-From domestic abuse to political terror.* New York, NY: Basic Books.

Holmes, J. (2006). Mentalizing from a psychoanalytic perspective: What's new? In J. G. Allen & P. Fonagy (Eds.). *Handbook of mentalization-based treatment* (pp. 31-50). Chichester, England: Wiley.

Hughs, D. (1997). *Facilitating developmental attachment.* Northvale, NJ: Jason Aronson.

Kaye, K. (1982). *The mental and social life of babies: How parents create persons.* Chicago, IL: Chicago University Press..

Kellogg, R. (1970). *Analyzing children's art.* Palo Alto, CA: Mayfield.

Kernberg, o. F. (2012). *The inseparable nature of love and aggression: Clinical and theoretical perspectives.* Arlington, VA: American Psychiatric.

Klein, M. (1946). Notes on some schizoid mechanisms. *International Journal of Psychoanalysis,* 27, 99-110.

Klorer, P. G. (2008). Expressive therapy for severe maltreatment and attachment disorders: A neuroscience framework. In C. A. Malchiodi (Ed.), *Creative interventions with traumatized children* (pp. 43-61). New York, NY: Guilford Press.

Koppitz, E. (1968). *Psychological evaluation of children's figure drawings.* New York, NY: Grune & Stratton.

Kramer, E. (1977). *Art therapy in a children's community.* New York: Schocken Books.

Kramer, E. (1993). *Art as therapy with children.* Chicago, IL: Magnolia Street.

Kramer, E. (2000). *Art as therapy: Collected papers* (L.A. Gerity, Ed.). London, England: Jessica Kingsley.

Levick, M. (1983). *They could not talk and so they drew: Children's styles of coping and thinking.* Springfield, IL: Charles C Thomas.

Levick, M., Safran, D. S., & Levine, A. J. (1990). Art therapists as expert witnesses: A judge delivers a precedent-setting decision. *The Arts in Psychotherapy,* 17(1), 49-53.

Lewis, N. D. C. (1973). Foreword to the first edition in Naumburg, M. *An introduction to art therapy: Studies of the "free" art expression of behavior problem children and adolescents as a means of diagnosis and therapy* (pp. v-vi). New York, NY: Teachers College Press.

Lindstrom, M. (1970). *Children's art.* Berkeley, CA: University of California Press.

Lowenfeld, V., &Brittain, L. (1987). *Creative and mental growth.* Upper Saddle River, NJ: Prentice Hall.

Mahler, M., Pine, F., & Bergman, A. (1975). *The psychological birth of the human infant-Symbiosisand individuation.* New York, NY: Basic Books.

Malchiodi, C. A. (1998). *Understanding children's drawings.* New York, NY: Guilford Books.

Malchiodi, C. A., Steele, W., & Kuban, C. (2008). Resilience and growth in traumatized children. In C. A. Malchiodi (Ed.), *Creative interventions with traumatized children* (pp. 285-301). New York, NY: Guilford Press.

Marvin, R. S., & Britner, P. A. (1999) Normative development: The ontogeny of attachment. In J. Cassidy & P. R. Shaver (Eds.), *Handbook of attachment: theory, research and clinical applications* (pp. 44-67). New York, NY: Guilford Press.

Masterson, J. (2000). *The personality disorders: A new look at the developmental self and object relations approach.* Redding, CT: Zeig, Tucker & Theisen.

McWilliams, N. (1994). *Psychoanalytic diagnosis: Understanding personality structure in clinical process.* New York, NY: Guilford Press.

Miller, M. J. (1997). Crisis assessment: The projective tree drawing, before, during and after a storm. In E. Hammer (Ed.), *The clinical application of projective drawings* (pp. 153-188). Springfield, IL: Charles C Thomas.

Munich, R. L. (2006). Integrating mentalization-based treatment and traditional psychotherapy to cultivate a common ground and promote agency. In J. G. Allen & P. Fonagy (Eds.), *Handbook of mentalization-based treatment* (pp. 143-156). Chichester, England: Wiley.

Naumburg, M. (1973). *An introduction to art therapy: Studies of the "free" art expression of behavior problem children and adolescents as a means of diagnosis and therapy.* New York, NY: Teachers College Press.

Novick, J., & Novick, K. K. (2006). *Good goodbyes: Knowing how to end in psychotherapy and psychoanalysis.* Lanham, MD: Rowman & Littlefeld.

Novick, K. K., & Novick, J. (2005). *Working with parents makes therapy work.* Lanham, MD: Rowman & Littlefeld.

Nucho, A. O. (2003). *Psychocybernetic model of art therapy* (2nd ed.). Springfield, IL: Charles C Thomas.

Racker, H. (1988). *Transference and countertransference.* London, England: Karnac Books.

Redl, F., & Wineman, P. (1965). *Controls from within: Techniques for the treatment of the aggressive child.* New York, NY: Free Press.

Robbins, A. (1994). *A multi-modal approach to creative art therapy.* London, England: Jessica Kingsley.

Robbins, A. (2000a). *The artist as therapist* (2nd ed.). London, England: Jessica Kingsley.

Robbins, A. (2000b). *Between therapists.* London, England: Jessica Kingsley.

Rubin, J. A. (2005). *Child art therapy.* New York, NY: Wiley.

Rubin, J. A. (2011). *The art of art therapy: What every art therapist needs to know.* New York, NY: Routledge.

Sameroff, A. J., & Emde, R.N. (Eds.) (1989). *Relationship disturbances in early childhood: A developmental approach.* New York, NY: Basic Books.

Schmidt Neven, R. (2010). *Core principles of assessment and therapeutic communication with children, parents and families: Towards the promotion of child and family wellbeing.* New York, NY: Routledge.

Schore, A. N. (1994). *Affect regulation and the origin of the self.* Mahwah, NJ: Erlbaum.

Schore, A. N. (2003). *Affect regulation and the repair of the self.* New York, NY: Norton.

Shore, A. (2000). Child art therapy and parent consultation: Facilitating child development and parent strengths. *Art Therapy: Journal of the American Art Therapy Association,* 17(1), 14-23.

Siegel, D. J. (1999). *The developing mind: Toward an interpersonal neurobiology of experience.* New York, NY: Guilford Press.

Silver, R. (2002). *Three art assessments.* New York, NY: Routledge.

Silver, R. (2007). *The Silver Drawing Test and Draw a Story.* New York, NY: Routledge.

Sroufe, L. A., Egeland, B., Carlson, E. A., & Collins, W. A. (2005). *The development of the person: The Minnesota study of risk and adaptation from birth to adulthood.* New York, NY: Guilford Press.

Sroufe, A., & Siegel, D. (2011, March/April). The verdict is in: The case for attachment theory. *Psychotherapy Networker: Your Source for Community, Learning and Excellence.* Retrieved from http://www.psychotherapynetworker.org/component/content/article/30 1-2011-marchapril/1271- (accessed 15 January 2013).

Stern, D. (1985). *The interpersonal world of the infant: A view from psychoanalysis and developmental psychology.* New York, NY: Basic Books.

Thomas, L. (2001). Containing the bad object: Observations and thoughts on the generation of bad feelings between people in an organization, a professional network, a therapist, and a child attending individual art therapy. In J. Murphy (Ed.), *Art therapy with young survivors of sexual abuse: Lost for words* (pp. 19-35). Hove, England: Routledge.

Ulman, E. (1975). The new use of art in psychiatric analysis. In E. Ulman & P. Dachinger (Eds.), Art therapy in theory and practice (pp. 361-386). New York, NY: Schocken Books.

Vaillant, G. E. (1985). Loss as a metaphor for attachment. *The American Journal of Psychoanalysis,* 45(1), 59-67.

Vaillant, G. (1993). *The wisdom of the ego.* Cambridge, MA: Harvard University Press.

van der Kolk, B. (2003). Posttraumatic stress disorder and the nature oftrauma. In M. F. Solomon & D. J. Siegel (Eds.). *Healing trauma* (pp. 168-195). New York, NY: Norton.

van der Kolk, B. (2005). Developmental trauma disorder: Toward a rational diagnosis for children with complex trauma histories. *Psychiatric Annals,* 35(5), 401-408.

van Ijzendoorn, M. H. (1990). Developments in cross cultural research on attachment: Some methodological notes. *Human Development,* 33, 3-9.

Vernis, J. S., Lichtenberg, E. F., & Henrich, L. (1997). The-Draw-a-Person-in-the-Rain: Its relation to diagnostic category. In E. Hammer (Ed.), *The clinical application of projective drawing* (pp. 335-345). Springfield, IL: Charles C Thomas.

Wallerstien, J., Lewis, J., & Blakeslee, S. (2000). *The unexpected legacy of divorce: A 25 year landmark study.* New York, NY: Hyperion.

Werner, E. E., & Smith, R. S. (2001). *Journeys from childhood to midlife: Risk, resilience, and recovery.* Ithaca, NY: Cornell University Press.

Widom, C. S., & Nikulina, V. (2012). Long-term consequences of child neglect in low income families. In V. Malholmes & R. B. King (Eds.), *The Oxford handbook ofpoverty and child development* (pp. 68-85). New York, NY: Oxford University Press.

Winnicott, D. W. (1965). *The family and individual development.* London, England: Tavistock.

Winnicott, D. W. (1971a). *Playing and reality.* New York, NY: Routledge.

Winnicott, D. W. (1971b). *Therapeutic consultations in child psychiatry.* New York: Basic Books.

Winnicott, D. W. (1977). *The piggle.* Madison, CT: International Universities Press.

Winnicott, D. W. (1990). *Maturational processes and the facilitating environment: Studies in the theory ofemotional development.* London, England: Karnac Books.

Yalom, I. (2000). *The gift of therapy.* New York, NY: Harper Collins.

索　引

人名

ウィニコット（Winnicott, D. W.）..... 7, 48, 69, 128, 183
ウルマン（Ulman, E.）................................. 149
エリクソン（Erikson, E.）...... 5, 14, 16, 17, 22, 34, 42, 69
クライン（Klein, M.）................................... 230
クレイマー（Kramer, E.）.................. 20, 39
ケロッグ（Kellogg, R.）............................... 12
コックス（Cox, M. V.）................................. 12
コピッツ（Koppitz, E.）................................ 12
ゴロム（Golomb, C.）............................ 12, 145
サリバン（Sullivan, H. S.）....................... 114
シーゲル（Siegel, D. J.）................................ 47
ショア（Shore, A.）.................................. 46, 47
シルバー（Silver, R.）...................... 21, 51, 119
スターン（Stern, D.）................................... 77
チェシック（Chethik, M.）.......................... 169
ディレオ（Di Leo, J. H.）............................... 12
ナウムブルグ（Naumburg, M.）.......... 177, 178
ネブン（Neven, S.）................................... 152
ノビック（Novick, K. K.）........................... 152
バイラント（Vaillant, G. E.）.... 17, 19, 38, 216
ヴァン・デア・コーク（van der Kolk, B.）
.... 191
フォナギー（Fonagy, P.）...................... 175, 180
フレイバーグ（Fraiberg, S.）...................... 74, 75
フロイト，A.（Freud, A）............. 14, 18, 19, 36
フロイト，S.（Freud, S.）....................... 14, 42
ブロンバーグ（Bromberg, P. M.）.............. 182
ボウルビィ（Bowlby, J.）.. 21, 66, 76, 175, 216
マーラー（Mahler, M.）........................ 46-49, 66
マルキオディ（Malchiodi, C. A.）................ 136
ミュニック（Munich, R. L.）...................... 175
ミラー（Miller, M. J.）................................. 144
ヤーロム（Yalom, I.）........................ 113, 114

ラッカー（Racker, H.）................................. 234
ルービン（Rubin, J.）.... 13, 202, 207, 209, 214
ローウェンフェルド（Lowenfeld, V.）.... 11-14, 16, 24, 34, 35, 98
ロビンズ（Robbins, A.）............................... 151

ア

愛情... 47
愛着......... 45, 71, 76, 175-177, 195, 202, 227
アスペルガー症候群............................. 53, 146
安全性.. 115, 189
雨中人物画... 145
置き換え....................................... 28, 39, 40, 87
親とセラピストの関係................................. 151

カ

外的保護要因................................ 89, 93, 188
開放的質問... 126
外来場面... 95
家族画... 136
過度の同一視... 151
頑強さ... 202
感情の転換.. 75
擬人化... 30
基本的信頼...................................... 16, 70, 198
虐待..... 68, 70, 71, 96, 100, 146, 187, 188, 192, 203, 227
逆転移... 234
ギャングエイジ.......................... 11, 37, 38, 98
共感... 39, 117
共生期... 56
拒否... 123-125, 143
勤勉性... 34
空想化.. 28, 33
構造... 118, 153

行動 86-87
　──化 28
子どもと親の関係 155

サ

再接近期 63
最適なセッティング 119
材料 86, 90, 118
査定 148
自己中心的 30
指示 121, 139
施設場面 101
質問 125
自閉症 50
　──スペクトラム障害 49, 56
主題 86
　──の回避 89
　直接的な── 87
　比喩的な── 87
守秘義務 117
樹木画 141
昇華 20, 28, 38, 39
象徴的表現 87
衝動性 95
信頼 155
心理的誕生 48
スクィグル 183
ストレス 40, 180
スプリット 28
脆弱性 81, 95, 100
セラピストの準備 113
喪失 135, 169, 213, 215, 216
尊敬 155

タ

退行 20, 42, 94, 99
対象関係 45
対象の一貫性 66
知性化 28, 39, 40
沈黙 219
包み込み 226, 228-229, 235
転移 20

投影 28, 33
　──同一視 230
同情 155
動的家族画 136
トラウマ 95, 123, 178, 182
取り消し 28

ナ

なぐりがき 24, 26
乳児的回避 74

ハ

恥 116
反動形成 28, 37, 39
否定 28, 33
標識的鏡映 47
不安 33
分化期 58, 61, 63
防衛 19, 24, 26, 32, 33, 35, 38-41, 100, 107
　──機制 20
放棄 116, 214, 234, 243, 246
ほどよい母親 48

マ

未成熟 42
メンタライゼーション 175-178, 186, 194,
　200-202, 220

ヤ

遊戯年齢 5, 28, 29, 32
様式段階 34, 35
抑圧 28
抑うつ 33

ラ

レジリエンス 17, 81-84
劣等感 34
練習期 61

［著者紹介］

アネット・ショア（*Annette Shore, MA*）

アートセラピスト，スーパーバイザーであり，メリルハースト大学大学院のアートセラピー・カウンセリングプログラムの教員である。オレゴン州ポートランドで開業しており，現在，Art Therapyの編集・査読委員も務めている。25年以上の臨床経験を有し，アートセラピーの創造的課程について，発達・関係性の見地から，講演・著作を行ってきた。

［監訳者略歴］

高橋 依子……たかはし よりこ

1974年　京都大学大学院文学研究科心理学専攻博士課程修了
現在　　大阪樟蔭女子大学大学院人間科学研究科臨床心理学専攻教授
　　　　文学博士，臨床心理士，日本描画テスト・描画療法学会会長

主な著訳書──『幼児の心理療法』（共著）1982年　新曜社，『樹木画テスト』（共著）1986年　文教書院『臨床心理学序説』（共著）1993年　ナカニシヤ出版，『ロールシャッハ・テストによるパーソナリティの理解』2009年　金剛出版，『描画テスト』2011年　北大路書房，『ロールシャッハ・アセスメント システム』（監訳）2014年　金剛出版

［訳者略歴］

高橋 真理子……たかはし まりこ

2014年　米国コロンビア大学教育大学院 TESOL Certificate 取得
2016年　京都大学大学院人間・環境学研究科共生人間学専攻博士課程修了
現在　　関西学院大学非常勤講師・同志社大学嘱託講師
　　　　博士（人間・環境学）

著訳書──『ロールシャッハ・アセスメント システム』（訳）2014年　金剛出版，『AFP World News Report：AFP ニュースで見る世界』（共著）2012年　成美堂，『AFP World News Report 4：AFP ニュースで見る世界4』（共著）2018年　成美堂

子どものアートセラピー実践ガイド
発達理論と事例を通して読み解く

2018年9月1日　印刷
2018年9月10日　発行

著者 ─────── アネット・ショア
監訳者 ───── 高橋依了
訳者 ─────── 高橋真理子

発行者 ───── 立石正信
発行所 ───── 株式会社 金剛出版
　　　　　　　〒112-0005 東京都文京区水道1-5-16　電話 03-3815-6661
　　　　　　　振替 00120-6-34848

印刷・製本◉音羽印刷

©2018 Printed in Japan　ISBN978-4-7724-1645-0 C3011

ロールシャッハ・アセスメント システム
実施，コーディング，解釈の手引き

[著]=G・J・メイヤー他　[監訳]=高橋依子　[訳]=高橋真理子

●B5判　●上製　●592頁　●定価 **15,000**円+税
● ISBN978-4-7724-1402-9 C3011

包括システムによるロールシャッハ・テストに
新しい実証的な知見をふまえた改良を加え，
実施法から解釈までのすべてを明らかにした必携マニュアル。

ロールシャッハ・テスト実施法

[著]=高橋雅春　高橋依子　西尾博行

●A5判　●上製　●250頁　●定価 **3,400**円+税
● ISBN978-4-7724-0910-0 C3011

包括システムによる実施法，コード化（スコアリング），
構造一覧表の作成法までをわかりやすく解説した入門編。
正しい実施と適切なコード化のための最良のテキスト。

ロールシャッハ・テスト解釈法

[著]=高橋雅春　高橋依子　西尾博行

●A5判　●上製　●210頁　●定価 **3,400**円+税
● ISBN978-4-7724-0966-7 C3011

わが国の健常成人 400 人の資料に基づき，
パーソナリティを理解するための，
ロールシャッハ・テストの解釈法を述べた心理臨床家必携の書。

風景構成法
「枠組」のなかの心象

［著］＝伊集院清一

●A5判 ●上製 ●200頁 ●定価 **3,400**円＋税
● ISBN978-4-7724-1339-8 C3011

風景構成法の手法と機能，クライエントの病理解釈から
治療的技術へと応用する技法を詳しく解説した
本格的な臨床指導書。

コラージュ療法実践の手引き
その起源からアセスメントまで

［著］＝森谷寛之

●A5判 ●上製 ●235頁 ●定価 **3,400**円＋税
● ISBN978-4-7724-1244-5 C3011

コラージュ療法の開発者である著者によって，
その成り立ちから，理論的背景，臨床応用への道のりと
実践活用の方法が述べられる。

バウムテスト

［著］＝R・ストラ　［訳］＝阿部惠一郎

●A5判 ●並製 ●300頁 ●定価 **3,200**円＋税
● ISBN978-4-7724-1619-1 C3011

描画サインから人を「読む」バウムテスト。
「読み方」をマスターすれば，
その人を見ずしてもその人のすべてがわかる。

ピグル
ある少女の精神分析的治療の記録

[著]=D・W・ウィニコット [監訳]=妙木浩之

●B6判 ●並製 ●290頁 ●定価 **3,200**円＋税
● ISBN978-4-7724-1450-0 C3011

ピグルというニックネームをもつ少女の
2歳半から5歳2カ月までの心理療法記録の全貌。
この度待望の新訳版が登場！

子どものこころの生きた理解に向けて
発達障害・被虐待児との心理療法の3つのレベル

[著]=A・アルヴァレズ [監訳]=脇谷順子

●A5判 ●並製 ●336頁 ●定価 **4,200**円＋税
● ISBN978-4-7724-1591-0 C3011

発達障害や自閉スペクトラム症の子どもたちの心について，
著者の繊細かつユニークな精神分析的心理療法の視点から
構造化された図式を提示しながら解説していく。

アタッチメント・スタイル面接の
理論と実践
家族の見立て・ケア・介入

[著]=A・ビフィルコ他 [監訳]=吉田敬子 林もも子 池田真理

●B5判 ●並製 ●350頁 ●定価 **4,200**円＋税
● ISBN978-4-7724-1563-7 C3011

家族の障害の予防や介入のために，
アタッチメント・スタイル面接を用いた研究や
臨床実践の応用例を詳述する。